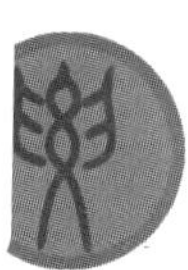

广东高等教育出版社
Guangdong Higher Education Press
广州

图书在版编目（CIP）数据

国学概要/李正华编著．—广州：广东高等教育出版社，2012.2（2021.7 重印）
ISBN 978-7-5361-4236-7

Ⅰ．①国…　Ⅱ．①李…　Ⅲ．①国学-高等学校-教材　Ⅳ．①Z126

中国版本图书馆 CIP 数据核字（2012）第 013454 号

出版发行	广东高等教育出版社 地址：广州市天河区林和西横路 邮编：510500　电话：（020）87554153 http://www.gdgjs.com.cn
印　　刷	广州市番禺区友联彩印厂
开　　本	787 毫米×1 092 毫米　1/16
印　　张	14.5
字　　数	341 千字
版　　次	2012 年 2 月第 1 版
印　　次	2021 年 7 月第 2 次印刷
定　　价	29.50 元

前　　言

自改革开放以来，中国发生了翻天覆地的变化，当今中国万象更新，加入世界贸易组织后，成功举办了奥运会、世博会、亚运会等，不仅促进了我国与世界的交流，也促进了社会各方面的发展，并给予国人在思想上等方面极大的鼓舞。

科学技术的迅猛发展使得多学科交叉融合、综合化的趋势日益明显。如何培养出高素质、复合型、创新型人才以满足形势发展的需要，已是摆在高等教育面前十分突出的问题。许多国家的教育界纷纷摒弃了专业化的教育模式，把高等教育转移到提高国民整体素质的轨道上来。它重视人的思想道德素质、能力培养、个性发展、身体健康和心理健康教育。2010年6月12日，在南开大学召开的“2010人文素质教育与科学素质教育的融合”高层论坛上，专家们强调了人文素质教育与科学素质教育的融合是高等教育今后提高人才培养质量的一个重要着力点，并将贯穿高校人才培养的全过程。我国高校今后将形成科学精神与人文精神并重的“大学精神”。①

中国是拥有14亿多人口的泱泱大国，有五千多年的文明史，国学文化所形成的中华民族几千年来赖以生存的语言、艺术、思想、文化和历史，体现了中华民族古老文明的载体。中华民族的传统文化是世界上最具特色的文明形态之一，中华民族的经典国学也是世间少见的文化瑰宝。国学是中华民族文化中的一枝奇葩，也是世界文明中一颗璀璨的明珠。

修身、养性、齐家、治国、平天下，是国人所倡导的，无论是道德修养还是文化修养，都可以在国学的熏陶中得到逐步的提升。

经济全球化促进了文化的全球传播。“唯有民族的，才是世界的”，从另一个侧面反映了世界的共性寓于个性之中这一哲理。在对外文化交流过程中，如若离开了国学，我们的文化还有哪些实在的内容可资交流呢。“国学热”是现代人精神饥渴的表象，更是对全球化文化的有力回应。国学不仅为中国人所关注，近年来兴起了一股“中国热”，学汉语、了解中国已成为世界性潮流。为发展中国与世界各国的友好关系，增进世界各国人民对中国语

---

① 周远清：《在更高层次上推进人文素质教育与科学素质教育的融合》，载《中国大学教育》，2010（7），1页。

言文化的理解，为各国汉语学习者提供方便、优良的学习条件，中国国家对外汉语教学领导小组办公室（简称国家汉办）将在世界上有需求、有条件的若干国家建设以开展汉语教学为主要活动内容的孔子学院，并在中国北京设立孔子学院总部。2004 年 11 月 21 日，全球第一所孔子学院在韩国首都首尔挂牌。截至 2018 年底，国家汉办累计已在 154 个国家和地区设立 548 所孔子学院、已在全球 137 个国家和地区设立 1 147 个汉语水平考试考点。[①]

国学中蕴含着自古至今诸多应该恪守的伦理、道德、思想、社会生活等方面的准则，这对于增强人们抵制没落思想、价值观念是非常有效的。高等院校在推进素质教育中，人文素质素养教育应是核心内容，而人文素质素养教育中当包含有国学之内容。

中国人都应当对自己的祖国和民族具有真诚的感情与关怀，并希望为国、为民作出应有的贡献，则应该对自己的祖国与民族的文化有一定程度之了解。习近平总书记在北京大学考察时提出青年要自觉践行社会主义核心价值观："青年的价值取向决定了未来整个社会的价值取向，而青年又处在价值观形成和确立的时期，抓好这一时期的价值观养成十分重要。这就像穿衣服扣扣子一样，如果第一粒扣子扣错了，剩余的扣子都会扣错。人生的扣子从一开始就要扣好。"[②]

了解中国历史，加强思想舆论引导，坚定对中国特色社会主义的"四个自信"，激发全体人民爱党、爱国、爱社会主义的巨大热情。[③] 本书可作为高等院校基础素质教育课程的教学用书或者教学参考书。作为中山大学法学院的教师、广州新华学院（原中山大学新华学院）法学院院长，所编著的该书在多个院校被采用 10 年，总体反映良好。希望各位读者在使用过程中，对于发现的问题向我们提出批评指正的意见。

作　者

2021 年 7 月

---

① 《教育部：国家汉办已在 154 个国家和地区设立 548 所孔子学院》，新浪财经（http://finance.sina.com.cn/roll/2019-05-31/doc-ihvhiews5910249.shtml），访问日期：2021 年 7 月 21 日。

② 《扣好人生第一粒扣子》，光明时评（https://guancha.gmw.cn/2019-09/27/content_33192977.htm），访问日期：2021 年 7 月 21 日。

③ 《习近平在重庆考察并主持召开解决"两不愁三保障"突出问题座谈会》，中华人民共和国中央人民政府（http://www.gov.cn/xinwen/2019-04/17/content_5383915.htm?tdsourcetag=s_pcqq_aiomsg），访问日期：2021 年 7 月 21 日。

目　录

第一章　国学概述

第一节　国学的界定

一、国学的概念

（一）国学的概念起源

从历史时限划分，大致说来，国学的内涵、外延和意义的演变经历了三个时期，即古代、近现代、最近20年。“国学”在文献中最早见于《周礼·春官·乐师》之记载：“乐师，掌国学之政，以教国子小舞。”此处原指国家之学校、国家之学府。近现代意义上的“国学”一词，源于清末民初，引进于明治维新以来的日本。学者们所谈之国学，本质上指中国的本土学术。最近20年所称之国学，渐有代称中华文化之载体的意蕴，泛指中国传统历史文化、中华传统学术、中华文化的精华，是中华民族精神的集中体现，是中华文明之根。①

然而最先给本国古典文献和固有文化冠以“国学”这一名号的，是日本江户时代②的一批学者。当时，这批学者因反对作为日本封建社会指导理论与生活规范的儒教以及佛教，根据《古事记》、《万叶集》、《源氏物语集》等日本古典文献，探究日本古代历史、制度、文化，阐明日本固有精神，以求复归古道。③ 1853年美国以炮舰威逼日本打开国门的事件以后，“国学”在日本逐渐又演变为与欧美文化之“西学”的对语，亦称为“国粹”，泛指“日本国之传统文化”，或指日本民族固有之精神。④

19世纪中后期，随着中国的大门被西方国家的坚船利炮所打开，中国本土的学术始称为“中学”、“旧学”，以便区分欧美学术。而20世纪初，随着中国留日人数激增，许多维新志士和革命者也流亡日本，在日本新国学运动及国粹主义思潮的强烈影响下，“国学”与“国粹”二词汇开始播散到中国，成为与“中学”并驾齐驱的学术显语。

---

① 纪宝成：《重估国学的价值》，载《理论参考》，2007（7），5页。

② 江户时代是德川幕府统治日本的年代，时间由1603年至1867年的大政奉还，是日本封建统治的最后一个时代。

③ 姜义华：《近代中国“国学”的形成与演进（上）》，载《学术月刊》，2007（7），14页。

④ 谢保成：《清末、民国两次关于“国学”与“国粹”、“国故”的论辩及启示》，中华文史网（http://www.historychina.net/qsyj/ztyj/sxwh/2009-06-03/25130.shtml），访问日期：2011年6月29日；刘梦溪：《从“依他而起”到“不知所谓”：“国学”概念再检讨》，载《21世纪经济报道》，2006年11月6日，第32版。

但是，国学与国粹的精确含义，在当时甚至现在一直是众说纷纭、莫衷一是。

与国学、国粹相类同的，尚有“国故”一词。“国故”始见于《晋书·哀帝纪》，是中国固有词汇，但其本义是“国家之变故”。章太炎撰写的《国故论衡》于1910年初在日本刊行。借此代指“中国传统之学术”，类同国学、国粹之意义。由于章氏在当时学术界和政治界具有巨大的影响力，遂“国故”一词大有取代“国粹”、“国学”之势而风行中国。

新文化运动时期，胡适在《国学季刊·发刊宣言》中说：“‘国学’在我们心眼里，只是‘国故学’的缩写。中国的一切过去的文化历史，都是我们的‘国故’，研究这一切过去的历史文化的学问，就是‘国故学’，省称为‘国学’。”[①] 胡适一锤定音，国学这一概念的笼统性含义基本达成一致。且鉴于国粹有夸大中国学术且带有价值取向的抛弃之意，故学术界开始认同“国学”这一概念。

（二）国学在中国的界定

早在戊戌变法运动之前，康有为、严复、谭嗣同、梁启超等维新派人士就在发扬孔子之学、立教、卫教的名义下，对中国传统思想学说开始了内核性的重构。其所倡导的“孔子之学”、“孔子之道”、“孔子之教”，实质上已经是运用西方文化价值观念对传统经学的批判性借鉴。这种“跪着造反”式的学说依然受到了顽固派和投机分子的镇压，未能取得预期效果。

清末新政形势大变，废科举、黜读经、兴学堂、举西体，导致了西方文化以完整的形态倾囊而出，不仅有术有学，而且体用兼备，逐渐在中国反客为主，对中国传统文化的表里都构成了整体上的攘夺之势。当时的革命党人和呼唤时代变革的先进分子，一方面，怀抱着排满复汉的志向，倡言种族革命，另一方面，又要着力重塑“国家——民族”之新形象，以抵御西方压倒性的强势。此时，为了维护中国本有之学术和思想，出现了对抗“西学”的“国学”意识。[②]

“国学”遂以全新的理论姿态登上了清代末期的政治文化舞台，在一批学贯中西的学者引领下，开始运用西方的学术理论和科学思维方式整理本国固有之学术，它既承认与时人皆以为是“放之四海而皆准”的真理——西方普世文化价值观，又坚持本民族的文化特色、历史传统。前者态度有利于中国思想界“低头弯腰”向西方学习，促进中西文化的交融与互补，后者又有利于外国先进文化在本土生根发芽，促进中国社会的可持续发展，避免“发展着同时灭亡着”的文化悲剧。[③]

尽管人们对于国学之废立、什么是国学等根本问题都争论得不亦乐乎，但是“国学”这一概念还是沿用下来了。在新的时代背景下，张岱年于1989年在《中华国学·创刊号》中明确指出：“今天研究国学，不但要整理前人已经作出的成绩，还应该推陈出新，在前人成果的基础之上更向前进。不但今日以前的中国学术是国学，当代中国的

---

① 刘梦溪：《从“依他而起”到“不知所谓”：“国学”概念再检讨》，载《21世纪经济报道》，2006年11月6日，第32版。

② 景海峰：《国学的三种形态》，载《天津社会科学》，2010（4），4页。

③ 杨春时：《国学思潮批》，载《东南学术》，2010（2），95～101页。

学术思想也属于国学的范围。”国学在新中国的学术研究中正式成为中国学说和文化的总称，是中华文化的集中反映，也是中华民族精神的生动体现。国学承受着各种“名头之重”，决定着其本身应该是动态的，不断丰富发展的。同时，这从一个侧面也反映了国学内容的丰富性和界定的复杂性。

国学，有广义和狭义之分。广义的国学，是指以儒、释、道三家学问为主干，文学、艺术、戏剧、音乐、武术、菜肴、民俗、婚丧礼仪等为枝叶的中国传统文化体系。范围相当广泛，不仅包括了哲学、史学、文学、宗教、礼俗、伦理、考古等主流学说，还涵盖了医学、戏曲、书画、星相、术数等杂说。狭义的国学，则主要指意识形态层面的传统思想文化，它是国学的核心内涵，是国学本质属性的集中体现，也是所要学习、研究、传承、弘扬的重点之所在。

当前的国学界定、国学讨论与国学研究呈现出纷繁复杂的局面，原因是多方面的。首先，专业限制。现代的学科划分越来越细，囿于个人精力以及专业所长和现代分科教育制度的模式，一个人已经无法像古人那样学通四部、业贯六经。况且即使是经、史、子、集皆通，六经谙熟，这也仅是涵盖了古代人文社会科学的范围，自然科学也未必是行家里手。这致使国学研究天生就要承受着“片面”和“自说自话”之病症。其次，指导思想和治学进路的不同。学者们成长的文化背景不同，进行国学研究的指导思想和治学进路也各异，这也形成了国学讨论的参差局面。精熟“小学”的学者侧重于国学的文献典籍之考据、经书义理之辨析、文字辞章之探究；观其大略者喜欢宏观思维和宏大叙事，倾向于循着诸子百家、四库五经的格局，演绎翻陈；或把国学等同于中国传统文化，倡言“大国学”、“新国学”。最后，社会历史原因。“国学”、“国粹”、“国故”等概念一开始出现就有着模糊性。更多的是因为社会条件、时代背景和政治原因而被引进、被创造使用，这些研究首先承担的是“文以载道”、“救亡图存”、“保种续国”的历史使命，其次才是学术使命，从这种意义上说，甚至有点违反现代学术的纯粹性以及学者研究的基本原则。但是在新的历史条件下，国学之复兴暗含着中国人希冀继承、传扬中华文化之目的。对国学研究重新审察，自然是一个循序渐进、脱茧化蝶、探索完备的过程，也期待百花齐放、百家争鸣局面的出现。

二、国学之作用

国学是什么？我们从国学中学什么？如何学习才不会迷失方向？近代国学更多的是对西方文明挑战的回应，现代国学是具有新的时代精神、更高层次上的对民族文化价值的开掘和认同。近代国学的产生是“防御”，当今国学的出现是“自主”。[①] 这和中华民族从站起来到富起来再到强起来的历史发展是相适应的。

学术界对国学的研究，是改革创新时代精神的反映，也是民族文化自信力增强的表现。了解、把握国学的时代意义和社会作用才会对“复兴国学的人在做什么，想做什么”有一个比较客观的评价。

① 李宗桂：《国学与时代精神》，载《学术研究》，2008（3），31 页。

（一）了解中国历史

夫欲治一国之社会，必先治一国之历史。治国治家罔顾历史固然可笑，治学企图“割断历史”的做法亦是昧理愚顽。今日中国的发展处于转折点，世人厚西薄中之风与古人厚中薄西之习同样成为构建现代化中国的症结！正如习近平总书记指出的，一切向前走，都不能忘记走过的路；走得再远、走到再光辉的未来，也不能忘记走过的过去，不能忘记为什么出发。①

国学教育就是一种社会素质的教育，让中国公民对中国的古代社会和古代文化有一个比较全面的认识。这符合从国学之中吸取精华，整合任何有益养分构建现代精神文明的时代主题。

生活在现代的人接受现代教育，见今易而知古难，皆因古代文言的艰涩难懂而与国学隔阂甚深。古代中国在悠久的历史过程中是什么样子的，出现过哪些杰出的学者和优秀成果，文化上有哪些杰出成就，学术上有哪些内容和方法是可供今人借鉴的精华，这些都是历代中国学者不断思考和研究的遗存，今天的学者不可不知，今天的国民也应该了解。只有打通古今，才有利于传统学术与传统文化的传承和弘扬。

（二）提高个人素质

国学中的经典、知识和方法，对于现代中国人有着增长知识、改变格调、改善人生、提高品味的作用。经常阅读国学中的华彩篇章，可从中受到数千年文化的熏陶，吸收丰富的知识、智慧；欣赏古人的审美情操和优美艺术，使现代人的言谈更优雅，举止更得体。

国学的功用公认是“经世致用”，它不仅是民族文化的宝贵遗产，也是个体的人生财富。传统国学最讲究心术端正，强调做学问之前先要做人，唯有修身养性才能学有所成。孔子从世界观上要求“君子喻于义”，进一步又从方法论上强调了“君子不器”。国学中的这些优秀思想、文化等在培养现代中国人的生活情趣和人格素质上可发挥积极的作用。

（三）弘扬民族精神

每一个民族都有自己的民族精神，而中华民族精神来自于何处以及如何体现？这是每一位中国人都应当深思的问题。国学中所蕴含着博大精深的中华民族文化和精神。如果国人对国学一无所知，则难以了解、传承和弘扬中华民族精神。

章太炎在1906年9月创设的《国学讲习会》发起书中写道：“夫国学者，国家所以成立之源泉也。吾闻处竞争之世，徒恃国学，固不足以立国矣；而吾未闻国学不兴，而国能自立者也。吾闻有国亡而国学不亡者矣，而吾未闻国学先亡而国仍立者也。故今日国学之无人兴起，即将影响于国家之存灭，是不亦视前世为尤岌岌乎？”他在日本的一次演讲中进一步指出“用国粹激动种姓，增进爱国的热肠”，“为甚提倡国粹？不是

① 《在庆祝中国共产党成立95周年大会上的讲话》，中国共产党新闻网（http://dangjian.people.com.cn/n1/2016/0704/c117092-28520702.html），访问日期：2021年7月21日。

要人尊信孔教，只是要人爱惜我们汉种的历史”。[1]

凡是有益于社会主义精神文明建设的一切精神文化都可以拿来运用。国学是构建社会主义精神文明的主要成分之一，是中华民族精神生存、发展和繁荣的土壤。不了解和熟悉基本国学常识，社会主义精神文明建设将是无源之水、无本之木。因此，从这个意义上也可以说，国学绝不过时。

（四）坚挺中华民族的主体性地位

国学既是中华民族精神的扎根土壤，又是中国学术的代名词，也是传统文化的主体。中华民族之兴衰、国家实力之强弱、人民生存状态之靡振、社会秩序之井紊都可以在国学的发展延续中找到它们的投影。国家受到凌辱、人民受到压迫，国学就可能会成为亡国之音、靡靡之音的代称，面临批判和扭曲。国家富强、人民富裕，振兴国学的口号自然是顺应“民族复兴和自尊自强”意识潮流的折射。当下中国，重新审视和评估国学的价值，是坚挺中华民族的主体性地位的前奏。这首乐章必将随着中国综合国力的强盛和中国特色社会主义道路自信、理论自信、制度自信、文化自信的提升而长响不衰。

在世界迈向现代化和全球化进程中，各国都在尽量地保持和发展着具有本民族文化特色的内容，力图从各自的历史传统当中寻找到能够挺立于世界的能量。发展历史不长的一些国家在积极引进外国先进技术的同时，无不保留着各自浓郁的传统；而具有悠久历史的印度、阿拉伯国家、东南亚流行佛教的地区，更是力争发扬光大自身文明。近代列强的入侵导致中国传统文化内核被逐渐稀释，传统价值裂散乃至碎片化，文化符码也丢失殆尽，大众层面的精神生活已经和民族的历史记忆相去甚远，变得越来越不像传统意义上的“中国人”。这种文化主体性丧失、文明“识别色”趋于消失的状况，在打开国门、走向世界之后，遭遇到很大的挑战，出现了身份的困惑，产生了从未有过的焦虑感。特别是随着中国的崛起和大国地位的确立，表现“自我”的文化形象和世人对中华文明独特价值与贡献的强烈期待，非常现实地摆在了我们的面前：你是谁？你和别人（如西方）有什么不一样？你的文化能对世界起到什么独特作用？当代中国不仅要面对这些问题，而且需要有效地来解答这些问题，所以承待文化主体性的挺立和自我形象的明晰化。而“国学”作为独特的意象和符号，恰能满足这一需求，为中国文化的自我伸张和自主表达提供了一个现实的门径。[2]

（五）传承中华文化

清末思想家龚自珍继承章学诚“六经皆史”的观点在《古史钩沉论二》中论述道：“周之世，官大者史。史之外无有语言焉；史之外无有文字焉；史之外无人伦品目焉。史存则周存，史亡而周亡。”他进一步总结说：“灭人之国，必先去其史。”他把古代的一切文化完全归结为史，认为史官站得高，能从全面着眼，对现实政治社会作客观、公正的批判。这实际上是使历史和现实政治社会问题即“当今之务”联系起来的观点。

---

① 章太炎：《东京留学生欢迎会演说辞》，载《民报》第6号（1906年7月）。

② 景海峰：《国学的三种形态》，载《天津社会科学》，2010（4），7页。

龚自珍的这一思想被后人引申为：欲灭一国，先灭其文化。

不管国学的外延争议如何，无论是儒学六经，还是诸子百家，抑或经史子集，每一学说都是历史的产物，是在一定历史条件下提出的方略、主张。这是国学又称国故学的内在逻辑。早在五四时期，学者们就认识到国学的研究方法有两种：一是整理国故，二是追慕国故。胡适等著名学者鲜明地提倡整理国故的观点，反对追慕国故。整理国故实质上就是在近代社会西学东渐的历史条件下，变相地保存、延续和传播中华文化。

如何发扬中华传统文化，将是国学研究的一个重要任务，是国学得以自立于学术之林的重要凭恃，也是国学存在价值和目的之所在。

三、国学研究之方法

（一）尊重历史

“国学热”的兴起，有其所处的现实环境和条件，但国学自身的内容必然涉及中国古代的相关典籍，在解读这些典籍和思想、文化、技术、制度等相关问题时，应当尊重历史。

当今社会的改革时代，不少人动辄从外国引进相关的制度，而不问该制度是否符合我国国情。章太炎早就指出“教育的根本要从自国自心发出来”，因此“自国的人，演讲自国的学问，施自国的教育，像水、火、柴、米一个样儿，贵也是要用，贱也是要用，只问要用，不问外人贵贱的品评。后来水越治越清，火越治越明，柴越治越燥，米越治越熟，这样就是教育的成效了。至于别国所有中国所无的学说，在教育一边，本来应该取来补助，断不可以学《格致占微》的口吻，说外国的好学说，中国古来都现成有的。要知道凡事不可弃己所长，也不可攘人之善”。①

提倡“国学”也好，引进“西学”也罢，每个人自由而全面的发展才是我们教育努力的目标。古代的思想文化资源，外来的思想文化资源，都需要经由重新估定、重新构建，融入新文化的创造中，才能焕发出新的生命力。②

（二）取其精华

现代学术研究要继承国学中的精华，去其糟粕，必须采用科学的态度与方法。但更重要的一面，则是在继承的基础上创新与进步，形成全新的创作，也只有如此，国学才能永葆生机和活力。无论是“国粹”、“国故”还是“国学”，都涉及从古到今诸多领域的中华浩瀚文化知识。相关的知识，其中不乏精华所在，但也必然存在着一定的历史局限性。

任何知识的传承均应有其值得传承的本身价值，也离不开其存在和传承的社会环境。任何一个国家的学术和文明，与外国的学术和文明往往存在着千丝万缕的联系，因此假借“国学”以故步自封，甚至割断中华民族与外界文明的联系，无疑是不明智的。

（三）因学制宜

因学制宜是指针对各种学问的不同属性，采取不同的研究方法以达到融会贯通、学

---

① 章太炎：《论教育的根本要从自国自心发出来》，载《教育今语杂志》第 3 册（1910 年 3 月）。

② 姜义华：《近代中国“国学”的形成与演进（下）》，载《学术月刊》，2007（8），12 页。

以致用的治学目的。梁启超在《治国学的两条大路》中将国学分为“文献的学问”与“德性的学问”，倡导“用客观的科学方法去研究文献的学问”，“用内省的和躬行的方法去研究德性的学问”，并进一步提出“求真、求博、求通”的原则，这对今天学习国学、弘扬国学具有很大的启发意义。①

国学具有浓厚的伦理性和践行性。一种学术素养成就一个人的人格。一国的学术精神成就一个民族的性格。反过来，一个人的秉性又影响着该人的学术思想，一国的国民性格又影响着该国的学术进路。在研究国学的进程中，首先体察国学的“学术品质”就是因学制宜方法的具体体现。对于此，可以借鉴北京大学国学研究院院长袁行霈教授的总结。袁先生认为国学研究院在发展中形成三个传统：一是学问和道德的统一。在国学研究院的学习，不仅是探索知识，也是提升人格的过程。国学研究院的师生都应具有“学问越大，为人越好”的自觉性。二是国学研究院具有“六不”传统，即不急功，不近利，不张扬，不炒作，不赶时髦，不凑热闹。无论外界是冷也好，热也好，赞扬也好，批评也好，国学研究院的师生都应有一定之规，踏踏实实地做学问，做能让国民素质提高的工作。三是老师之间、同学之间以及师生之间和谐相处，不矜己长，不攻人短，形成一种互相尊重、互相学习的良好氛围。这三个传统未尝不可以作为治国学者的三个方法。

（四）循序渐进

朱熹曾指出：“读书之法，在循序而渐进，熟读而精思。”国学涉及的面广泛，而且有相当的深度，学习国学应当是人一生的任务，任何的短视或者速成都是不可能的。有学者已经明确提出了当前学习和研究国学，应当在指导思想上明确以人为本、以和谐为终；在具体操作上，要避免庸俗化、浅薄化、快餐化、商业化、娱乐化的倾向；高等教育领域作为国学研究和传播的重要领地，尤其应当避免不良倾向的侵袭，在大学中保持一片文化的净土。②

“学者须先立志。”习近平总书记在 2021 年 4 月 19 日视察清华大学时寄语青年：“广大青年要肩负历史使命，坚定前进信心，立大志、明大德、成大才、担大任，努力成为堪当民族复兴重任的时代新人，让青春在为祖国、为民族、为人民、为人类的不懈奋斗中绽放绚丽之花”。③ 立志是循序渐进的第一步。因为避免社会的浮躁之风和商业气息干扰的有效方法是心存理想、立志治学，保持一股学者之气和书生气息，与现实保持适度距离。故“为学之道，莫先于穷理，穷理之要，必在于读书，读书之法，莫贵于循序而致精，而精致之本，则又在于居敬而持志”。

---

① 梁启超：《治国学的两条大路》，转引自《梁启超全集（第 7 册）》，4 067 页，北京，北京出版社，1999。

② 洪修平、许颖：《对当前“国学热”的再思考》，载《西北大学学报（哲学社会科学版）》，2008（6），25 页。

③ 《习近平寄语青年：立大志 明大德 成大才 担大任》，央广网（http://dangjian.cnr.cn/djyw/20210429/t20210429_ 525474921.shtml），访问日期：2021 年 7 月 21 日。

（五）与时俱进

与现实保持距离并非要求治国学者不关心社会、不问国事，恰好相反，治国学者应该与时俱进，勇于承担社会责任，成为社会向前发展的思想引领者，否则只是一介腐儒和竖儒。近代学者马一浮安心治学，“平生杜门”、“未尝聚讲”。但是抗日战争爆发后，在南下避难的旅途中，第一次应当时浙江大学校长竺可桢之邀，出山讲学，先后于江西的泰和与广西的宜山为浙江大学的学生开设“国学讲座”。他开宗明义地讲：“其意义在使诸生于吾国固有之学术得一明了认识，然后可以发扬天赋之知能，不受环境之陷溺，对自己完成人格，对国家社会乃可以担当大事。”他拈出宋代大哲学家张载的四句话——“为天地立心，为生民立命，为往圣继绝学，为万世开太平”教大家立志，希望诸生“竖起脊梁，猛著精彩，依此立志，方能堂堂正正地做一个人。须知人人有此责任，人人具有此力量，切莫自己诿卸，自己菲薄”。①

与时俱进不仅是一种精神状态，还是一种人生风貌，也可以成为一种治学进路，演化为学术品质。现代人学习、研究本国固有之传统学问，不应徜徉于摅怀旧之蓄念，发思古之幽情，更不可排斥与抵制西方先进的思潮和精神气质，而是以与时俱进的理论品质研究国学，增强民族的自我认同，促进爱国主义精神，正确处理好科学技术与人文的关系、传统文化与现代化的关系，使古为今用。同时，还要以改革开放的思想，以现代科学的观点，向西方社会正确地诠释中国的文化传统，让世界全面、正确地了解中国。这是学习与理解传统文化的立足点和归宿。

第二节　国学的主要内容

一、国学的外延

人类的知识体系大致可以划分为自然科学、人文科学和社会科学三大类。自然科学以自然界为主要研究对象，以认识和把握自然规律为目的；人文科学以人文世界为研究对象，以探讨人的生存与关怀、人的信仰与情感、人的自由与幸福、人的价值与发展等为目的；社会科学以人类社会为研究对象，以认识和把握社会发展规律为目的。自然、人文、社会科学共同构成了人类的知识体系。科学的认知理性、技术的工具理性与理论思维、人文情怀、道德情操、文化艺术修养、语言文字表达能力同样重要。

国学不能简单地归类在上述三者之一中，它是相对外国学术而言进行的分类，既包括了自然科学、人文科学，也包括了社会科学。

国学以学科分类，可以分为哲学、史学、宗教学、文学、礼俗学、考据学、伦理学等，其中以儒学、哲学为主流。

以《四库全书》为标准进行划分，可以分为经、史、子、集四部，以经、子两部为代表，其中尤以经部为重。如谭正璧在《国学概论新编》中说：“本书根据国学固有

① 马一浮：《马一浮集》，第1册，5～8页，杭州，浙江古籍出版社，1996。

的四分法，且参照现代学术的分类，分为经学、子学、史学、文学四部，其文字学一门，向以附属于经学。”[①]

以思想体系为标准划分，可以分为儒、释、道、墨、法、兵、农、阴阳、名、纵横、小说家等，其中儒家思想贯穿并主导中国思想史。如钱穆所作《国学概论》，其体例结构则完全抛弃了“四部”之限，重新构建起了一种以断代学术的概要总结为核心的新“思想史”或“学术史”之模式。

以意识形态或者在历史上的地位为标准，可以认为，儒学为国学的主要内容，四书五经是国学的内核，具体可划分为六艺之学。国学者，即是六艺之学，用此代表一切固有学术，广大精微，无所不备。因为在长期的历史过程中，儒家是官方意识形态，其思想、理论、精神在国学中占据主导性地位，也是认识中国历史文化的主线。有鉴于此，一些学者的国学论著，也着力叙述儒学，其他学说理论只作辅助性介绍。

章太炎认为国学（国粹）的内容主要在于历史，具体包括语言文字、典章制度和人物事迹，大致相等于历史和文化。由于文字、音韵、训诂是国学研究的根基，所以章太炎又尤其重视“小学”（即文字、音韵、训诂等基础性学问）在国学中的地位。[②] 直到现在，作为一种避虚就实、减少争议的方式，“小学”已经跻身为国学研究的不二门径，成为别人攻之不动的堡垒。[③]

由于国学的内涵从一开始就是一个颇具争议性的问题，因此其外延至今还没有一种普遍认可的权威学说。

二、国学研究的派别

关于国学，有否定说和肯定说两个相对应的大学派。

（一）否定说

否定说认为国学既不属于任何一个学科，也不能够成为一个体系，国学是根本不存在的。1931 年，钱穆在《国学概论》中指出：“学术本无国界，‘国学’一词，前既无承，将来亦恐不立。特为一时代的名词。其范围所及，何者应列国学，何者则否，实亦难别。”[④] 归纳起来，反对派的主要理由有：

第一，国学的概念十分模糊。国学的内涵和外延都很模糊，争议很大，无法进行统一、规范的学术研究。国学的内容都可以纳入到现有的学科体系之中，没有必要也不可能另立门户。

第二，中国两千多年来封建文化的积淀，国学思潮属于文化上的保守主义和复古思潮。国学是一种竭力扼杀科学技术的文化，是与创造和个性为敌的文化。国学里更多的是愚昧，而不是科学；更多的是专制，而不是民主；更多的是禁锢，而不是自由；更多

① 谭正璧：《国学概论新编·编辑大纲》，1 页，上海，北新书局，1936。

② 章太炎：《东京留学生欢迎会演说辞》，载《民报》第 6 号（1906 年 7 月）。

③ 景海峰：《国学的三种形态》，载《天津社会科学》，2010（4），6 页。

④ 钱穆：《国学概论·序言》，1 页，北京，商务印书馆，1997。

的是守旧，而不是创新。利用国学提高国民的教养和素质其实是一种虚妄的想法。①

第三，国学精神不是商业思维，而是小农思维，不适合现在中国的发展。现在我国处于产业革命时期，国学无法培养出合格的企业家和企业家精神。

第四，国学早已被五四运动送入历史的博物馆。国学逝去已经近百年了，我们所有的研究，不过是一种考古、一种整理保存而已。甚至国学已经成为了“木乃伊”。②

第五，国学不符合现代学术分科的思想，不能编入某一个学科体系之中。中国传统学术是经、史、子、集四部之学，向现代学术转变以后，已为艺术、文学、史学、哲学诸学科所置换，总称作人文学科。胡适当年在号召整理国故的时候，就已经提出，要文学的归文学，哲学的归哲学，史学的归史学。因此对中国传统学问作分学科研究，比拢在一起的国学概念要切实得多。何炳松先生 1929 年发表《论所谓国学》一文提出：“基于来历不明、界限不清、违反现代科学的分析精神、以一团糟的态度对待本国的学术等理由，因此号召中国人一致起来推翻乌烟瘴气的国学。”③

（二）肯定说

肯定说认为国学是客观存在的，主流派是“中国传统学术文化论”，其中又可分为国故论、大国学论、广义与狭义国学论、儒学论或儒家主导论、古代立国之学论、古代精神之学论、道学艺技论、母体文化论、汉学论等。

国故论，是将中国的传统学术文化纳入其研究范围。含精神国故、文化国故，包括义理之学（哲）、经世之学（政治、经济社会学）、考据之学（史、训、诂）、词章之学（文），以及一切医、巫、佚、易，既有“国粹”，也有“国渣”。

季羡林提出大国学论，强调国学应是大国学，是中华文化的同义词。国内各地域文化和 56 个民族的文化，都包括在国学的范围之内。而且后来融入中国文化的外来文化，也都属于国学的范围。④

刘梦溪、明远等提出广义与狭义国学论。广义的国学，即中国一切过去的历史文化、思想、学术、文学艺术、数术方技均包括其中；狭义的国学，则主要指意识形态层面的传统思想文化，它是国学的核心内涵，是国学本质属性的集中体现。⑤

第三节　近现代国学大师

一、近代国学大师

大师者，大学问也，大智慧也，华夏五千年经史子集的集大成者。国学大师是人们

---

① 舒芜：《“国学”质疑》，载《理论参考》，2007（7），46 页。

② 踏雪无痕：《国学是木乃伊，很臭》，搜狐博客（http://xfrh. blog. sohu. com/37630374. html），访问日期：2010 年 12 月 18 日。

③ 何炳松：《何炳松文集》，第二卷，382 页，北京，商务印书馆，1997。

④ 季羡林：《国学应该是大国学》，载《人民日报·海外版》，2007 年 6 月 22 日，第 1 版。

⑤ 杨斌鹊：《“国学”教育在西安》，载《西安日报》，2007 年 1 月 22 日，第 4 版。

对国学造诣深厚、德才兼备的学者、专家之尊称。我国对“国学大师”尚无评定机构。

儒、佛、道三家是中国传统文化的三大支柱，在两千多年的历史演进中，它们已相互渗透、相互融合。明末清初以来，西学传入，逐步融入中国学术，章太炎、王国维、梁启超等学者，学养深厚，既业有专攻，又能打破近代以来各门学科之间支离分割的格局，沟通哲学、史学、文学、艺术等众多学科领域，进行整体性的思考和探索。20 世纪二三十年代之交，国学最为鼎盛时的北京大学国学门、清华大学国学研究院、燕京大学国学所、齐鲁大学国学所等重镇，其中的主要人物皆有西学背景。①他们留学欧美，西学造诣甚深，这就使得他们视野开阔，能够融会贯通地进行跨文化思考和探究，并由此而获得新知，形成新说。

二、现代国学大师

国学热，引发了人们对现代国学大师的推举。2006 年 6 月，国学网、中国人民大学国学院、百度等联合举办“我心目中的十位国学大师”网民投票评选活动，结果揭晓，入选“我心目中的十位国学大师”的分别是：王国维、钱锺书、胡适、鲁迅、梁启超、蔡元培、章太炎、陈寅恪、郭沫若、冯友兰。其中王国维名列榜首，成为本次评选中的“国学第一人”。这反映了当下国学兴起、时代变迁的社会风潮。

近现代社会涌现出一大批著名的学者，在学界比较著名的学人，如马一浮、梁漱溟、熊十力合称为“现代三圣”。熊十力、梁漱溟、张君劢、冯友兰、方东美、唐君毅、牟宗三、徐复观被誉为“新儒学八大家”。王国维、梁启超、陈寅恪、赵元任被称作“清华国学院四大导师”。

而章太炎更是近代不可忽视的大学者。其门下著名弟子如钱玄同、许寿裳、朱希祖、黄侃、刘文典、汪东、沈兼士、马裕藻、龚宝铨、周树人、周作人、胡以鲁、易培基、陶焕卿、钱家治、朱宗莱、余云岫、吴承仕、徐复等，可谓大师云集、高徒辈出。鲁迅在1936 年临终时回忆其师章太炎时说：“考其生平，以大勋章作扇坠，临总统府之门，大诟袁世凯包藏祸心者，并世无第二人；七被追捕，三入牢狱，而革命之志终不屈挠者，并世亦无第二人。这才是先哲的精神，后生的楷模。”强调其革命精神和思想深度，而相对忽略其学术业绩，奠定了中华人民共和国建立以至改革开放期间内地评价与研究章太炎的主调。

这些学者有的自成一派、在儒学等专门领域作出了开拓性的成就，有的还在哲学、文学、佛学、艺术等领域造诣精深、当行本色。

第四节　国学思潮的兴起及发展

一、国学思潮的兴起

20 世纪以来，出现过三次“国学热”的思潮。

---

① 桑兵：《晚清民国的国学研究》，16 ~ 23 页，上海，上海古籍出版社，2001。

第一次可称之为“国粹”思潮。国粹思潮的兴起是人们对传统文化的反思与正视之结果。鸦片战争后，西学、西术挟其军事之威临岸叩关、渐次伸达，洋务运动用“师夷之长技以制夷”的方略接纳之，张之洞倡“中体西用”，已有画地为牢、平分秋色之意。① 庚子赔款、九七国耻以及在中国土地上爆发而中国当局竟宣称中立的日俄战争等惨剧强烈伤害了中华民族的自尊心，一些留洋志士受到日本国粹主义的影响，标揭以“国粹”凝聚“国魂”，激励“种姓”，企图以文化复兴憬悟民族自觉。具有鲜明的民族主义色彩的第一次国学思潮倏然勃兴。《国粹学报》（1905—1911）为其主要的舆论阵地。

第二次可以名为“国故”思潮，主要发生在新文化运动以来，持续到整个中华民国阶段。以“重新估定一切价值”为旗帜，标揭“研究问题，输入学理，整理国故，再造文明”，具有明显的科学主义特征。1919 年 1 月，刘师培与黄侃、朱希祖、马叙伦、梁漱溟等成立“国故月刊社”，创办了《国故》月刊，与傅斯年办的志趣相异的《新潮》相抗衡，两刊就国故问题展开激烈争论。1920 年，胡适在《新思潮的意义》里提纲挈领地指出：“我们对于旧有的学术思想，积极的只有一个主张，就是‘整理国故’。”他还说：“这叫做‘整理国故’。现在许多人自己不懂得国粹是什么东西，却偏要高谈‘保存国粹’。林琴南先生做文章论古文之不当废，他说，‘吾知其理而不能言其所以然！’现在许多国粹党，有几个不是这样糊涂懵懂的？这种人如何配谈国粹？若要知道什么是国粹，什么是国渣，先须要用评判的态度，科学的精神，去做一番整理国故的工夫。”② 在这篇纲领性文章的指引下，这场思潮持续了近 30 年。北京大学国学门（1922—1927），清华研究院国学门（925—1929）是为代表。

第三次国学思潮，发生在 20 世纪 80 年代末 90 年代以来，至今方兴未艾。③ 与前两次国学热思潮相比，第三次思潮凸显了国学的人文性、大众化与市场化。一方面有国学教研机构的大量兴起，如高校与民间的国学院、国学所、国学班、国学课、国学讲座、书院、蒙馆、私塾、淑女堂等；另一方面有国学媒介的大量出现，如国学网、国学博客、国学期刊、电视国学、国学丛书、国学读本等；还有国学娱乐服务机构的出现，如各种国学俱乐部、国学夏令营等。媒体关于国学的激辩也是一浪高过一浪。国学话语广泛进入社会与思想的前沿和主流媒体。国学的现代兴起，起码反映了三个方面的矛盾：一是当代社会中物质文明与精神文明缺失、道德失范的矛盾；二是传统与现代的矛盾；三是中国与全球化的矛盾。人们通过国学来反思相关的问题，呼唤精神文明的回归、重视传统文化、关注本国的国情。

二、国学教育的发展

（一）概况

国学教育的产生是在西方列强的步步紧逼和国破家亡的压迫下，忧患情绪被激发成

① 景海峰：《国学的三种形态》，载《天津社会科学》，2010（4），4 页。

② 《胡适全集》，第一卷，699 页，合肥，安徽教育出版社，2007。

③ 何爱国：《人文与市场的纠结：第三次国学思潮反思》，载《福建论坛（人文社会科学版）》，2008（6），63 页。

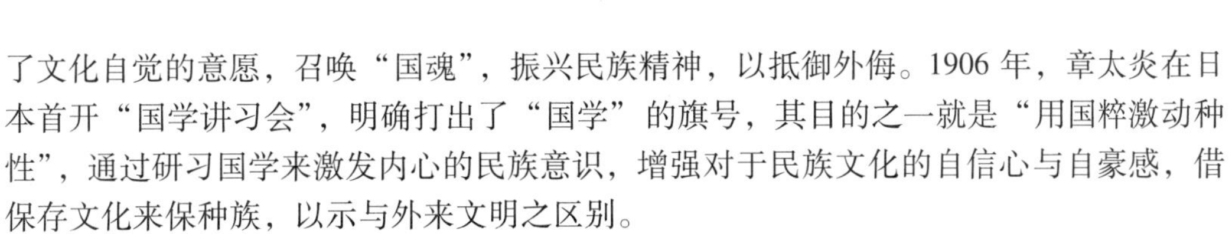

了文化自觉的意愿，召唤“国魂”，振兴民族精神，以抵御外侮。1906年，章太炎在日本首开“国学讲习会”，明确打出了“国学”的旗号，其目的之一就是“用国粹激动种性”，通过研习国学来激发内心的民族意识，增强对于民族文化的自信心与自豪感，借保存文化来保种族，以示与外来文明之区别。

新文化运动以后，中西对阵，西学大获全胜，已渐成定势。国学实际上已暗含成了“历史遗产”，蜕变为一种“材料性”的存在，和现实生活拉开了距离，或者遁入学者的书斋，或者尘封于历史高阁之上。

中华人民共和国建立后，“国学”一词在内地被废弃不用，但传统经学、史学、子学和古代文学研究仍一度受到重视。1978年以后，随着中国共产党“解放思想、实事求是”思想路线的确立和改革开放方针的实施，解放了西学，也解放了传统文化遗产。新儒学、新道学、新佛学，一一成为学术界热点。20世纪90年代以来，汇成一股新的“国学热”，被废弃不用已40多年的“国学”一词，于21世纪初在内地又风行一时。①

有学者指出，正确对待国学，毫无疑问是十分重要的。从学术研究的立场和文化建设的实践层面考察，“国学”研究应当弘扬时代精神，防止不良倾向。一是要反对复古守旧，防止封建主义沉渣泛起；二是要反对把“国学”意识形态化、政治化；三是要反对把“国学”商业化；四是要防止把“国学”儒学化。②

（二）研究机构

自20世纪初期章太炎先生创办的“国学讲习所”开始，国学研究机构纷纷创立，影响显著的有北京大学国学门和清华大学国学研究院。清华大学国学研究院成立于1925年，1929年结束，以四大导师闻名于世，虽然存世短短四年，却培养了一大批著名学者。

20世纪80年代以来，“国学热”兴起。不少大学皆建立了国学研究所，部分大学甚至成立了国学院和国学系。同时，民间的国学社团也普遍兴起。

（三）招生教育

不少大学以实验班的方式探索国学教育工作。以南昌大学国学本硕实验班为例，其明确了以培养人文社会科学创新人才为目标，采用现代教育理念，依托国学研究院与人文学院的优秀师资力量和学术团队，采取精英式教育方式，培养具有崇高的精神境界与科学发展的世界观；具备扎实的国学功底与人文底蕴，精通传统经、史、子、集的基本元典，熟悉中国、西方与印度三大文化传统的基本人文精神及其重要学术经典；具有创造性思维能力与综合性社会实践能力的高层次复合型人才。国学实验班学制6年，实行本科与硕士贯通培养。学生修完培养方案所要求的课程并完成学位论文，毕业时可同时获得本科和研究生毕业证书，并获得学士和硕士学位证书。每届招收学生25名。③

在通识教育和素质教育的推动下，一些高校设置了国学课程，甚至有将国学设定为

① 姜义华：《近代中国“国学”的形成与演进（下）》，载《学术月刊》，2007（8），11~12页。

② 李宗桂：《国学与时代精神》，载《学术研究》，2008（3），31页。

③《南昌大学国学本硕实验班2010级新生招生选拔公告》，南昌大学国学研究院（http://gxy.ncu.edu.cn/show.asp?id=197），访问日期：2010年12月25日。

必修课程。还有一些大学努力试行“通识教育课程”的模式，其中包括了国学内容。除按照教育部的要求设置外语、时事政治理论等公共课程外，国学课程包括《国学通论》、《论语》、《大学》、《中庸》、《孟子》、《说文解字注》、《广韵学》、《天文历法》、《左传》、《毛诗正义》、《周易正义》、《汉书》、《荀子》、《资治通鉴》、《金刚经》、《老子》、《庄子》、《史通》、《史记》、《昭明文选》、《文心雕龙》、《大乘起信论》、《中论》、《楚辞补注》、《传统书法》、《绘画》、《曲学》、《太极拳》、《黄帝内经》等。

同所有新的专业一样，国学教育在课程设置和课时安排方面存在着一些需要考虑和解决的问题。而初步研习国学的学子应该涉猎何种国学典籍，是国学教育必须首先解决的重大问题。

1923 年，胡适应清华学校学生之请，开有《一个最低限度的国学书目》，收录图书约 190 种，后来据此修订精简成《实在的最低限度的书目》选定 39 种。1923 年，梁启超应《清华周刊》记者之约，撰文《国学入门书要目及其读法》，开设书目约 160 种；后来他又为“校课既繁、所治专门”的青年学生精简此书目，按经部、史部、子部、集部开列出《最低限度之必读书目》，共 25 本。经部是：《四书》、《易经》、《书经》、《诗经》、《礼记》、《左传》；史部为：《战国策》、《史记》、《汉书》、《后汉书》、《三国志》、《资治通鉴》（或《通鉴纪事本末》）、《宋元明史纪事本末》；子部曰：《老子》、《墨子》、《庄子》、《荀子》、《韩非子》；集部谓：《楚辞》、《文选》、《李太白集》、《杜工部集》、《韩昌黎集》、《柳河东集》、《白香山集》。任公认为：“以上各书，无论学矿、学工程报……皆须一读，若并此未读，真不能为中国学人矣。”1942 年，汪辟疆为中央大学国文系学生开列了一个包含 10 种图书的“最重要”的“源头书”，颇为精要。1978 年，香港中文大学新亚书院设立“钱宾四先生学术文化讲座”，请钱穆作了系列讲座。在讲演中，钱穆指出有 7 部书是“中国人所人人必读的书”——《论语》、《孟子》、《老子》、《庄子》、《六祖坛经》、《近思录》、《传习录》。1998 年，为纪念北大百年校庆，由北京大学校内外 50 多位著名教授列出了推荐大学生应读书目 30 种、选读书目 30 种。《国学备览》① 丛书则列举了中国人应当了解的 81 部国学经典。

结合当今潮流而言，今日观之，国人研习国学，盖《四书五经》、《前四史》、《黄帝内经》、《庄子》、《老子》、《说文解字》、《三字经》、唐诗、宋词、元曲、四大名著当为最低限度，不可不读。余者无须限量，开卷有益，多多益善而已。

2000 年初，北京大学中国传统文化研究中心更名为北大国学研究院，2002 年开始招收博士研究生；成立于 2009 年 11 月 1 日的清华大学国学研究院，设立了访问学者制度，支持学者的研究；还有复办于 2006 年的厦门大学国学研究院、2008 年成立的华中科技大学国学研究院、2009 年成立的南昌大学国学研究院，以及 2018 年 9 月国学研究院整体并入历史学院的青岛大学等等，对国学的研究和教育都各有特色。

---

① 赵敏俐、尹小林：《国学备览》，北京，首都师范大学出版社，2007。

第二章　中华民族精神

第一节　民族精神及其特性

一、民族精神的界定

（一）民族精神的概念

18 世纪，法国启蒙思想家孟德斯鸠在《论法的精神》一书中最先提出“民族精神”一词。此后，中西方学者对民族精神的概念作了很多有益的探讨。民族精神概念的提出与 18 世纪后期欧洲民族主义理念的形成有着明显的因果联系，是民族主义形成过程中的一个重要理论成果。

在 19 世纪末到 20 世纪初，“民族”一词由东洋传入中国，其时之民族精神乃民族主义之代名词，遂成为有识之士振兴中华、救亡图存的一面旗帜，如梁启超、孙中山等即将民族精神与民族主义等同使用。即使现代学者也有把它等同于或者约等于“民族主义”或者“民族主义精神”使用的。①此外，也有学者将民族精神认为是一个民族在生成、发展演化过程中逐渐积淀下来的“民族生存哲学”，是一个民族得以存在、生存和延续的灵魂，亦称民族意识；从而将“民族精神”与“民族意识”、“民族文化”、“民族特性”等同视之。

随着国家竞争的加剧和民族意识的觉醒，民族国家迫切需要相关理论学说来凝聚人心、号召民众。民族精神开始与其他词汇分化，其内涵也向纵深发展，逐渐形成比较完备的理论体系。

从抽象性的描述上看，民族精神是“一个民族所具有的使自己区别于其他民族的思维方式与精神气质”②；是“一个独特的民族所特有的根本的不可分割的秉性和取向”；是“这个民族的共同信念，以及对其内在必然性的共同认识”。③

从本质和内容上界定，“民族精神应该被理解为由那些联合与团结民族所有成员，

① 栗志刚：《全球化视野中的民族主义刍议》，载《华中科技大学学报（社会科学版）》，2004（6），4 页；张廷国：《从浪漫主义向民族主义的转变——德国民族主义形成的原因》，载《华中科技大学学报（社会科学版）》，2005（5），13 页。

② 黄岭峻：《清朝末季：民族自信的丧失与实用理性的延续——中华民族精神的现代转型研究之一》，转引自欧阳康主编：《文化反思与价值构建——全球化与民族精神》，208 页，北京，人民出版社，2009。

③ ［德］萨维尼：《论立法与法学的当代使命》，7 页，北京，中国法制出版社，2001。

进而维持民族生存、独立与发展，保持其重要神圣价值——首先是那些历经数代而建立的文化价值——的本能、习俗、情感、思想、思维、意志所构成的整体”①。

从发生学以及目的论的视角分析，“民族精神是一个民族在长期共同生活和社会实践中逐渐形成的，‘为多数成员所信奉’的，‘具有广泛影响力’的，‘能够激励人们前进、有促进社会发展作用’的‘民族文化的主体精神’”②。

诚然，上述对民族精神的界定或者理解皆不乏合理性，都从某一个方面揭示了民族精神的内核或者展现了阐释民族精神的方法。本书借鉴上述定义的合理成分，把民族精神的概念界定为：民族精神，是民族共同体在长期的历史进程和积淀中形成的，反映民族意识、民族习俗、民族性格、民族信仰、民族宗教、民族价值观念等本质特征的综合体，是民族传统文化之维系、协调、指导以及推动民族生存和发展的精粹思想，是一个民族生命力、创造力和凝聚力的集中体现，也是一个民族赖以生存、共同生活、共同发展的核心和灵魂。

（二）对民族精神的理解

毕竟，概念是对存在的反应，是对具体的抽象。况且，民族精神又是存在于民族共同体精神层面的一个“虚式存在物”，这更增加了理解民族精神的难度。为了更好地把握民族精神的实质、理解民族精神的含义，需要对界定民族精神概念的方法加以阐述。

1．从内涵的角度理解

（1）广义论。

从广义的角度来考查，民族精神是一个中性概念，既包括了积极、优秀、进步、精粹的一面，如“民族的脊梁”、“民族的精神支柱”，又包括了消极、保守、落后和庸俗的一面，如“国民劣根性”，是一个充满长短优劣的多面体。

（2）狭义论。

民族精神从狭义的角度理解，是从进步、积极、正面的角度来界定的。民族精神应当指反映人民群众利益和社会发展方向的精粹思想、进步观念和优秀文化，而不应当包括民族文化中落后、消极的因素。从这个角度出发，有利于弘扬和培育民族精神，达到提高民族意识和民族素质之目的。民族精神的构成应具备两个基本条件：一是有广泛的影响，即为民族的多数人民所信奉；二是能激励人们前进，有促进社会发展的作用。③

（3）目的区别论。

有学者认为，民族精神作为学术研究的对象，得从实事求是的原则进行多维度剖析，它是既有精华又有糟粕的立体形态。但从宣传、教育的现实功利性出发，则应当以倡导民族精神的正面为价值导向。④

当然，民族精神作为学术研究对象和宣传教育手段，这二者也不是截然对立的。坚

① ［越南］阮仲準：《民族精神面临全球化挑战》，转引自欧阳康主编：《文化反思与价值构建——全球化与民族精神》，78页，北京，人民出版社，2009。

② 詹小美：《民族精神论》，12～13页，广州，中山大学出版社，2007。

③ 张岱年：《炎黄传说与民族精神》，载《炎黄春秋》，1993（11），20页。

④ 张磊、孔庆榕：《中华民族凝聚力学》，28页，北京，中国社会科学出版社，1999。

持科学的态度，把“民族精神”作为一种曾经存在、现在依然不同程度地发挥作用的客观事实，认识到它所包含的精华与糟粕并存的历史二重性，最终也是为社会现实服务的；研究者可以通过研究的结果，剥离民族精神中消极的、带有劣根性的成分，而弘扬其中积极向上、超越层面的成分，达至培育和宣传之目的。

2. 从概念表述的角度理解

（1）表象归纳法。

表象归纳法主要使用现象归类方式，从表象观察着手而归纳出民族精神的共同性质。虽然民族精神的历史流动性、内容变易性给民族精神的研究带来一定程度的困难，但是对民族精神现象加以描述归纳，亦可借此鸟瞰一个时代的民族精神之本质。譬如有学者就将中华民族的基本精神归纳为“刚健有为”和“自强不息”。①

（2）本质认识法。

本质认识法重点关注众多民族精神现象的共同本质，注意民族精神现象的共同性、全局性、整体性。一些学者反对在阐释民族精神时采取描述现象的简单方法，强调从超越的层面着手，既排除用一种或多种社会现象的罗列来代替民族精神的方法，也抛弃了用一种或多种文化现象来凸现民族精神的思路，而强调哲学地概括、整体地把握民族精神。因为，民族文化是民族精神的载体；民族精神是整个民族文化的灵魂和升华，集中表现了一个民族在一定的客观自然环境和社会历史条件下建构自己生活的独特方式，反映了一个民族的独特性格和风貌。故从中华文化哲理的角度来探讨民族精神，可提炼出民族精神的三大观念：整体观、变化观、本质观。②

（3）词义解析法。

词义解析法是对构成“民族精神”的词素——“民族”和“精神”分别解析，并对相邻概念，如“民族”同“种族”，“精神”同“心理”、“意识”等进行含义比较，然后加以归纳总结从而推论出民族精神的概念。有学者提出精神具有两层含义：一是人类的意识、思维活动和一般心意历程、心理状态，是人类的认识、情感和意志的总体；二是一切意识文化现象的内在的深层的东西，是人的知、情、意的内核，并在接受后者含义的基础上概括出“民族精神”的内涵。③

（4）“文化—心理”结构研究法。

美国文化人类学家露丝·本尼迪克特在其《文化模式》一书中论述道：“人们那些看似散乱无章的行为，事实上无论怎样孤立的行动彼此之间都会有某种内在联系，这种内在联系就是人们生活其中的文化模式。这是对于文化结构的另一种理解，它倾向于把

---

① 张岱年：《分析中华传统文化的优缺》，转引自谢龙主编：《平凡的真理·非凡的求索——纪念冯定百年诞辰研究文集》，428页，北京，北京大学出版社，2004。

② 杨叔子：《民族精神：中华民族文化哲理的凝现》，转引自欧阳康主编：《文化反思与价值构建——全球化与民族精神》，4～19页，北京，人民出版社，2009。

③ 方立天：《民族精神的界定与中华民族精神的内涵》，载《哲学研究》，1991（5），33～40页。

文化看成一个有机的系统结构。”[①] 文化结构大致分为三类：物质文化、行为与制度文化、观念文化。同时，观念文化又可分为两个层次：表层的、自在的观念文化形态和深层的、自觉的观念文化形态。

从文化结构上看，民族精神归属于文化结构中的观念文化。民族精神一方面表现在民众不自觉的心理倾向中，所谓“集体无意识”，该民族的成员所形成的同一的，超越个人本质的、共同的精神实体，即被视为“民族共同心理素质”；另一方面，民族精神又蕴藏在自觉的理论形态中，集中体现于一个民族的哲学思想里，是一个民族世界观、价值观以及思维方式的集中表达。[②]

（三）界定民族精神的科学态度

民族精神是一个内容丰富、层次多样的概念，要准确表述其深刻的内涵，必须运用科学的方法。

1. 在应然层面来对民族精神进行界定

“实然”和“应然”是界定人文社会学科某些概念的两个维度。实然是从事实或经验材料出发，对某一特定民族精神进行客观描述，通过描述告诉人们这个特定民族的精神究竟是什么样的，有哪些内涵。应然是从某种理想的状态出发，来谈论某一特定民族应当具有什么样的精神，或者应当在其精神方面作出哪些或批判、淘汰，或补充、更新之类的改进和扬弃。

对民族精神的界定，应该在应然层面，其是价值论断而不是事实认识。民族精神虽然可以体现在“思维方式”和“行为方式”以及由其表现出来的“品质和风貌”中，但是实证调查并不是界定民族精神的必经之路和先决条件；不进行实证，也不会出现事实性错误，也不存在遮蔽丑陋和误导视听的问题。恰恰相反，坚持应然方法，并不排除实证研究方法的运用，且有利于理想式的民族精神的培育和完善。

2. 从动态的视角来界定民族精神

按照唯物史观关于社会存在决定社会意识的原理，民族精神肯定会随着社会、经济、政治的变化而变化。当其恰当地反映了民族的实践时，其积极因素占据主导地位；而当社会现实被歪曲反映时，就会形成某种消极的影响。

民族精神不是一成不变的，而是与时俱进的。民族精神是历史传承性和鲜明时代性的统一。一定的民族精神绝不是民族某个时期、个别思想家的创造物，而是这个民族的成员在长期的生产、生活实践中，经过不断的思考、过滤、提炼、孕育而逐渐积累起来的，它是在历史进程中构建而成的，又可以适应实践的需要。

3. 从系统视角来界定民族精神

对民族精神的界定应该坚持“宁可失之宽，不可失之窄”的原则，民族精神绝不仅是思想文化问题，也绝不仅是精神气质和心理品质问题，而是一个民族的精神状态的

① ［美］露丝·本尼迪克特著，王炜等译：《文化模式》，18页，北京，社会科学文献出版社，2009。

② 季羡林：《国学漫谈随想录（四）》，55页，北京，中国城市出版社，2010；周一良：《中日文化关系史论》，18页，南昌，江西人民出版社，1990。

综合反映。

民族精神的理论形态集中在一国哲学著作中，哲学最精粹的指导思想，就是民族精神的最好反映。而一民族的整体“思维方式”和“行为方式”以及由其表现出来的“品质和风貌”，或者说该民族人民的心理素质、行为方式和人格理想也是展现民族精神的生动材料，是民族精神的“活的化石”。因此，民族精神具有多重表现形式，是一个有机的系统结构。

此外，在民族精神的概念中还应该强调以下特征：民族精神生成与演变的历史性和长期性；民族精神存在与发展的过程性和时代性；民族精神的表现状况和方式；民族精神的价值性。

可以说，民族精神是一个民族在改造自然与社会的过程中所创造的一种具有社会主导意义的特殊精神现象，它积淀、升华于漫长的民族发展历程之中，孕育、凝结于丰富的民族文化母体之中，为民族成员广泛认同和接受，维系和推动着民族生存与发展。民族精神既是民族成员广泛认同的思想品格、道德规范、价值取向等的提炼、升华，也是民族成员行为方式、思维方式、情感方式、审美方式等的集中体现。

二、学者和政治家关于民族精神的表述

18 世纪法国启蒙思想家孟德斯鸠在《论法的精神》一书中指出：“人类受多种事物的支配，就是：气候、宗教、法律、施政准则、先例、风俗习惯。结果就在这里形成了一种一般的精神。”[①] 此中所谓“一般的精神”就是指的民族精神。

德国哲学家赫尔德在其 1774 年出版的《另一种历史哲学》一书中，从一般的人类精神引申到了时代精神和民族精神。赫尔德认为，每一个民族的文化都有各自发展的权利，人类大花园中所有花卉都能和谐地生长，各种文化都能相互激励，同时，他宣称：“每一种文明都有自己独特的精神——它的民族精神。这种精神创造一切，理解一切。”[②] 英国思想史学家以赛亚·伯林认为，“民族精神这个词是赫尔德发明的”，并将赫尔德称为“民族主义、历史主义和民族精神之父”。

黑格尔继承了赫尔德关于民族精神的概念，在《历史哲学》和《精神现象学》中进行了阐述，他认为，历史发展的本源就是民族精神。[③]恩格斯十分注重黑格尔关于民族精神的思想，他指出：“像对民族的精神发展有过如此巨大影响的黑格尔哲学这样的伟大创作，是不能用干脆置之不理的办法来消除的。必须从它的本来意义上‘扬弃’它，就是说，要批判地消灭它的形式，但是要救出通过这个形式获得的新内容。”[④] 马克思和恩格斯曾多次在论述民族问题时对“民族特性”、“民族性格”、“国民精神”、

---

① ［法］孟德斯鸠著，张雁深译：《论法的精神》（上册），305 页，上海，上海人民出版社，1961。

② ［伊朗］拉明·贾汉贝格鲁著，杨桢钦译：《伯林谈话录》，99 页，上海，译林出版社，2002。

③ 黑格尔：《历史哲学》，52 页，上海，上海书店出版社，1999。

④《马克思恩格斯选集》，第四卷，219 页，北京，人民出版社，1972。

“民族意识”等与民族精神相关、相近的问题进行过生动的描述与精辟的论述，把关于民族精神的思想渗透在民族问题及相关的一系列的分析中，在总体上构建了马克思主义民族精神的基本思想。

党和国家领导人也曾多次提到民族精神。毛泽东在1938年《论新阶段》的报告中提出要“以民族精神教育后代”，1939年分别在《研究沦陷区》和《目前形势和党的任务》中明确指出了日本帝国主义为达其侵略目的，妄图“消灭中国人的民族精神”。

2002年11月8日，江泽民同志在中国共产党第十六次全国代表大会上所作《全面建设小康社会，开创中国特色社会主义事业新局面》的报告中阐释了中华民族的精神：“民族精神是一个民族赖以生存和发展的精神支撑。一个民族，没有振奋的精神和高尚的品格，不可能自立于世界民族之林。在五千多年的发展中，中华民族形成了以爱国主义为核心的团结统一、爱好和平、勤劳勇敢、自强不息的伟大民族精神。我们党领导人民在长期实践中不断结合时代和社会的发展要求，丰富着这个民族精神。面对世界范围各种思想文化的相互激荡，必须把弘扬和培育民族精神作为文化建设极为重要的任务，纳入国民教育全过程，纳入精神文明建设全过程，使全体人民始终保持昂扬向上的精神状态。”习近平总书记在十三届全国人大一次会议闭幕会上指出：中国人民在长期奋斗中培育、继承、发展起来的伟大民族精神，为中国发展和人类文明进步提供了强大精神动力。中国人民是具有伟大创造精神、伟大奋斗精神、伟大团结精神、伟大梦想精神的人民。①

三、民族精神的特性

（一）民族性

民族性，是指在一个民族历史发展过程中所形成的，体现在特定民族文化类型中，对于本民族的价值观念、行为方式和思维方式的抽象。简而言之，民族性就是对于民族精神的高度概括。

民族精神和民族是形影相随的。没有民族精神的存在，民族就如同是一个杂处群居的部落。斯大林在《马克思主义和民族问题》中指出：“还必须注意到结合成一个民族的人们在精神形态上的特点。各个民族之所以不同，不仅在于他们的生活条件不同，而且在于表现在民族文化特点上的精神形态不同。”②

不同的民族各自具有不同的自然环境、生存方式，在此基础上所进行的独具特色的文化创造，构成了民族性与民族精神的客观条件和历史基础。这就决定了不同民族之比较而显示出不可替代的独特的规定性，体现着不同民族的精神特征的不可通约性。恩格斯在《英国状况十八世纪》一文中指出：“英国人的民族特性在本质上和德国人、法国人的民族特性都不相同。”③ 他在《英国工人阶级状况》一书中还评价了爱尔兰人的民

① 《习近平这样阐述我们的伟大民族精神》，中国网（http://www.china.com.cn/lianghui/news/2018－03/20/content_50728299.shtml），访问日期：2021年7月22日。

② 《斯大林选集（上）》，64页，北京，人民出版社，1979。

③ 《马克思恩格斯全集》，第一卷，58页，北京，人民出版社，2008。

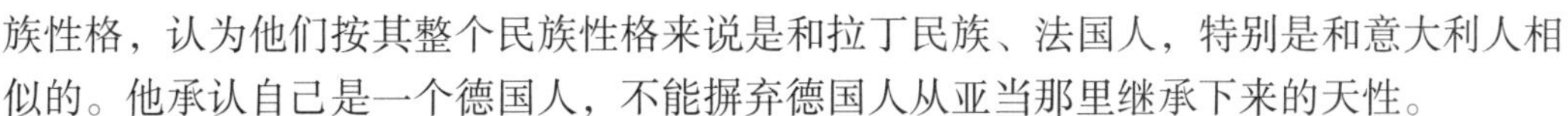

族性格，认为他们按其整个民族性格来说是和拉丁民族、法国人，特别是和意大利人相似的。他承认自己是一个德国人，不能摒弃德国人从亚当那里继承下来的天性。

人们常说的美国民族精神、英国民族精神、法国民族精神、中华民族精神等都表现出了民族精神的民族性差异。

（二）历史传承性

民族精神是在民族的延续发展过程中逐渐形成、不断丰富、日趋成熟的精神，它总是与一个民族的历史文化血脉相连，是民族文化传统不断积淀和升华的产物。

民族精神与该民族的传统文化有着水乳交融的联系，且与本民族的发展历程是一脉相承的。马克思主义认为，人们创造自己的历史，并不是随心所欲地进行创造，而是在直接碰到的既定的从过去继承下来的条件下从事创造，文化精神的创造也是如此。任何特定的民族精神，都具有由它的先驱传给它而它便由此出发的特定的思想材料作为前提。不同时代的民族精神都是对上一时代的民族精神的某种继承。不同的历史阶段、不同社会形态下民族精神所具有的共同性的一面，则是继承性的依据。例如，近代的中华民族精神是对古代的中华民族精神的某种继承，当代的中华民族精神又是对近代、现代民族精神的继承。

（三）时代性

时代性，是指民族精神在其历史性的演化中所体现出的现时性特征，也是其与时俱进的根本性质。

任何民族精神都存在于特定的时间条件下，与一定时代的政治、经济、文化紧紧相连。文化和精神，归根结底都是一定社会历史生活条件的反映，民族精神作为一个民族发展进步的精神支柱和精神动力，总是与该民族在一定历史时期的历史任务相联系的。为了保证历史任务的胜利完成，该民族就要主动地、积极地、适时地对自身的民族精神进行扬弃、更新和转化，使其反映新的历史特点，把握新的时代规律，实现其与新的时代精神的结合，成为一种新的民族精神。事实上，民族精神是每一个历史时期的时代精神的积淀。

（四）自觉能动性

自觉能动性，是指民族精神能被民族主体自我意识、自我反思和自我觉悟，从而进行自我否定和自我扬弃。

民族精神的自我否定和更新取决于民族精神的自觉。如果说，精神的本质特性是自由（自由指它能自我规定），那么，民族精神的精髓就在于它的自我规定，而对于这种自我规定的觉醒和意识就是民族精神的自觉。

民族精神的自觉性还暗示着民族精神不是一成不变的，而是随着社会历史的发展不断进行自我否定和自我更新。被民族成员普遍知道或认可的思想观念和价值取向还不一定就是民族精神，必须既被普遍认同又被长期信守的思想观念和价值取向才是民族精神。中华民族精神主要是经由自春秋战国开始的历代知识分子整理、提炼、加工而创造生成的，尤其是经过历代哲学家不断努力，把民族精神由一种朴素意识和共同心理提升到理论形态，从而使民族精神深化和强化，由自发走向自觉。

(五) 开放性

开放性，是指不同的民族精神之间具有相互交流、相互引进、相互吸收、相互促进的属性、性质。

民族精神虽主要是以本民族成员的实践为主要源泉，但也吸收外国民族精神中适合本民族所处时代、所处社会物质环境，有利于民族生存和发展的观念、原则、思想、理论。当然，这一过程是泥沙俱下的，随着文化开放进来的文化垃圾可能和广义民族精神中的消极、落后因素结合。优秀民族精神既是民族的，又是世界的，它对域外、族外的民族成员都有吸引力、感召力，它是世界文化宝库的组成部分。

民族精神的开放性使文化交流成为可能，不同文化间既有冲突，又有融合，冲突表现了民族精神、民族文化的相对独立性、地域性，融合表明不同文化可以互相交流、互相吸取营养，体现了民族精神、民族文化的开放性。当人类历史由野蛮进入文明以后，特别是“世界历史”的形成，打破了民族与国家的闭关自守状态，物质生产和交流具有世界性，于是各民族的文化精神开始相互引进、相互吸收、相互促进。在这样的情况下，任何一个民族的文化精神要想继续处于封闭的状态，则是不可能的。

第二节　中华民族精神的内涵

一、中华民族精神的界定

(一) 中华、中华民族的概念

据考证，“中华”是公元300年魏晋时期钟信“天人合一”观念的哲人从“中国”和“华夏”两个名称中各取一字复合而成的。“中”侧重自然（天），寓意天下之中；“华”侧重民族（人），一般指中国（中原地区）。随着秦始皇建立大一统国家，四夷和诸夏地区的民族融合，中华已经指整个中国。

中国是一个统一的多民族国家。“中华民族”是近代以来才有的民族学名称，泛指定居于中国领土内的所有民族。中华民族还有“别称”，一是“中华儿女”，二是“炎黄子孙”，三是“龙的传人”。“中华儿女”之称是近代才出现的，其含义偏重于文化（是共同接受中华文化的群体）；“炎黄子孙”之称古已有之，其含义偏重于血缘关系（有共同的祖先）。

梁启超、杨度和章太炎等人，是使用“中华民族”一词的先驱。1902年，梁启超在《论中国学术思想之变迁之大势》一文中首次使用了该概念，其称“上古时代，我中华民族之有四海思想者厥惟齐，故于其间产生两种观念焉，一曰国家观，二曰世界观”[①]。1905年，梁启超在《历史上中国民族之观察》一文中多次使用“中华民族”一词，并明确地指出其含义，“今之中华民族，即普遍俗称所谓汉族者”，它是“我中国主族，即所谓炎黄遗族”。1907年5月20日，杨度在《中国新报》连载的《金铁主义

① 梁启超：《论中国学术思想之变迁之大势》，33页，上海，上海古籍出版社，2006。

说》一文中，也多次使用“中华民族”。

1912 年 3 月 19 日，革命派领袖黄兴、刘揆一等领衔发起的影响很大的“中华民国民族大同会”，后改称“中华民族大同会”，这里的“中华民族”一词的含义已经不再是专指汉族，而是指当时中国国境内汉族、满族、蒙古族、回族、藏族等民族的联合。同时，在上海等地的一些地方官员，还发布《化解种族见解之文告》，禁止商人、报纸广告、公私函使用“大汉”字样，以示民国民族“大同主义”。

孙中山先是提出“革命排满”，后来接过“中华民族”的旗号，在 1912 年明确倡导“五族共和”，号召以民族平等、民族团结来达到民族融合和民族和谐。孙中山先生的“中华民族”指汉族、满族、蒙古族、藏族、回族五族的通称。

时至今日，中华民族的观念已经根深蒂固，当指中国各族人民，还包含港澳台地区人民以及海外的华人华侨。这种提法是有利于中华民族大团结、大发展、大统一的。在两千年的历史长河中，中华民族以繁荣的经济、灿烂的文化艺术和辉煌的科学技术成就蜚声于全世界，对于人类社会的进步产生过深远的影响，其所作的伟大历史贡献，是中华各族人民智慧的结晶。

（二）中华民族精神的概念

中华民族精神，是在长期的历史进程和积淀中形成且区别于其他民族的，反映中华民族的民族文化、民族习俗、民族性格、民族信仰、民族宗教、民族价值观念等共同特质的观念意识之综合体。

中华民族精神，是中华民族传统文化的维系、协调、指导以及推动中华民族生存和发展的精粹思想，也是中华民族的生命力、创造力和凝聚力的集中体现，更是中华民族赖以生存、共同生活、共同发展的核心和灵魂。从这个角度上分析，中华民族精神应当主要从积极的方面来理解，并应作历史的分析，寻找出中华民族精神特质之所在。否则，将一些表面现象、个别历史时期的某些事件和人物身上体现出来的行为模式和精神状态错误地列为中华民族精神，就会导致中华民族精神繁芜庞杂。尤其是在唯恐遗漏而泛滥扩充的时候，中华民族精神就变成了一个庞大的体系，好像是无所不包的“万花筒”，使人无所适从，从而失去了应有的感召力。

二、中华民族精神的基本内容

（一）和谐守成精神

1. 和谐守成的基本理念

和谐，是对立事物之间在一定的条件下，具体、动态、相对、辩证的统一，是不同事物之间相同相成、相辅相成、相反相成、互助合作、互利互惠、互促互补、共同发展的关系。这是辩证唯物主义和谐观的基本观点。

中国先人们很早就提出和谐的理念，在人际关系以及国际关系上讲究“和为贵”、“不战而胜”、“修德来远人”。“中国人把文化的重点放在人伦关系上，解决人与人之间怎么相处。”[①] 在家庭关系处理上，夫唱妇随；在社会关系中，与人为善、以忠恕之道

① 《金明馆丛稿二编・冯友兰中国哲学史下册审查报告》，137 页，上海，上海古籍出版社，1982。

待人；在处理国际关系中，不称霸、不侵略、和平共处、友好相处；处理人与自然的关系时，则表现在天人合一理念；在政治上，讲究君义臣忠、仁民爱物；体现在文化上就是兼容并蓄、包容开放；在纷争解决上讲究民间调解。可见，无论是在生活上还是生产方面以及各方面，家庭、国家、国家关系处理方面，天、地、人三者之间，“和”的思想无处不在。

守成，本意是保持前人创下的成就和业绩。《毛诗序》解《生民之什》的第四篇《凫鹥》为“守成也”，云：“大平之君子能持盈守成，神祇祖考安乐之也。”在民间，守成实际上也是知足常乐、不惹事、讲究和气。

2. 和谐守成的体现

和谐守成精神反映了儒家、道家等中国传统文化观念。在哲学层次上，就是天人合一思想。天人合一论是中国文化对人类最大的贡献。[①] 天人合一的思想是中华民族综合思维模式的最高最完整的体现。[②] 天人合一的思想是中华民族精神的重要哲学基础之一，有别于其他民族的宗教精神，具有鲜明的民族色彩。这种哲学观对中华民族精神产生了深远的影响。

中华民族的这种哲学伦理文化决定了中国人的世界观、伦理观、人生观，通过各种形式在大众生活中潜移默化地起着作用。在文化上，各种学派、思潮共生共长；社会以维持稳定为首要，以“注重大局、关心他人”为美德；家庭以互敬互谅为基础；在贸易上讲究和气生财。中国传统艺术、书法、国画都十分注重意境、注重自然，这也可能与天人合一思想的影响有关。在中国特有的茶文化中，由盖、碗、托三件套组成的茶盏就分别代表了天、人、地的和谐统一。

在长达数千年“自给自足”的农业经济社会中以儒家思想为基础所形成的和谐守成精神，已经深深地融入了中华民族的骨髓之中，是中华民族特有的精神体现。《易经》里的阴阳，既有冲突又有互补，既相克也相生的辩证关系就体现出了一种和谐共存的关系。中华民族精神是一种以利他为导向和以道德义务为约束机制的伦理精神，这是与功利精神相对应的。

（二）爱国统一精神

1. 爱国的基本理念

爱国，是公民对祖国应尽的基本职责和严守的道德操守，是国民应有的基本素质。

爱国是中华民族的优良传统。“封建诸侯各世其位，欲使亲民如子、爱国如家。”在儒家传统文化里强调“舍生取义”，其内涵就包括为了国家利益，捍卫国家主权，不惜牺牲个人生命。

爱国有诸多层次的体现，可以是精神上的爱国，也可以是行动上的爱国。对外，维护国家主权独立、维护国家对外形象；对内维护国家统一、维持社会稳定都是爱国的表现。在心理层面上包括了对祖国的成就和文化感到自豪，对祖国同胞的认同感。

---

① 钱穆：《中华文化对人类未来可有的贡献》，转引自刘梦溪主编：《中国文化》，1991（4），93～96页。

② 季羡林：《国学漫谈随想录（四）》，68页，北京，中国城市出版社，2010。

爱国主义是一个历史范畴，在社会发展的不同阶段、不同时期有不同的具体内涵。中华民族的爱国主义精神源远流长，作为一种深厚的感情，一种对国土和民族所怀有的深切依恋之情，这种感情在历史的长河中经过千百年的凝聚、无数次的激发，最终被整个民族的社会心理所认同，从而升华为爱国意识。

爱国是一种道德力量，对国家、民族的生存和发展具有不可估量的作用。但是理性的现代公民要提防盲目的爱国主义被某些野心家所利用。譬如法西斯曾利用爱国主义发动侵略战争。盲目的爱国主义是指个人或集体对祖国无条件的积极支持的态度。它隐含了一层预设前提：祖国就是道德的最高标准或价值；国家利益绝对置于个人和团体利益之上；个人或者集体无条件服从国家命令。

2. 爱国统一精神的体现

中华民族中自从有了统一国家以来，众多仁人志士为了主权的独立、国家的富强、民族的振兴，在危难时期表现出来的气概令人震撼，在和平时期呈现的品质令人钦佩。

战争时期的爱国主义提倡“天下兴亡、匹夫有责”，“同仇敌忾、抗御外侮”，鼓励士兵奋战甚至不惜牺牲自我来成全大我。从屈原到汉朝名将霍去病、使者张骞，宋朝的岳飞、南宋的文天祥，清朝的邓世昌、林则徐，抗日战争时期的杨靖宇等，皆不愧于“爱国的民族脊梁”之称号。在香港回归的问题上，邓小平就明确对撒切尔夫人提出了“主权问题是不能讨论的”这一坚定的态度，这实质上就是爱国统一精神的体现。

在当代中国，爱国主义与社会主义本质上是一致的，建设中国特色社会主义是新时期爱国主义的主题。邓小平同志指出：中国人民有自己的民族自尊心和自豪感，以热爱祖国、贡献全部力量建设社会主义祖国为最大光荣，以损害社会主义祖国利益、尊严和荣誉为最大耻辱。这是对我国现阶段爱国主义特征最精辟的概括。

在经济全球化的条件下，国家仍然是民族存在的最高组织形式，是国际社会活动中的独立主体。只要国家存在，爱国统一精神就有其坚实的基础和丰富的意义。中华民族的历史之所以悠久和伟大，爱国统一作为一种精神支柱和精神财富起了至关重要的作用。爱国主义精神是中华民族精神的一条主线，将一直延续下去。

（三）坚忍不拔精神

1. 坚忍不拔的含义

坚忍不拔，通常是形容在艰苦困难的情况下，人的意志坚定、毫不动摇之精神状态。

“坚忍”强调的是一种状态，以极大的毅力忍耐、忍受；“不拔”，不可拔除，意即不可动摇。苏东坡在其《晁错论》中论述道：“古之立大事者，不惟有超世之才，亦必有坚忍不拔之志。”

温家宝总理于2009 年2 月2 日在剑桥大学作《用发展的眼光看中国》专题演讲时，形象地将胡杨比喻为中华民族坚忍不拔精神的象征。胡杨主要生在我国塔里木盆地，在极其炎热干旱的环境中，能长到30 多米高。当树龄开始老化时，它会逐渐自行断脱树顶的枝杈和树干，最后降低到三四米高，依然枝繁叶茂，直到老死枯干，仍旧站立不倒。当地人赞誉胡杨为“长着千年不死，死后千年不倒，倒地千年不腐”的英雄树。

坚忍不拔隐含着自强不息的内容，自强不息是指自我强大、永不松懈。出于《周

易·乾》:“天行健,君子以自强不息。”

2. 坚忍不拔精神的体现

数千年来,中华民族历经战争磨难和自然灾害,却一次又一次地战胜天灾人祸从而渡过急流险滩昂首挺胸走到了今天。“殷忧启圣,多难兴邦。”深重的灾难铸就了她百折不挠、自强不息的品格,逐渐形成了铮铮不屈的中华民族精神。

无论是在列强面前还是在自然灾害发生的时候,还是在竞争激烈的市场经济社会中,都涌现出了一大批英雄儿女。他们以炎黄子孙的身份为豪,以在困苦中弘扬中华民族精神为己任,在平凡的工作中创造出了极度不平凡的价值,铸造了属于自己也属于中华民族的坚忍不拔之精神。

中华人民共和国成立后遭受西方长达数十年经济、技术等方面的封锁,但是我们不仅发展了自己的经济,满足了人民的生活需要,一些尖端技术如“两弹一星”以及航天技术照样取得了举世瞩目的成就。近来逐渐被人们所获知的诸如高铁、5G 网络、超级计算机、人工智能、射电望远镜、时速 600 千米的高速磁悬浮列车等技术更是引人注目。这是中华民族在压力和困境中所爆发出的坚忍不拔和自强不息的民族精神之充分体现。2003 年抗击“非典”期间,中国用七天在北京建成“小汤山”临时医院。17 年后的 2020 年,中国抗击新冠肺炎疫情,从开始设计到建成完工,仅用时 10 天就建成了有 1000 张床位的火神山医院,雷神山医院也仅用了 11 天的时间就建成了。

(四)开拓创新精神

1. 开拓创新的含义

开拓创新,是指人们根据确定目标,灵活运用已知知识,产生独到、新颖的见解,创造出开拓性成果的能力。开拓创新是一种综合能力,是各种智力因素和能力品质在新的层面上融为一体、相互作用、有机结合所形成的一种合力。

开拓创新精神就是开拓进取、勇于创新。它首先是一种富有怀疑精神、求实精神的品格;其次是一种“敢为天下先”的胆略和气魄;最后是一种才识,即才能、见识。

2. 开拓创新精神的体现

中华民族之所以绵延生息五千年,成为世界上唯一延续的文明古国,开拓创新精神功不可没。拿破仑曾经把中国比喻为“沉睡的狮子”,一旦在适合的条件下醒过来,这头狮子会发出震耳欲聋的怒吼和爆发出无与伦比的力量,足以震撼全球。改革开放的短短 40 余年的时间,我们创造的辉煌足以证明这个论断的正确性!

创新精神得到国家的高度重视。江泽民曾指出:“创新是一个民族的灵魂,是一个国家兴旺发达的不竭动力。”新世纪第一次全国科技大会于 2006 年 1 月 9 日开幕,胡锦涛发表了题为《坚持走中国特色创新道路,为建设创新型国家而努力奋斗》的报告,指出要实施《国家中长期科学和技术发展规划纲要》,到 2020 年建成创新型国家,使科技发展成为经济社会发展的有力支撑。习近平总书记 2013 年 7 月 17 日在中国科学院考察工作时指出:科技创新是提高社会生产力和综合国力的战略支撑,必须摆在国家发展全局的核心位置。

改革开放以来,中国人逐渐形成了以实践检验真理的探索精神和敢为人先的创新精神、讲求实效的发展精神,开拓创新的力量深深地熔铸在了中华民族的生命力、创造力

和凝聚力之中。

三、中华民族精神与国学的关系

（一）国学是中华民族精神的物化载体

民族精神是一个系统，包括不同的层次结构。民族精神可以在历史、文学和社会实践中、在英雄人物和普通百姓身上、在重大历史事件和日常生活里表现出来。

中华民族精神的发祥地是中华民族的文化，尤其是其伟大的哲学思想。中华民族精神的理论形态集中在中国哲学著作中，并表现为千千万万人民的人格理想、心理素质和行为方式。

而国学是一国固有之学术。民族文化、伦理、制度、风俗、艺术也是国学所要探讨的内容。如果说民族伦理、制度、风俗、艺术是民族精神之流，哲学文化作为民族最高智慧、最精华之精神，则是民族精神之源。哲学观对民族精神的形成、延续、发扬起着不可或缺的作用。同样，儒道释等哲学文化也是中国传统文化，亦即国学的精髓。

中国哲学最精粹的指导思想，就是中华民族精神；中国国学的根本思想，也是中华人文精神的基本内涵。[①] 从这个意义上说，国学当之无愧可以称作是中华民族精神的物化载体。

（二）中华民族精神是国学的精髓所在

国学是中华民族精神的外化体现，而中华民族精神则成为国学的内核之精髓所在。

在学习上，单纯地为了学国学而学国学，没有真正地领悟国学之中的精髓——中华民族精神，这样的学习仅仅是表面的、粗浅的，对个人没有什么益处。甚者将国学当成是一种商业盈利的手段，更是歪曲了国学的应有之意。只有在领悟和弘扬中华民族精神的指导思想下，才能正确地对待历史和国学中的相关理论流派、代表人物、思想及其发展的轨迹，辨别文化流传中的糟粕与精华，做到去伪存真。

国学印记着中华民族的文化、历史等传统以及志士仁人的丰功伟绩，是中华民族精神的“活化石”。但是如果简单地将某一历史时期的某些特定人物所体现出来的行为模式或者榜样，如雷锋精神、王进喜精神、“两弹一星” 精神、抗震救灾精神、奥运精神、神舟精神、伟大抗疫精神等，直接当成是中华民族精神，这就混淆了行为模式与中华民族精神，使中华民族精神的归纳失去理论意义。

（三）中华民族精神与国学相辅相成、互相促进

学习国学就可以抓住了打开中华民族精神之门的一把钥匙；读懂了中华民族精神，也就掌握了国学的精髓，达到了学习国学的重要目的之一。

数千年的中华民族所积累下来的文化瑰宝为我们今后的发展提供了宝贵的文化遗产。“正因为中华民族拥有如此富有深刻哲理的民族文化，从而具有无比的情感、智慧与无比的力量，具有强大的凝聚力、创造力与生命力，具有支撑中华民族赖以生存、成

---

① 方立天：《国学之魂：中华人文精神》，载《党政论坛（干部文摘）》，2008（3），2 页。

长、发展的不可战胜的民族精神，具有以此民族精神作为坚不可摧的脊梁骨。”①

一部中华民族精神的形成发扬史就是一部中华民族史，也是一部国史，更是一部人史，还是一部鲜活生动的国学史。多灾多难的中华民族屹立于世界民族之林，生生不息，这本身就是中华民族精神的生动诠释。我们需要从国学的精华中抽象出中华民族精神进一步地弘扬之，并用中华民族精神印证国学的实践性、道德性和人文性，使之国学得以在现实生活中生根发芽。

一个民族，没有振奋的民族精神和高尚的民族品格，不可能自立于世界民族之林。一个国家没有自己的国学，在“唯有民族的才是世界”的全球化浪潮下将会逐渐迷失自我。国学与中华民族精神是相辅相成、相互促进的。

第三节　中华民族精神的体现

一、中华民族精神的体现主体

中华民族精神作为一种抽象化的高度概括，应当有所体现，否则就会成为子虚乌有的东西。

民族是由个人组织的，中华民族精神理当体现在个体身上。关键是，谁能代表中华民族精神？郁达夫曾经说过，一个没有英雄的民族是一个可怜的民族；一个有了英雄却不知道崇拜的民族是一个生物之群、奴隶之邦。中国民族精神自然是由中华民族的英雄来体现。这在历史上和逻辑上是成立的。

所以，在一个民族发展的早期，民族精神是由某些英雄人物来体现的；在一个民族发展的中期，通常由统治阶级等集体来体现；在一个民族发展的成熟时期，则由人民群众来共同体现。

在新的历史时期，亿万人民是培育和弘扬中华民族精神的实践主体。中国共产党是中国特色社会主义事业的领导核心，成为中华民族精神的最好继承者、倡导者、发扬者、实践者。中华民族精神由代表人民的中国共产党来体现寓于建设富强、民主、文明、和谐的社会主义现代化国家的伟大实践之中。

二、中华民族精神体现的领域

中华民族精神除了体现在思想领域、文化领域、历史领域之外，也体现在中国人的行为、社会关系之处理等方面。正如黑格尔所说：“民族的宗教、民族的政体、民族的伦理、民族的立法、民族的风俗，甚至民族的科学、艺术和机械的技术，都具有民族精神的标记。”②

中华民族精神是一个系统，包括不同的层次结构，在普通百姓和英雄人物身上，在

---

① 杨叔子：《民族精神：中华民族文化哲理的凝现》，转引自欧阳康主编：《文化反思与价值构建——全球化与民族精神》，5页，北京，人民出版社，2009。

② 黑格尔：《历史哲学》，104页，北京，三联书店，1957。

日常行为和重大历史事件中等都可以找到痕迹。但是不可忽视的是，历史文化作为中华民族精神的渊源，是记载传承民族精神的重要客体。“民族，主要是文化的概念而非基因的概念。有什么样的文化，就有什么样的哲理，就有什么样的民族。我完全赞同这一论点：文化是民族的身份证。”① 在新冠肺炎疫情施虐下，中国人民在中国共产党正确的领导下，自觉自愿响应党和政府的号召开展抗击疫情的工作并取得了伟大的胜利，这和中华民族文化的传承有着必然的联系。

三、中华民族精神的时间维度

赫尔德把人类精神区分为“时代精神”和“民族精神”，现代有学者把民族精神分为传统精神和时代精神。② 这种划分有助于解决一个经常争论的困惑——一种精神是不是民族精神。在不同的历史时期，中华民族精神所体现出来的侧重点并不可能完全一致，因此也就不能对中华民族精神一概而论，更不可能有其中一种民族精神能够自始至终得以体现和贯彻。因此，在表现形式上，中华民族精神就有传统和现在两个时间维度。

传统的中华民族精神是中华民族精神中稳定、连续的部分，是中华民族精神的深层依据和历史表达，它是区别于另一民族、保持自己相对独立性的根本所在。传统的民族精神是固化的过去，凝聚着过去思想理论之精华，体现着过去历史活动之表征，相应于其赖以产生和发挥作用的时代。

现代的民族精神是动态的现实，它不代表传统民族精神的全部，而是经过选择、积淀和创新的传统民族精神。随着历史的发展和时代文明的扬弃，今天的现代民族精神也将最终成为传统民族精神的一部分。现代的中华民族精神是在当代发挥着统驭作用的主导思想和最高原则，它是扬弃过时的旧原则，与当代民族共同体生存和发展相适应，带来了新的历史冲动的“一个新的原则，一个新的民族精神”③，它构成了时代文明内在的精髓与内核。

中华民族精神不是两者的简单相加，而是磨合、整合的过程，这就要求我们必须在传统民族精神与现代民族精神的最佳契合点上进行民族精神的发展和创新。让民族精神与时俱进，让现代民族精神“有根基可循”，避免成为“虚式国家”。③

第四节　中华民族精神的弘扬

一、对中华民族精神的认同

建设中国特色社会主义，必须结合新的实践和时代要求，认真研究、继承优良民族传统和充分借鉴、吸收世界先进文明成果，积极进行文化创新，进一步充实和丰富民族

① 杨叔子：《民族精神：中华民族文化哲理的凝现》，转引自欧阳康主编：《文化反思与价值构建——全球化与民族精神》，4～5页，北京，人民出版社，2009。

②③ 詹小美：《民族精神论》，18～19页，广州，中山大学出版社，2007。

③ 黑格尔：《历史哲学》，16页，北京，三联书店，1957。

精神的内涵。

（一）正确认识中国传统文化

人类历史曾经产生20多种古代文明，但大都湮灭。中华民族五千多年绵延不断的历史，孕育、形成了独具特色和魅力的民族文化、精神。任何一种文明都非完美无缺，固然现代人很难认同朱熹“纲常千万年、磨灭不得”的理念，但是在历史上曾起重要作用的文化传统也并非一概是无用的，随着时代的发展可以被赋予新的意义。

现代民主制其实只不过是一种宣传、一种意识形态，未必就是所谓的历史规律。举凡稍有见识者，多不承认世上有超越时空限制、文化差异的理论或制度，即如托克维尔之言“没有什么普遍的善”。但与中华三纲六纪的传统政治文化相比，民主制度又确实有更大的说服力与合理性。如何再造、诠释传统文化，运用传统文化的内核和精神服务于现代社会，这是文化工作者的重要工作，[①]“吸收其精华、剔除其糟粕”理应成为共识。这即是从价值论角度来评价传统文化。

陈寅恪先生指出：“吾中国文化之定义，具于《白虎通》三纲六纪之说，其意义为抽象理想最高之境。”他认为，“思想而不自由，毋宁死耳”，乃“斯古今仁圣所同殉之精义”，并不分中西。把《白虎通》之“三纲六纪”说抽绎出“自由之精神、独立之意志”的理想品质，个中蕴含独到的思维方式。古代社会伦理规范中包含的自由思想和独立精神，与现代社会奉行的自由思想和独立精神有所不同，但是承认古代文化存在这一成分与否，却一直对现代文化乃至社会建设产生着决定性的影响。盲目照搬或照抄制度、文化、观念上的舶来品，很容易与我国传统文化相互抵牾。

中华民族的优秀因子以及蕴藏其中的精髓，是中华民族继续成长、永葆青春的根基和源泉，丢掉自己民族的优秀传统和民族精神，发展先进文化，建设中国特色社会主义就成了无源之水、无本之木。因此，弘扬和培育中华民族精神必须正确认识传统文化，继承优良的文化传统。

（二）把优良传统和时代精神结合起来

一种民族精神的先进与落后，要看它能不能适应时代潮流，能不能跟进时代潮流。中华民族精神根植于人民群众创造历史的过程中，是在优秀民族传统文化的基础上产生和发展而来的。

继承优良的文化传统，必须结合新的时代精神和社会进步的要求加以发展，推陈出新、古为今用，使之不断发扬光大。把中华民族的历史优良传统和新时期形成的时代精神结合起来，是弘扬和培育中华民族精神的题中之意。

（三）把优秀文化和世界文明结合起来

弘扬和培育民族精神，必须立足中国现实，紧紧围绕我们要成为什么样的民族这个根本，立足于中华民族伟大复兴这个目标，着眼于充分反映中华民族的远大抱负和崇高理想这个主题。

---

① 张寅彭：《“三纲六纪”与独立自由意志——试释陈寅恪先生的思路》，载《书屋》，2007(5)，49~50页。

不仅要从当代中国的角度，反思中国文化精神，探讨传统与现实的冲突和交融的特点以及规律，解决好民族精神和时代精神的关系，使中国传统文化精神现代化。更要从世界文明的角度，反观中国文化精神，探讨中西文化冲突和交融的特点以及规律，解决好民族精神和人类文明的关系，使其他民族的优秀文化精神“中国化”、“本土化”，使得世界先进文明在中华大地上落地生根，继而茁壮成长。

二、中华民族精神的教育

弘扬中华民族精神，必须大力宣传中华民族精神，培育振兴中华民族精神的社会氛围，需要利用先进的科技手段充分发挥现代传媒的作用。“十年树木，百年树人”，教育是一个民族和国家发展的基础，家庭教育、学校教育、社会教育都是不可忽视的方面。在具体的教育方式上，可将中华民族精神的教育与政治教育、专业教育、国学素质教育相互渗透，使中华民族精神有相应的载体来体现。

（一）发扬爱国主义精神

爱国主义是中华民族继往开来的精神支柱，是维护祖国统一和民族团结的纽带，是实现中华民族伟大复兴的动力，是个人实现人生价值的力量源泉。随着社会经济生活条件的发展和变化，爱国主义在不同历史时期和不同的阶级有着不同的具体内容。但是，就像著名学者季羡林所说，爱国主义也分正义的和非正义的。法西斯的侵略扩张就是非正义的爱国主义的表现。剥削阶级的爱国主义，是狭隘的爱国主义，有阶级的局限性。无产阶级的爱国主义与国际主义相统一，是从本国人民和世界各族人民的共同利益出发的，它对个人同国家和民族的关系起调节作用。

爱国主义是中华民族的光荣传统和崇高美德，也是中国各民族大团结的政治基础和道德基础。中华民族在几千年的历史中形成了以爱国主义为核心的团结统一、爱好和平、勤劳勇敢、自强不息的伟大民族精神。这是我们民族赖以生存、发展的情感纽带与精神支柱。坚持以爱国主义为核心的民族精神是社会主义核心价值体系的基本内容之一。在现阶段，爱国主义最基本、最本质、最重要的表现，就在于不遗余力地巩固最广泛的爱国统一战线，为维护祖国统一，加强民族团结，构建和谐社会，实现中华民族的伟大复兴而作出自己的贡献。

（二）建立和谐社会

毛泽东同志经常讲“团结就是力量”，这是一句至理名言。只有团结才会和谐、才会发展、才会进步，才不被欺负、不被淘汰。

五千年的历史孕育了无数优秀传统美德，有公正无私、疾恶如仇、诚实笃信、不尚空谈、戒奢节俭、防微杜渐、三省吾身、豁达大度等修身之道；有敬业乐群、公而忘私的奉献精神；有“苟利国家生死以，岂因祸福避趋之”的爱国情操；有“先天下之忧而忧，后天下之乐而乐”的崇高志向；有自强不息、艰苦奋斗、勤劳勇敢的昂扬锐气；有“富贵不能淫，贫贱不能移，威武不能屈”的浩然正气；有厚德载物、达济天下的广阔胸襟；有奋不顾身、舍生取义、见义勇为的英雄气概；有“以天下为己任”的社会理想；有“己所不欲，勿施于人”的社会风尚。而构建和谐社会是发扬和继承各种优秀精神，弘扬优良民族传统的集大成之行为。

（三）高举开拓创新旗帜

中华民族不仅创造了灿烂的物质文明，也形成了自力更生、奋发图强、知难而进等精神。全社会、全民族的创造精神和创新能力，是实现中华民族伟大复兴的强大力量，积极探索、开拓进取、勇于创新是我们民族发展的动力。

全国要掀起善于学习的新风尚。学习是创新的基础，我们要努力学习中华民族的优秀历史文化，以开拓创新的精神面向世界，虚心学习世界其他民族的长处，努力培养求知上进，不断进取的品质。

三、中华民族精神的实践

伟大的事业需要并将孕育崇高的精神。大力弘扬和培育民族精神，是建设中国特色社会主义文化的本质需求。弘扬和培育民族精神，就是使我们的民族精神“外之既不后于世界之思潮，内之仍弗失固有之血脉”（鲁迅语）。通过坚持不懈的大力弘扬和培育民族精神，我们将不断推进建设中国特色社会主义伟大事业的历史进程，中华民族将自立于世界民族之林。

（一）重视人文的学科建设

人文社会科学主要是帮助人们解决世界观、人生观、价值观，解决理论认识和科学思维，解决对社会发展、社会管理规律的认识和运用的科学。自古以来，中国的知识分子就以加强个人修养、培育民族精神为己任。所谓“为天地立心，为生民立命，为往圣继绝学，为万世开太平”，就是这种使命感、责任感的写照。人文社会科学是民族精神的载体，民族精神是人文社会科学的灵魂。今天，作为先进文化建设重要力量的人文社会科学工作者，应该为不断丰富人们的精神世界，增强人们的精神力量，培育新时代的中华民族精神而努力。

（二）重视人才的素质培育

邓小平同志指出：“发展社会主义文化的根本任务，是培育一代又一代有理想、有道德、有文化、有纪律的公民。”发展先进文化、培育民族精神和公民素质教育是三位一体，不可分割的。

发展先进文化是培育民族精神的基础；培育民族精神是发展先进文化的重要内容和目标；而无论是发展先进文化，还是培育民族精神都是以主体“人”的文化和精神素质的提高为基础的。就像邓小平在谈到大力弘扬党在长期革命斗争中形成的革命精神时所说：“要大声疾呼和以身作则地把这些精神推广到全体人民、全体青少年中间去，使之成为中华人民共和国的精神文明的主要支柱。”因此，弘扬和培育民族精神必须以主体建设为重心，即以人为本，以培育人为目的。

（三）注意文化的历史引导

培育“四有”公民，必须要注重引导。历史是延续和发展的，历史是不能割裂的。因此要引导人们深刻认识与了解中华民族的昨天与今天。中华民族精神就蕴含在中华民族的历史中，蕴含在中华民族灿烂的文化中，蕴含在中华儿女五千年奋斗创造的足迹中，蕴含在中华儿女当前为实现中华民族复兴的伟大实践中。通过对中华民族昨天和今

天的了解和认识，使人们深刻认识和了解灿烂辉煌的中华文明、博大精深的优秀传统文化和为人类文明作出的杰出贡献；深刻认识和了解中华民族为争取民族独立和解放，实现繁荣富强、前赴后继、英勇奋斗的崇高精神和光辉业绩。

习近平总书记多次强调，“历史是最好的教科书”，不仅要学，而且必须学好，力求做到明理、增信、崇德、力行。只有对于中华民族的认识和了解愈深，对于中华民族的精神文化认识和了解愈深，中华民族精神才能在新时期的伟大实践中进一步内化为广大人民群众的自觉意识，从而成为我们推进伟大事业的精神支撑。

第三章　思想学术流派

第一节　先秦诸子学

一、先秦的重要思想

（一）先秦的界定

先秦时期，是中国历史学上的名词。广义上的先秦时期是指自远古人类产生时期至公元前 221 年秦始皇灭六国为止的历史时代，包括原始社会、奴隶社会繁荣时期、春秋战国时代。狭义上的先秦时代仅指奴隶社会的三代（夏、商、西周）和东周（即春秋战国时代）。

公元前 770 年，平王东迁，中国进入东周历史。此后，周王朝势力衰落，诸侯崛起，先后有“春秋五霸”和“战国七雄”，此阶段史称春秋战国，周后亡于秦。这时期，奴隶领主制向封建地主制过渡，新旧阶级和阶层之间的矛盾激化，促进了各种思想的产生和活跃，产生了诸子百家。中国历史出现了第一个文化大发展、大繁荣时期。中国从分散走向统一。

（二）先秦的重要思想

1. 图腾崇拜

图腾崇拜，是起源于原始社会时期的一种宗教信仰现象，是远古时代的人们对于氏族起源的认识。一般表现为对某种物的崇拜。

图腾为印第安语，意为“属彼亲族”。原始人相信每个氏族都与某种动物、植物或其他自然物有亲属或其他特殊的关系，这种被膜拜物往往被视为该氏族的神圣标志，是全族之忌物且举行祭祀、崇拜仪式，以促其繁衍。

图腾主要出现在旗帜、族徽、柱子、衣饰、身体等地方。也是后人解释神话、古典记载、民俗民风的一个主要依据。玄鸟是商族的图腾，《史记》就有“天鸣玄鸟，降而生商”的记载。

2. 远古神话

远古神话是原始先民在社会实践中创造出来的，它的内容涉及自然环境和社会生活的各个方面，既包括世界的起源，也包括人类的命运，其向人们展示“自然与人类命运的富有教育意义的意象”，是因生产力水平低下对自然产生的幻想和想象的产物。

由于远古时代没有直接的文字记载，当时的人物和发生的事件经过口耳相传，往往也带有神话色彩，一般也无法直接考证。

《山海经》是保留远古神话较多的书籍。远古神话对后世具有较大的文学魅力，同

时也启发了后世的文学创作。流传至今比较经典的远古神话主要有：盘古开天辟地、女娲补天、精卫填海、夸父追日、后羿射日、大禹治水、嫦娥奔月等。

3. 阴阳思想

阴阳的概念，源自古代中国人民的自然观。古人观察到自然界中各种对立又相连的大自然现象，如天地、日月、昼夜、寒暑、男女、上下等，以哲学的思想方式，归纳出“阴阳”的概念。最早记载阴阳概念的是《周易》。

夏朝，人们认为自然界存在两种相反、相对的气，即阴阳，它们是天地万物的源泉。阴被理解为静止、内守、下降、寒冷、晦暗；阳则被理解为运动、向外、上升、温暖、明亮。阴阳相合，则万物生长，在天可形成风、云、雷、雨、冰、雪、霜等自然现象；在地可形成河、海、山等大地形体；在方位上则有东、西、南、北；在气候上则有春、夏、秋、冬。

阴阳学说认为，自然界的任何事物都包括阴和阳相互对立的两个方面。阴阳的对立统一运动，是自然界一切事物发生、发展、变化及消亡的根本原因。阴阳学说已经渗透到中国传统文化的各个方面，包括宗教、哲学、历法，尤其是中医对之十分重视，并贯彻至生理、病理、药性和治疗等多方面。阴阳实质上是反映了对立统一或矛盾关系的一种哲学思想。

5. 五行

五行，指金、木、水、火、土，是中国古代的一种物质观，多用于哲学、中医学和占卜方面。金、木、水、火、土并非是现实物质世界中的五种物质，而是被五行学家抽象出来的五种象征符号。

五行学说认为宇宙万物均由这五种要素所构成。五行之间存在着相生、相克、相冲等关系。这五个要素的盛衰（运动），不仅导致大自然产生变化，还影响到人的命运，使宇宙万物循环不已。

6. 天人合一

天人合一的思想最早由庄子阐述，汉代思想家、阴阳家董仲舒发展为系统的哲学思想体系，由此构建了中华传统文化的主要内容之一。

“天人合一”有两层意思：一是天人一致，即自然（宇宙）是大天地，人是一个小天地。二是天人相应，或天人相通，指人和自然在本质上是相通的，故一切人事均应顺乎自然规律，以其达到人与自然的和谐。老子云：“人法地，地法天，天法道，道法自然。”

董仲舒宣称“天人之际，合而为一”，将儒家经学、阴阳、五行学说合流并用，成为儒门中创作谶纬之学的集大成者。其在《春秋繁露》中指出，天之道在于“始万物”，地之道在于“生万物”，而人之道在于“成万物”。天、地、人三者虽各有其道，但又是相互对应、相互联系的。天地之道是生成原则，人之道是实现原则，二者缺一不可。

现代学者季羡林先生对“天人合一”这样解释：天，就是大自然；人，就是人类；合，就是互相理解，结成友谊。现代社会的人们总是企图以高度发展的科学技术征服自然和掠夺自然，而东方先贤却告诫我们，人类只是天地万物中的一个部分，人与自然是息息相通的一体。恩格斯早就指出过：我们不要过分陶醉于我们人类对自然界的胜利。

对于每一次这样的胜利，自然界都对我们进行报复。

7. 大同思想

大同是中国人对理想社会的一种向往性称谓，相当于西方社会的“乌托邦”。

春秋末期，旧制度发生剧烈变动，新制度诞生自然会伴随分娩之阵痛。诸子设计了各种各样的理想社会。如农家的“并耕而食”理想，法家的“法制”理想，道家的“小国寡民”社会，墨家的“同贤社会”和儒家的“大同”社会，[①] 都是这一时期该思想的主要代表。

《礼记·礼运》记载：“大道之行也，天下为公。选贤与能，讲信修睦，故人不独亲其亲，不独子其子，使老有所终，壮有所用，少有所长，鳏寡孤独废疾者，皆有所养。男有分，女有归。祸恶疾弃于地也，不必藏于己；力恶其不出于身也，不必为己。是故谋闭而不兴，盗窃乱贼而不作，故外户而不闭，是谓大同。”

《诗经·硕鼠》把贵族剥削者比作一只害人的大老鼠，并且发出了决心逃离这只大老鼠的“适彼乐土”、“适彼乐国”、“适彼乐郊”的呼声。《硕鼠》是迄今保留下来的人民群众渴望大同社会的最早的材料之一。

康有为曾经写过《大同书》，设想未来的大同社会是一种以生产资料公有制为基础、没有剥削的社会；甚至国界消灭、全世界统一于一个“公政府”之下，没有战争；政治上实行资产阶级民主共和制度，没有贵贱等级；男女完全平等，家庭已消灭，不存在父权、夫权压迫。

孙中山亦提出“天下为公”、“世界大同”。其大同理想主要体现为：土地国有，大企业国营，但生产资料私有制仍然存在，资本家和雇佣劳动者两个阶级继续存在；生产力高度发展，人们生活普遍改善；国家举办教育、文化、医疗保健等公共福利事业，供公民享用。这都是近代学者对古代大同思想的继承。

二、先秦的学术

（一）诸子百家

诸子百家，是对春秋战国时期各种学术派别的统称。

西周灭亡，促使人们更多地转向对天下兴亡的思考，打破了“庶人不议”的观念，取而代之的是“处士横议”的活跃风气。在对人、事及社会的广泛探讨中，人们不再崇信“天道”，进而在如何统一天下、治理国家、教化民众等方面形成了各种不同的学派。这些学派的创立者和代表人物被合称为“诸子”、“百家”则泛指学派数量之可观。

诸学派的代表人物针对一些社会问题，或四处游说实践自己的政治思想，或著书立说推广自己的观点主张，或聚徒授学扩大自己的社会影响。彼时，天下学者有“非儒即墨”之说法，儒墨乃当世之显学。春秋战国时期，最有代表性的学派主要有：儒家、道家、阴阳家、法家、名家、墨家、杂家、农家、纵横家等。小说家因被鄙视而不得跻身于“九流”之列，为“未入流”。

① 刘志光：《儒家、墨家和道家的和平社会理想》，载《齐鲁学刊》，2009（1），19页。

（二）具体学派

1. 道家

道家思想的核心是“道”，认为“道”是宇宙的本源，也是统治宇宙中一切运动的法则。

先秦道家，前期以老子为主要代表，著有《道德经》，奠定了道家的理论基础，其上篇言道，下篇论德，道乃天地万物运行之法则；人事依照天地自然运行之理而动，即为德。道乃德之体，德乃道之用。《道德经》崇尚自然，有辩证法的因素和无神论倾向，主张清静无为，反对繁缛、复杂、人为的事物。书中提出了众多的政治、社会与人生哲学观点，重在保身修身，以一套宗本于智慧之道的哲理来应对混乱世局。

庄子是老子之后道家理论最重要的开创者，是先秦时期道家后期的代表人物。《庄子》分为内篇、外篇和杂篇，一般认为内篇是庄子本人的作品，外篇是学生门人的作品，杂篇则是伪作。《庄子》重视人性的自由与解放，主张“齐物”、“逍遥”，对万物的态度是“无所恃”。

道家从维护个人利益的角度出发，在经济理论、社会实践方面创立了“人本”的思想观点，主张通过维护每个人的个人利益来达到社会的和谐繁荣；在社会制度上主张以维护私有制的利益促进社会和谐。道家主张不损害、侵犯个人利益，应当保障每一个人的利益，甚至包括自然界的动物和植物的利益也不受侵犯，只有每个人的利益得到了保护，整个国家才能实现真正的繁荣。

道家起源于远古的隐士传统，而非社会政治的积极参与者。他们从旁观察世局，认真思索宇宙的真相，运用高度抽象且不带意识形态的执著语言，描述天道与人事变化的法则，原理性研究是其专长。道家在理论能力上的深厚度与辩证性为中国哲学思想提供了创造力的源泉。道家文化在中国音乐、绘画、文学、雕刻等各方面的影响占据着优势主导地位。道家哲学也对中国政治活动提供了活络的空间，使中国知识分子不会因过度的儒家本位理想而执著于官场的追逐与性命的损耗，能轻松地发现进退之道，理解出入之间的智慧。

2. 法家

法家，是春秋战国时期主张以法治国的思想学派。代表人物有管仲、李悝、商鞅、申不害、慎到、韩非等。法家的文献流传至今的有《管子》、《商君书》、《韩非子》等。

法家的思想先驱可追溯到春秋时的管仲、子产，实际创始者是战国前期的李悝（约前 455—前 395），战国末期的韩非子是法家思想的集大成者，他建立了完整的法治理论和朴素唯物主义的哲学体系。

李悝任魏文侯相，提倡“尽地力之教”，主张大力发展农业生产，调整租谷，创“平籴”法，兼顾农人与市民的利益。他收集当时诸国刑律编成《法经》六篇（《盗法》、《贼法》、《囚法》、《捕法》、《杂法》、《具法》），《法经》为中国古代第一部较为完整的法典。

商鞅重“法”，申不害重“术”，慎到强调“势”。法家分化为法、术、势三个派别。韩非子集法家思想之大成，将“法”、“术”、“势”三者糅合为一，又吸收道家思想，将法治理论系统化，主张加强君主集权，剪除私门势力，“以法为教”，厉行赏罚，

奖励耕战。

法家学说适应了战国时期新兴地主阶级的需要，促进了当时变革诸国的强盛，为后来秦朝建立中央集权、制定各项政策提供了有效的理论依据。汉承秦法，其后中国历代王朝都实施“外儒内法”的政策，建构中央集权体制以及法律体制，法家理论成为我国古代封建社会政治与法制的重要基石之一。

3．墨家

墨家是一个纪律严密的学术团体，其首领称“矩子”，其成员到各国为官必须推行墨家主张，所得俸禄亦须向团体奉献。墨家学派有前后期之分，前期思想主要涉及社会政治、伦理及认识论问题；后期墨家在逻辑学方面有重要贡献。墨家有一套严密的组织、纪律规范，学说宗旨鲜明，贯彻有力。创始人是墨翟。

墨子还是一个杰出的科学家，在力学、几何学、代数学、光学、逻辑学等方面都有重大贡献。蔡元培曾评价道“先秦唯墨子颇治科学”。历史学家杨向奎称“中国古代墨家的科技成就等于或超过整个古代希腊”。

墨家的基本思想主要有十点，可以被称作“墨家十条”。包括兼爱、非攻、尚贤、尚同、天志、明鬼、非命、非乐、节用、节葬。

前期墨家在战国初即有很大影响，与杨朱学派并称显学。后期墨家整合成两支：一支注重认识论、逻辑学、几何学、几何光学、静力学等学科的研究，是谓“墨家后学”（亦称“后期墨家”）；另一支则转化为秦汉社会的游侠。前者对前期墨家的社会伦理主张多有继承，在认识论、逻辑学方面成就颇丰。战国以后，墨家已经衰微。西汉时，由于汉武帝的独尊儒术政策、社会心态的变化，墨家在西汉之后基本消失。

4．名家

名家是先秦以思维的形式、规律和名实关系为研究对象的学派，战国时称刑名家或辩者，西汉始称名家。

名家主要活跃在先秦的春秋战国时期，以善于辩论，善于语言分析而著称于世。作为一个思想流派而言的名家，与现代的汉语所说的“名家”是不同的。这个“名”不是有名、出名之意，主要是指事物的名称、概念。由于种种原因，名家这个学派后来没有了继承人，一般人在谈到先秦诸子的时候，甚至还有可能忽略它。首先正式提出“名家”这个说法的，是汉代的学者。名家的代表人物是惠施、公孙龙。

惠施认为事物间的差异只具有相对的意义，事物间的普遍联系和统一性是绝对的，其没有绝对的差异界限存在。

公孙龙注意到了“名”与“实”之间存在的差异，认为事物之间是相互独立而有所不同，即使是相同的一个事物中的各种属性也是需要加以区别看待的。他提出了“白马非马”、“坚白石工”的论题，反映出其将事物和概念之间的差别绝对化之倾向。

6．兵家

兵家是研究军事理论，从事军事活动的学派。兵家的创始人是孙武，代表人物有：春秋末期的司马穰苴；战国的孙膑、吴起、蔚缭、魏无忌、白起等。

春秋战国时代，诸侯之间不断爆发战争，从事军事的智谋有识之士，总结军事方面的经验教训，研究制胜的规律者，古称之为兵家；凡论述军事的兵家的著作，被

称之为兵书。

据《汉书·艺文志》记载，兵家又分为兵权谋家、兵形势家、兵阴阳家和兵技巧家四类。兵家最讲究实际功效，无论是“以战屈人之兵”，还是“不战屈人之兵”，所有手段都为一个目的——取胜。

《武经七书》是对古代军事理论建设的整理、总结。北宋朝廷汇编《孙子兵法》、《吴子兵法》、《六韬》、《司马法》、《三略》、《尉缭子》、《李卫公问对》七部兵书成《武经七书》，是中国古代第一部军事教科书，是中国古代兵书的精华，是中国军事理论殿堂里的瑰宝。《武经七书》不仅是中华民族的精神财富，也是世界人民共同的精神财富，奠定了中国古代军事学的基础，为中国和世界发展近代、现代军事科学发挥了积极的作用。

7. 阴阳家

阴阳家，又被称为阴阳五行学派或阴阳五行家，源于上古执掌天文历数的统治阶层。它是流行于战国末期到汉初，以数术思想与阴阳五行学说相结合，建构宇宙图式、解说自然现象的成因及其变化法则，甚至用于解释社会人事而得名的一种学派。齐人邹衍是阴阳家的开创性代表人物。其他重要代表有战国时期的公梼生、公孙发、南公等。

“阴阳”的概念最早源自于《易经》，“五行”的概念则最早见于《尚书》。两种观念的产生，可以追溯到更久远的年代。到战国时代，阴阳和五行渐渐合流，形成一种“阴阳消长，五行转移”为理论基础的宇宙观。

邹衍强调观察事物的消长和世事变化本身的规律，依次整治世事乱象。为确立取舍的标准和方法，他写有《始终》、《大圣》、《主运》三部著作，但已经失传。

《汉书·艺文志》载有阴阳 21 家、369 篇，《公梼生终始》14 篇，《公孙发》22 篇，《邹子》49 篇，《邹子终始》56 篇，《乘丘子》5 篇，六国时《杜文公》5 篇，《黄帝泰素》20 篇等，除现存少量残文外，均已亡佚。

汉武帝罢黜百家之后，阴阳家的部分内容融入了儒家的思想体系或者被道家所吸收，独立学派不复存在。

8. 纵横家

纵横家出现于战国至秦汉之际，多为策辩之士，可称为中国最早也最特殊的外交政治家。《韩非子》说：“纵者，合众弱以攻一强也；横者，事一强以攻众弱也。”鬼谷子[①]乃该派之鼻祖，其他代表人物有苏代、姚贾、苏秦、张仪、公孙衍等。

战国时代割据纷争，王权不能稳固统一，各国需要在国力富足的基础上利用联合、排斥、危逼、利诱，或辅之以兵之法不战而胜，或以游说之士纵横捭阖、折樽冲俎。纵横家的智谋、思想、手段、策略基本上是当时处理国与国之间问题的最好办法，可以最少的损失获得较大的收益。

纵横家多出身贫贱，在最艰苦的条件下把人类智慧超常解放、创造和发挥，以布衣之身庭说诸侯，以三寸之舌退百万雄师，以纵横之术解不测之危。例如，苏秦佩六国相

---

① 王禅老祖，春秋战国时代的显赫人物，纵横家之鼻祖，也是位卓有成就的教育家。传说其经常出入云梦山采药修道，因隐居清溪鬼谷，世称“鬼谷子先生”。

印逼秦废弃帝位；张仪雄才大略，以片言得楚六百里；唐雎机智勇敢，直斥秦王存孟尝封地；蔺相如虽非武将，但浩然正气直逼秦王完璧归赵，而且渑池之会，折冲席上。

纵横家的主要代表作包括《鬼谷子》12 篇，《战国策》33 篇，《苏子》31 篇，《张子》10 篇。

《鬼谷子》一书的理论非常详细具体、微妙，其不仅在世界范围内受到重视，而且已从单纯的外交领域走入更广泛的社会各领域。

《战国策》一书是游说辞总集，所有纵横家谋士的言行都在此书中，其体现出三大特点：一是智谋细，二是虚实间，三是文辞妙。

9. 黄老之学

黄老之学，尊黄帝和老子为其创始人，故而得名。其代表人物有河上丈人、安期生等。

黄老之学始于战国盛于西汉，假托黄帝和老子的思想，实为道家和法家思想的结合兼采阴阳、儒、墨等诸家观点而成。

黄老之学强调“无为而无不为”，既尊重自然规律，反对盲目行动，又主张发挥人的主观能动性，倡导“待时而动”、“因时而动”，是一种“积极无为”的哲学观。主张“贵清静”、“尚无为”，以达到“与民休息”、“无为而治”之目的。

司马谈在《论六家之要指》中总结了汉初黄老政治的理论；《淮南子》概括了汉初六七十年间清静宁一的时代政治与社会风尚，是黄老之学集大成式的理论著作；《吕氏春秋》中有许多篇章亦是黄老之学的代表作。

黄老之学使汉初迅速地恢复了元气，但地方势力的发展却严重地威胁了西汉的中央集权。汉武帝时，黄老之学由盛转衰，被儒学所取代。

三、先秦诸子经典

（一）《黄帝内经》

《黄帝内经》，简称为《内经》，是中国传统医学四大经典著作（《黄帝内经》、《难经》、《伤寒杂病论》、《神农本草经》）之一，也被称为中国“三大奇书”（《易经》、《道德经》、《黄帝内经》）之一。《黄帝内经》在国学经典中地位独特，是唯一以圣王之名命名的书。

《黄帝内经》成编于春秋之前，是中国现存最早的中医理论专著。总结了春秋之前的医疗经验和学术理论，吸收了天文学、历算学、生物学、地理学、人类学、心理学等有关学说，运用阴阳、五行、天人合一的理论，对人体的解剖、生理、病理以及疾病的诊断、治疗与预防等作了比较全面的阐述，确立了中医学独特的理论体系，成为中医学发展的理论基础和源泉。

《黄帝内经》包括《素问》81 篇和《灵枢》81 篇，各 9 卷。其医学理论建立在古代道家学说的基础之上，集中体现了我国古代天人合一思想，是当时哲学和自然科学相结合取得的最高成就。它具有三个方面的显著特征：其一，《黄帝内经》是第一部中医理论经典。这部著作分别从阴阳五行、天人相应、五运六气、脏腑经络、病机、诊法、治则、针灸等方面，对人的生理学、病理学、诊断学、治疗原则和药物学等作出了比较

系统的理论概括和认识。中医学作为一个学术体系的形成是从《黄帝内经》开始的，其被公认为中医学的奠基之作。其二，《黄帝内经》是第一部养生宝典。提倡“治未病”和“不治已病治未病，不治已乱治未乱”。其三，《黄帝内经》是第一部关于生命的百科全书。《黄帝内经》以生命为中心，不但涉及医学、天文学、地理学、心理学、社会学，还有哲学、历史等，是一部围绕生命问题而展开的百科全书。

（二）诸子散文

诸子散文是指春秋战国时期反映不同学派之思想倾向、政治主张和哲学观点的各个学派著作的总称。

春秋战国时期，百家竞作，九流并起。诸子纷纷著书立说，宣传自己的政治主张和社会理想。诸子文章，各具风采。比较重要的有儒、法、道、墨四家。

诸子散文是在先秦理性精神觉醒的背景下和百家争鸣的学术氛围中形成并繁荣起来的。春秋战国之交时期，以《论语》、《墨子》、《老子》为代表。《论语》以语录体的形式记述了孔子及其弟子的言行，由孔子弟子及再传弟子编辑，比较集中地反映了早期儒家的思想和活动；《墨子》是一部墨子及其后学的著作的汇编，反映的是墨家学派所代表的小生产者的思想；《老子》又称《道德经》，基本上是道家创始人老子的著作，它以玄深的哲理思辨和精妙的诗一般的语言相结合，显示着独特的艺术风格。

战国中期，以《孟子》、《庄子》为代表。《孟子》是孟子及其弟子的著作，反映了战国中期儒家思想的面貌，表征着语录体向专题性论文的过渡，其突出的文学成就在于高超的论辩艺术；《庄子》是庄周及其后学的著作，亦是道家的又一部经典，其文章以独特的艺术造诣绝响于先秦诸子之中，奇妙的构思、汪洋恣肆的语言、浪漫的风格，都体现了在诸子散文中的独特地位和辉煌的文学成就。

战国末期，以《荀子》、《韩非子》、《吕氏春秋》为代表，多为专论的形式。《荀子》一书多为荀子自作，其思想体系博大精深，文章多为结构严谨、论说周详的专题性论文，标志着先秦说理散文进入了完全成熟的阶段；《韩非子》是法家思想的集大成之作，文章峭拔锋锐、质朴无华，体现着法家文章的基本特色；《吕氏春秋》是吕不韦集门客的集体创作，体系宏大、内容博杂、兼收并蓄，是先秦学术思想的一次大规模的总结，也具有较强的文学性。

（三）《道德经》

《道德经》又称《道德真经》、《老子》、《五千言》、《老子五千文》，是中国古代先秦诸子分家前的一部著作，为其时诸子所共仰，相传为春秋时期的老子李耳所撰写，是道家哲学思想的重要来源。

据载，春秋末年周守藏室史老子去国西游而无出关文牒，函谷关尹喜强请传道，以此交换放行，老子遂作五千言，即为《道德经》。

《道德经》分上下两卷：上卷言道、下卷述德。《道德经》这部被誉为“万经之王”的神奇宝典，对中国古老的哲学、科学、政治、宗教等产生了深刻的影响，它无论对中华民族的性格的铸成，还是对政治的统一与稳定，都起着不可估量的作用。尤其是其“无为而治”的主张，成为中国历史上某些朝代的治国方略。

（四）《楚辞》

楚辞又称楚词，本为楚国当地的歌词，是战国时代伟大诗人屈原发扬光大的一种诗体。作品运用楚地（今两湖一带）的文学样式、方言声韵，叙写楚地的山川人物、历史风情，具有浓厚的地方特色。

西汉刘向把屈原、宋玉以及汉代淮南小山、东方朔、王褒、刘向等人“承袭屈赋”的作品编辑成集，名为《楚辞》。《楚辞》中的《离骚》、《九歌》、《九章》、《天问》和《招魂》等共23篇是屈原的作品，此外还有宋玉等人的作品。楚辞成为继《诗经》以后对我国文学具有深远影响的一部诗歌总集，也是我国第一部浪漫主义诗歌总集。东汉王逸后来分章加注成《楚辞章句》。所以，楚辞逐渐发展为两种含义：一是诗歌的体裁，一是诗歌总集的名称（在一定程度上也代表了楚国文学）。

屈原所作之楚辞的创作手法是浪漫主义的，感情奔放、想象奇特，具有浓郁的楚国地方特色和神话色彩。由于屈原的《离骚》是楚辞的代表作，所以楚辞又被称为“骚”或“骚体”。汉代人还普遍把楚辞称为“赋”，因此又有“屈原赋”、“宋玉赋”等名目。

《楚辞》在中国诗史上占有重要的地位。它打破了《诗经》以后中国诗坛两三个世纪的沉寂而大放异彩。从诗风上分析，楚辞铺排夸饰，想象丰富，抒发真情层进反复；从体式上看，楚辞较之《诗经》，篇幅极大增长，句式也由四言为主变为长短不拘，参差错落；就语言方面，楚辞多用楚语楚声，楚地的方言词语大量涌现，另外，“兮”、“些”等字作为虚词叹语成为楚辞的一个鲜明标志。

后人将《诗经》与《楚辞》并称为“风”、“骚”，两者成为中国古典诗歌现实主义和浪漫主义创作的两大流派，相互影响、相互促进。

（五）《山海经》

《山海经》是先秦记载有大量神话传说的古老地理志。内容庞杂，不仅记述了古代地理、物产、神话、巫术、宗教等，还包括古史、医药、民俗、民族各方面的内容。《山海经》以流水账方式记载了一些至今仍存有很大争议的奇怪事件。具体成书年代及作者不详，大约是从战国初年到汉代巴蜀地方的人所作，西汉刘歆校书时将之合编。

《山海经》现存18卷，约31 000字，分为《山经》5篇、《海经》13卷（海外经4卷、海内经5卷、大荒经4卷）。作为中华民族最古老的奇书之一，《山海经》具有如下特点：一是《山海经》为述图之书，先有图、后有书，书中的内容是对一幅图画中内容的写照。图画离奇古怪，尤其是一些“异兽图”有人兽结合之感。二是《山海经》保留了大量远古时期的史料，其内容“荒诞不经”。三是《山海经》与东方夷族有关，记载的帝俊成为上古时代东方民族的祖先神。四是《山海经》由《山经》和《海经》各成一体组成。五是《山海经》中地理描写的顺序与现实的顺序不同，顺序为南、西、北、东，这可能与古人“天南地北”的习俗有关。

《山海经》一书比较具有代表性的神话寓言故事有夸父逐日、女娲补天、精卫填海、鲧禹治水等。其简单的故事情节和人物形象孕育了后代小说的胚胎；浪漫主义的创作方法给后世小说的创作产生了重大的影响。

第二节 儒家经学

一、儒家思想

（一）仁

“仁”在中国古代是一种含义极广的道德范畴。本意是人与人之间相互亲爱。

仁是孔子所创学说的核心。儒家之仁包括孝、悌、忠、恕等内容。其中孝悌是仁学思想体系的基本支柱之一。春秋时期，仁往往与忠、义等并列，被看成是人的重要德性之一。但是，孔子以前，仁并未受到特别的重视，只有到了孔子这里，仁才被从其他德性中超拔出来，并被赋予新的丰富内涵。春秋时期，礼崩乐坏，世衰道微，这是孔子“仁”的思想得到认同的现实基础。

借助于仁，中国传统文化顺利地实现了由上古向中古的转折；借助于仁，孔子之前数千年和孔子之后数千年的文化血脉得以沟通连接，而没有中绝断裂。冯友兰曾说：“孔子对于中国文化之贡献，即在一开始试将原有的制度，加以理论化，与以理论的根据。”①

（二）义

义的内涵至少在春秋时期就初步定型了。本意指公正、合理而应当做的。《管子·卷一·牧民第一》曰：“四维不张，国乃灭亡。”“何谓四维？一曰礼，二曰义，三曰廉，四曰耻。”

孔子详细论述了“义”，而孟子系统阐述了“义”。义的学说是孟子对于儒学的重大贡献，也是孟子之儒的鲜明特色。如果认为孔子的学说以仁为核心，那么义是孟子学说的核心，是对仁的进一步继承和发展。孟子认为“信”和“果”都必须以“义”为基础，“大人者，言不必信，行不必果，惟义所在”（《孟子·离娄下》）。

（三）忠

在先秦时代，忠并非仅指“忠君”之含义，本义作“敬”解。尽心任事始能不懈于位，不懈于心为敬，故忠从心；“中”有不偏不倚之意，忠为正直之德，故从中声。所以，忠的基本含义是尽己心力以对人、任事、奉公，存心居中，正直不偏。古人谓：“忠者，德之正也。惟正己可以化人，故正心所以修身乃至于齐家、治国、平天下。”

孔子提出“忠恕之道”，以“一以贯之”传授曾参，其内涵要远比“忠君”广泛得多。自从董仲舒开始才把“忠”仅仅定位为“忠君”，作为三纲五常之首纲，成为中国封建社会两千年来最根本的思想。

（四）孝

忠和孝是中华民族的两大基本传统道德行为准则。几千年来，人们把忠孝视为天性，甚至作为区别人与禽兽的标志。忠孝是圣人提出来的，却不是圣人想出来的。它是

---

① 冯友兰：《中国哲学史上册》，56 页，上海，华东师范大学出版社，2003。

我国古代长期社会实践的历史产物。

孝的本义是尽心侍奉父母。从秦汉开始，我国就建立了多民族统一的大国，而保证实现国家、君主有效统治的最高原则是“忠”；巩固基层社会秩序，增加乡党邻里和睦，父慈子孝的最高原则是“孝”。然而，忠孝二者相较，孝比忠更基本。所以“十三经”就有《孝经》，唐玄宗亲自作注。孝理所当然成为天经地义的最高准则。后来北宋张载作《西铭》，在《孝经》的基础上，融忠孝为一体，从哲学本体论的高度，把伦理学、政治学、心性论、本体论组成一个完整的孝的体系。中华伦理观对中华民族的发展、增强民族凝聚力、形成民族价值观的共识皆起了积极作用。

（五）智

在儒家的道德规范体系中，智是最基本最重要的德目之一，也是儒家理想人格的重要品质之一，被视为“三达德”、“四德”及“五常”之一。

首先把智视为道德规范、道德品质或道德情操来使用的是孔子。他把智与仁、勇两个道德规范并举，定位为君子之道，即所谓“知（智）者不惑，仁者不忧，勇者不惧”。

在儒家思想史上，孟子第一次以“仁义礼智”四德并提。他从行为的节制和形式的修饰、道德的认知和意志的保障等意义上确立了礼与智在道德体系中的不可或缺的位置。最终，“仁义礼智”四位一体，相依互补，恰成一完整的范畴系统，构建为人道的全部蕴涵。

到了汉代，儒家“五常”（仁义礼智信）确立，“智”位列其中。

（六）性善论

性善论是战国时期孟子提出的一种人性论。孟子认为，性善可以通过每一个人都具有的普遍的心理活动加以验证。既然这种心理活动是普遍的，因此性善就是有根据的，是出于人的本性、天性的，孟子称之为“良知”、“良能”。

孟子把道德规范概括为四种，即仁、义、礼、智。同时把人伦关系概括为五种，即父子有亲，君臣有义，夫妇有别，长幼有序，朋友有信。孟子以上理论的出发点就是性善论。孟子论证性善论分为四个步骤：其一，以“不忍人之心”论“本心”。“人皆有不忍人之心”，所以，“不忍人之心”就是人之“本心”。其二，由本心论本性，由“不忍人之心”得出“四端”（恻隐之心，羞恶之心，辞让之心，是非之心）说。人有“四端”，所以人才有“仁义礼智”四德。其三，四德即善。孟子将“善性”看作生而有之的。人之有是四端也，尤其有四体也。四端是人之本性的自然呈现，是人与动物的不同之处。孟子认为没有四端，则不能成为人。其四，尽心、知性、知天。只有尽自己的道德本心去行事，就可以认识了解到自己的本性是善的，由此知本性与本心。而了解自己的本心是善的就能知天。到这一步，孟子已经完成论证并进一步确认人的善来自于天，将人性善的源头存在客观化。孟子曰：“尽其心者，知其性也。知其性，则知天矣。存其心，养其性，所以事天也。殀寿不贰，修身以俟之，所以立命也。”

（七）性恶论

性恶论是中国古代人性论的重要学说之一。战国末期，荀子倡导这种理论。性恶论认为人性是恶，强调道德教育的必要性；性善论以人性向善，注重道德修养的自觉性。

二者相互对立，对后世人性学说产生了重大影响。

荀子所论及的人性，其本质恰是无所谓善恶的“本始材朴”的自然之性，它既有转化为恶的可能，也有发展为善的机会。荀子的性恶论的思想在先秦百家关于人性的论断中独树一帜。

性恶论在名声上自然没有性善论那么入耳。其实，就如同性善论并不能使人自动行善一样，性恶论的含义也并非准许人随意作恶。性恶之恶就其本义而言，是指人类作为一种生物，所本来具有的生存本能。是生物就要生存，就要求生，既然一定要求生，也就没有必要否定它、回避它。荀子的做法只是没有回避它而已。从这一点来看，荀子直指人的本性，较之孟子的多方论辩更具有“因人情”的一面。但是无论是孟子的性善论，还是荀子的性恶论，都是从价值论着眼，先确定其政治主张，再回头探寻其人性根源，而不是本体论意义的探寻。

（八）民贵君轻

民贵君轻语出《孟子·梁惠王上》：“民为贵，社稷次之，君为轻。”意为从天下国家的立场来看，民是基础，是根本，民比君更加重要。这是孟子所提出的重要政治社会思想之一。

民贵君轻体现以民为本的思想，是我国古代文化中的优良传统之一。为了巩固统治，安定社会秩序，当时各学派的思想家都提出了自己的想法。不仅儒家，包括道家、墨家，以及《左传》、《国语》、《管子》等著作中，都不同程度地蕴含着“民为邦本”的思想。

从先秦著作中可以看出，民本思想已成为当时的一种时代思潮；相比较而言，儒家所代表的民本思想最强烈、最集中。孔孟的思想核心是“仁”，仁者爱人，这是民本思想的根本出发点。孔子曾提出“节用而爱人，使民以时”的主张，要求统治者克制私欲，广施恩泽以让人民安居乐业。孔子以民为本的思想，经孟子继承而发扬光大。孟子的民本思想主要表现在：一是批判统治者横征暴敛、荒淫无度，无视人民利益。二是强调人民的生存权，必须保证百姓“不饥不寒”、“养生丧死无憾”，否则，无异于“率兽而食人”的独夫民贼。三是强调统治者必须获得民心，进而提出“民为贵、社稷次之，君为轻”的石破天惊的观念。四是强调主政者应设身处地为民着想，忧民之忧，乐民之乐，把民本思想升华到一个相当自觉的政治道德境界。

（九）中庸之道

中庸之道亦即君子之道，是传统儒家修行的不二法门。是由孔子提倡、子思阐发的提高人的基本道德、精神修养以达到天人合一、太平和合神圣境界的一整套理论与方法。

中庸之道的理论基础是天人合一。通常人们讲天人合一主要是从哲学层面上讲，从《孟子》的“尽其心者，知其性也；知其性，则知天矣”（《孟子·尽心》）讲起。中庸之道的天人合一的含义，是合一于至诚、至善，达到“致中和，天地位焉，万物育焉”、“唯天下至诚，为能尽其性；能尽其性，则能尽人之性；能尽人之性，则能尽物之性；能尽物之性，则可以赞天地之化育；可以赞天地之化育，则可以与天地参矣”的境界。“与天地参”是天人合一，这是《中庸》天人合一的含义。因而《中庸》始

于“天命之谓性，率性之谓道，修道之谓教”而终于“‘上天之载，无声无臭’至矣”。这就是圣人所要达到的最高境界。

申言之，中庸之道具体表现在五个方面：一是天道与人道合一。天道就是诚，人道就是追求诚。二是天性与人性合一。天道与人道合一的目的就是要将天性与人性合一。天性是至善、至诚、至仁、至真的，人性亦应然，只有使人性达到了至善、至诚、至仁、至真的天性，才能称得上真正意义上的天人合一，才能通晓天地化育万物的道理，才能达到中庸之道。三是理性与情感合一。人们的喜怒哀乐是人的自然属性，是情感的表现，为了追求与天道、天性合一的至善、至诚、至仁、至真的人性，因而需要对情感加以约束和限制，所以《中庸》言：“喜怒哀乐之未发谓之中，发而皆中节谓之和。”只有“致中和”才能天人合一（“天地位焉，万物育焉”）。四是鬼神与圣人合一。《中庸》第二十九章言：“故君子之道，本诸身，征诸庶民；考诸三王而不谬，建诸天地而不悖，质诸鬼神而无疑，知天也；百世以俟圣人而不惑，知人也。是故君子动而世为天下道，行而世为天下德，言而世为天下则。”说明中庸之道的天人合一中的天包括鬼神，人则包括圣人。真正意义上的天人合一含有鬼神与圣人合一。五是外内合一。《中庸》第二十五章揭示了外内合一，其文云：“诚者，自成也；而道，自道也。诚者，物之终始，不诚无物。是故君子诚之为贵。诚者非自成而已也，所以成物也。成己，仁也；成物，知也。性之德也。合外内之道也。故时措之宜也。”合外内之道，即外内合一，外内合天诚。所以中庸之道的天人合一，又合一于诚。这种外内合一又可以视为品德意识与品德行为的合一，或者说成己与成物的合一，又或者说是知与行的合一。

（十）人定胜天

人定胜天的思想来源于《荀子》一书。荀子经过对天人关系的审慎思考，他认为，天地四时对人世的安定与混乱无决定作用，星坠木鸣之类的天地之变并不可怕，真正可怕的是人妖，也就是由君上昏乱、政治险恶等人事导致的种种反常现象；他提出人最应该执著的是“君臣之义，父子之亲，夫妇之别”，在天面前，应该“错天而思人”，也就是说人不应该放弃主观努力而沉溺于对天的思慕当中。放弃了人的努力而去思慕天，就违背了万物的实情。一味地迷信上天、屈从于命运，不如把它当成物来蓄养而控制它，顺应并利用它。人通过努力可以掌握自然的运行规律、法则，从而更好地掌握人类的命运。这就是荀子的“人定胜天”理论。这种思想打破了“靠天吃饭”的观念，具有进步意义。

中国传统文化的一个重要特征就是强调人与自然的和谐统一，而不是两者的排斥对立。即便皇帝也只敢自称为“天子”，而很少宣称一定要战胜上天。将“人定胜天”中的“人定”解释为人谋、人为，“胜”理解为“比……更为重要”，而不是“战胜”之意，或许更为恰当。冯梦龙《喻世明言》卷九道：“却又犯着恶相的，却因心地端正，肯积阴功，反祸为福。此是人定胜天，非相法之不灵也。”这段文字中的“人定胜天”并无“人类一定能够战胜自然”之意，而是指在一定条件下，人的因素比天命更为重要。梁启超在《新罗马》一书中说：“小生每念物极必反，人定胜天，怯大敌者非丈夫，造时势者为俊杰，当仁不让，舍我其谁?”这种关于“人定胜天”的思想避免了破坏自然的狂妄，鼓励人们掌握自然规律，让自然与人类都向有益的方向发展，这是更高

层次的“人定胜天”。

（十一）义利之辩

义利之辩是中国古代关于道德行为与物质利益之关系问题的争辩。义，指思想行为符合一定的道德标准；利，指利益、功利。

义利之辩可以从三个层面理解。

其一是针对个人修养的道德层面。孔子的义利思想主要是作为道德修养而提出的。子曰：“君子喻于义，小人喻于利。”但是，孔子并不是绝对的重义轻利，而是反对不讲道德而获得富贵。通过正当途径获得利，孔子是不反对的，甚至鼓励学生去追求正当利益。

其二是作为治国方略。主要有孟子的“仁义论”和韩非的“功利论”两种对立观点。孟子顺着孔子的“君子喻于义，小人喻于利”的思路把“义”、“利”上升到作为评定“仁政”之价值标杆的高度。统治者施行仁政就不要苛政暴民、与民争利，而是民贵君轻、不违农时、爱惜民力。韩非则注重功利，认为人与人之间首先是利害关系。因此要实行“法治”，赏善罚恶，运用利益诱导以及人趋善避恶之本性统治国家。

其三是从人性论、哲学角度进行抽象地分析辩驳，涉及主题广泛、思想复杂、深刻。西汉历史上曾经爆发了一次著名的义利之辩，也就是历史上著名的盐铁会议。

汉昭帝始元六年（前81）二月，朝廷从各地召集贤良文学60多人齐聚长安，与以御史大夫桑弘羊为首的政府官员共议民生疾苦问题。会上，双方就国家大政方针，包括盐铁官营、酒类专卖、统一铸币等一系列重大问题展开激烈争论，史称盐铁会议。对垒之一方是当权的知识分子（桑弘羊之属），另一方是在野派士人（文学、贤良之属）。桓宽根据会议记录整理成书，即《盐铁论》。这次历史上著名的义利之辩，关乎国计民生，具有前所未有的思想深刻性、涉及主题的广泛性和社会实践性。从西汉以后，一直到宋明道学，义利之辩始终是中国思想界一个极容易引起争论的问题。

（十二）理学

理学又称道学，是宋元明清时期的哲学思潮。它产生于北宋，盛行于南宋与元、明时代，清中期以后逐渐消退，但其影响一直延续到近现代。

广义的理学，泛指以讨论天道、性命问题为中心的整个哲学思潮。流派纷纭复杂，北宋中期有周敦颐的濂学、邵雍的象数学、张载的关学、二程的洛学、司马光的朔学；南宋时有朱熹的闽学、陆九渊兄弟的江西之学；明中期则有王守仁的阳明学等。尽管这些学派具有不同的理论体系和特点，但按其基本观点和影响来分，主要有两大派别，即以周敦颐、程颢、程颐、朱熹为代表的客观唯心主义理学和以陆九渊、王守仁为代表的主观唯心主义理学。客观唯心主义理学认为“理”是永恒的、先于世界而存在的精神实体，世界万物只能由“理”派生。主观唯心主义理学提出“心外无物、心外无理”，认为主观意识是派生世界万物的本原。

狭义的理学，专指程颢、程颐、朱熹为代表的，以理为最高范畴的学说，即程朱理学。

理学讨论的问题主要有：一是本体论问题，即世界的本原问题。在这个问题上，理学家虽然有不同的回答，但都否认人格神和彼岸世界的存在。张载提出气本论哲学，认

为太虚之气是万物的本原。"二程"（程颢、程颐）建立"天即理"的理本论哲学，认为观念性的理是世界的本原。朱熹提出理为"本"，气为"具"的学说。二是心性论问题，即人性的来源和心、性、情的关系问题。张载提出天地之性与气质之性和心统性情的学说，认为天地之性来源于太虚之气。程颢提出了心即天以及性无内外的命题，把心、性、天统一起来。程颐则提出性即理的命题，把性说成形而上之理。朱熹认为心之本体即是性，是未发之中；心之作用便是情，是已发之和；性和情是体用关系，而心是"主宰"。三是认识论问题，即认识的来源和认识方法问题。张载首先提出"见闻之知"与"德性之知"两种知识，并提倡穷理尽性之学，成为理学家共同讨论的问题。"二程"提出"格物致知"的认识学说；朱熹提出"即物穷理"的系统方法。

理学是中国古代哲学长期发展的结果，特别是批判佛、道哲学的直接产物。理学在中国哲学史上占有特别重要的地位，它持续时间很长，社会影响很大，讨论的问题也十分广泛。

二、儒学大师

（一）孔子

孔子（前551—前479），春秋鲁国陬邑昌平乡（今山东省曲阜市东南的南辛镇鲁源村）人，我国古代伟大的思想家和教育家，儒家学派创始人，世界最著名的文化名人之一。对中国古文献整理作出巨大贡献，相传曾修《诗》、《书》，订《礼》、《乐》，序《周易》，作《春秋》，传《论语》。

因身处乱世，孔子所主张的仁政没有施展的空间，但在治理鲁国的三个月中，强大的齐国也佩服孔子的才能，足见孔子并非空谈之辈。孔子任鲁国司寇不久便政治失意，后携弟子周游列国，最终返回鲁国，专心执教。孔子打破了教育垄断，成为私学先驱，弟子多达3 000人，其中贤人72位。在这些贤人中很多人成为各国的高官，为儒家学派延续了辉煌。如魏文侯就对子夏以师礼事之。

虽说孔子"述而不作"，但他在世时已被誉为"天纵之圣"、"天之木铎"、"千古圣人"，是当时社会上最博学者之一。后世尊称之为"至圣"、"万世师表"。美国诗人、哲学家爱默生认为"孔子是全世界各民族的光荣"。1988 年，75 位诺贝尔奖的获得者在巴黎集会，会议结束后发表联合宣言，呼吁全世界"人类如果要在 21 世纪生存下去，就必须回首2 500年前，去孔子那里汲取智慧"。孔子对后世影响深远，受到全世界学者的尊重。

从2004 年开始，在借鉴德国歌德学院、法国法语联盟、西班牙塞万提斯学院等机构推广本民族语言经验的基础上，中国国家对外汉语教学领导小组办公室在海外设立的以教授汉语和传播中国文化为宗旨的非营利性公益机构首在韩国建立，并以中国儒家文化代表人物孔子的名字命名为"孔子学院"。

孔子学院自成立以来，就成为世界舆论广泛关注的文化焦点。《华尔街日报》发表《汉语推广热全球》一文评论称："中国政府的汉语推广战略的高明之处在于：推广教育和语言有助于加深外部世界对国家的了解，是扩大一国影响力的最有效途径。战舰能让别国人民暂时臣服，而让他们理解你的语言却能使大家成为朋友。"新加坡《联合早

报》亦指出："孔子学院的推广，有助于外界了解中国，消除外界对中国和平崛起的误解。"2006 年 1 月，美国《纽约时报》发表了一篇题为《中国的又一热门出口产品：汉语》的评论，引用当地一所汉语研究机构负责人的话："中国正在用汉语文化来创建一个更加温暖和更加积极的中国社会形象。"孔子学院已成为体现中国"软实力"的品牌。

（二）孟子

孟子（前 372—前 289），名轲，字子舆。战国时期邹国人，鲁国庆父后裔。中国古代著名的思想家、教育家，战国时期儒家代表人物。著有《孟子》一书。孟子继承并发扬了孔子的思想，成为仅次于孔子的一代儒家宗师，有"亚圣"之称，与孔子合称为"孔孟"。

孟子的地位在宋代以前并不是很高。自中唐的韩愈著《原道》，把孟子列为先秦儒家中唯一继承孔子"道统"的人物开始，才出现了一个孟子的"升格运动"，孟子其人其书的地位逐渐上升。

《孟子》一书，在汉代被认为是辅翼"经书"的"传"，同孔子的《论语》并列。至五代，后蜀主孟昶下令将《易》、《书》、《诗》、《礼》、《周礼》、《仪记》、《公羊传》、《榖梁传》、《左传》、《论语》、《孟子》十一经书写刻石。宋神宗熙宁四年（1071），《孟子》一书首次被列入科举考试科目之中。元丰六年（1083），孟子首次被官方追封为"邹国公"，翌年被批准配享孔庙。此后《孟子》一书升格为儒家经典。南宋朱熹又把《孟子》与《论语》、《大学》、《中庸》合为"四书"，《大学》和《中庸》被认为是孔子弟子曾参和孔子之孙子思的著作，《孟子》一书便与孔子及孔子嫡系的著作平起平坐了，其实际地位更在"五经"之上。元朝至顺元年（1330），孟子被加封为"亚圣公"，以后就称为"亚圣"，地位仅次于孔子。在明清两代，官方规定，科举考试的八股文题目必须从"四书"中选取，要"代圣人立言"。于是，《孟子》一书便成了明清两代士子的必读书。

（三）荀子

荀子（约前 313—前 238），名况，字卿，因避西汉宣帝刘询讳，因"荀"与"孙"二字古音相通，故又称孙卿。战国末期赵国猗氏（今山西安泽）人。

荀子是儒家代表人物之一。对儒家思想有所发展，提倡性恶论，常被与孟子的性善论比较。《荀子·性恶》认为人性有两部分：性和伪。性是人先天的动物本能，是恶；伪是人后天的礼乐教化，是善。伪（礼义道德）能维持社会的正常秩序，保证人类的生存。

荀子又是著名的思想家。他的思想虽然与孔子、孟子思想都属于儒家思想范畴，但有其独特见解，自成一说。荀子的思想偏向经验以及人事方面，是从社会脉络方面出发，重视社会秩序，反对神秘主义的思想，重视人为的努力。孔子中心思想为"仁"，孟子中心思想是"义"，荀子的思想以"礼"为核心，重视社会上人们行为的规范。荀子尊孔子为圣人，但反对孟子和子思为首的"思孟学派"，认为子贡与自己才是继承孔子思想的学者。

荀子的思想通过他的学生对后世产生了一定影响。汉初丞相张苍，亦曾在荀子门下

学习，与李斯、韩非等人是同门师兄弟。李斯的学生吴公曾担任汉文帝时期的廷尉。张苍有个门生，此人便是历史上大名鼎鼎的洛阳人贾谊。恰因为韩非、李斯是荀子的入室弟子，这两个人又是法家代表人物，使历代部分学者怀疑荀子是否属于儒家学者。清末学者谭嗣同，在《仁学》中这样评价："二千年来之学，荀学也，皆乡愿也。"北宋苏轼在《荀卿论》中说："荀卿明王道，述礼乐，而李斯以其学乱天下。"因为荀子受历代学者的抨击，所以为其著作作注者不多。直至清代考据学兴盛，注释校订者才增加。现代研究荀子的学者较古代为多，包括清代王先谦、民国时期的梁启雄。

荀子还是著名的文学家。《荀子》的文章论题鲜明，结构严谨，说理透彻，有很强的逻辑性。《荀子》的语言丰富多彩，善于比喻，排比偶句很多，素有"诸子大成"的美称。他的文章已由语录体发展成为标题论文，标志着我国古代说理文趋于成熟。同时他也是第一个使用赋的名称和用问答体写赋的人，同屈原一起被称为"辞赋之祖"。

（四）颜回

颜回（前 521—前 481），曹姓，颜氏，名回，字子渊，春秋时期鲁国人。

颜回 14 岁即拜孔子为师，此后终生师事之。在孔门诸弟子中，孔子对他称赞最多，不仅赞其"好学"，而且还以"仁人"相许，被公推为"七十二贤"之首。自汉高帝以颜回配享孔子、祀以太牢，三国魏正始年间将此举定为制度以来，历代统治者封赠有加，无不尊奉颜子。唐太宗尊之为"先师"，唐玄宗尊之为"兖公"，宋真宗加封为"兖国公"，元文宗又尊为"兖国复圣公"。明嘉靖九年改称"复圣"。山东曲阜还有"复圣庙"。

颜回素以德行著称。《雍也》说他"一箪食，一瓢饮，在陋巷，人不堪其忧，回也不改其乐"。其为人谦逊好学，"不迁怒，不贰过"。他异常尊重老师，对孔子无事不从无言不悦。孔子称赞他"贤哉回也"，"回也，其心三月不违反、仁"（《雍也》）。公元前 481 年，颜回先孔子而去世，葬于鲁城东防山前。孔子对他的早逝感到极为悲痛，不禁哀叹说："噫！天丧予！天丧予！"

颜回一生没有做过官，也没有留下传世之作，他的只言片语，收集在《论语》等书中，为儒门"五圣"之一。①

（五）贾谊

贾谊（前 200—前 168），洛阳（今河南省洛阳市东）人。西汉初年著名的政论家、文学家。

贾谊从小博览群书，精通儒道。少年拜荀况的弟子、亡秦的博士张苍门下学习《春秋左氏传》。写过《道德论》、《道术》等论著。酷爱文学，尤其喜爱战国末期的伟大诗人屈原的著作。

贾谊的一生，虽受谗遭贬未登公卿之位，但他的具有远见卓识的政论和建议，对西汉一代影响颇大。北宋的改革家王安石高度评价他："一时谋议略实行，谁道君王薄贾

---

① 儒家有五圣八儒之说。五圣指至圣孔子、复圣颜子、宗圣曾子、述圣子思、亚圣孟子。八儒是指孔子死后儒家学说分为八个学派，分别是子张之儒、子思之儒、颜氏之儒、孟氏之儒、漆雕氏之儒、仲良氏之儒、孙氏之儒、乐正氏之儒。八派中影响最大者为孟氏之儒与孙氏之儒。

生？爵位自高言尽废，古来何啻万公卿。”

贾谊也为中华文化宝库留下了一份珍贵的文化遗产。其著有《新书》十卷，是骚体赋的代表作家，代表作有《吊屈原赋》、《鹏鸟赋》。在西汉政论散文的园地中，贾谊的散文堪称文采斐然。刘勰在《文心雕龙·奏启》中称其奏疏是“理既切至，辞亦通畅，可谓识大体矣”。《过秦论》、《治安策》和《论积贮疏》等文说理透辟，逻辑严密，气势汹涌，词句铿锵有力，为千古名作。鲁迅曾说，贾谊与晁错的文章“皆为西汉鸿文，沾溉后人，其泽甚远”。毛泽东在一封书信中道：“《治安策》一文是西汉一代最好的政论，贾谊于南放归来著此，除论太子一节近于迂腐以外，全文切中当时事理，有一种颇好的气氛，值得一看。”

（六）董仲舒

董仲舒（前179—前104），汉广川郡（今河北省景县）人。汉代思想家、哲学家。

董仲舒是西汉一位与时俱进的儒学思想家，西汉时期著名的唯心主义哲学家和今文经学大师。他的著作汇集于《春秋繁露》一书。

汉景帝时，董仲舒任博士，讲授《公羊春秋》。他把儒家的伦理思想概括为“三纲五常”。汉武帝元光元年（前134），汉武帝下诏征求治国方略。董仲舒在著名的《举贤良对策》中系统地提出了“天人感应”、“大一统”学说和“罢黜百家，独尊儒术”的主张。汉武帝采纳了董仲舒的建议，从此儒学开始成为官方哲学，延续两千年。其教育思想和“大一统”、“天人感应”理论，为后世封建统治者提供了统治的理论基础。

董仲舒以《公羊春秋》为依据，将周代以来的宗教天道观和阴阳、五行学说结合起来，吸收法家、道家、阴阳家思想，建立了一个新的思想体系，成为汉代的官方统治哲学，对当时社会所提出的一系列哲学、政治、社会、历史问题，作出了较为系统的回应。董仲舒正式创立的官方儒学，对中国封建社会产生了深远影响。

（七）韩愈

韩愈（768—824），字退之，唐河内河阳（今河南孟县）人。自谓郡望昌黎，世称韩昌黎。与柳宗元、欧阳修、王安石、苏轼、苏辙、苏洵、曾巩合称为“唐宋八大家”。明人推他为唐宋八大家之首，与柳宗元并称“韩柳”，有“文章巨公”和“百代文宗”之名。著有《韩昌黎集》四十卷、《外集》十卷等。

韩愈是我国唐代著名的文学家，在散文方面取得了突出的成就，其《原道》、《论佛骨表》、《原性》、《师说》等对后世产生深远影响，被苏轼誉为“文起八代之衰”；在诗歌创作方面，针对大历以来诗人“窃占青山白云，春风芳草以为己有”的浮荡习气，“往往涉于齐梁绮靡婉丽”的诗风，自觉地继承和发扬李白、杜甫在诗歌创作上的业绩，在诗歌创作上也有新的探索。所谓“以文为诗”，别开生面，用韵险怪，开创了“说理诗派”的诗风。

韩愈在政治上主张天下统一，反对藩镇割据。唐宪宗时，曾随同裴度平定淮西藩镇之乱。他和柳宗元政见不和，但并未影响他们共同携手倡导古文运动。他们反对过分追求形式的骈文，提倡散文，强调文章内容的重要性。在创作理论上，主张道（即仁义）是目的和内容，文是手段和形式，强调文以载道，文道合一，以道为主。提倡学习先秦两汉古文，并博取兼资庄周、屈原、司马迁、司马相如、扬雄诸家作品。认为学古要在

继承的基础上创新，坚持“词必己出”、“陈言务去”。重视作家的道德修养，提出养气论，“气盛则言之短长与声之高下者皆宜”（《答李翊书》）；提出“不平则鸣”的论点；提出作者对现实的不平情绪是深化作品思想的原因。在作品风格方面，他强调“奇”，以奇诡为善。杜牧将他与杜甫并提，有“杜诗韩文”之称。

韩愈还是一位热心的教育家，能逆当时的潮流，积极指导后进学习，他“收召后学”、“抗颜而为师”（柳宗元《答韦中立论师道书》），特别重视教育和培养年轻作家。

（八）周敦颐

周敦颐（1017—1073），字茂叔，号濂溪，宋朝道州营道县楼田堡（今湖南道县）人。北宋五子（邵雍、周敦颐、张载、程颢、程颐）之一，有《周子全书》行世。周敦颐曾在江西九江莲花峰下开设濂溪书院，开坛讲学，世称濂溪先生。

周敦颐是中国古代把世界本源当做哲学问题进行系统讨论的肇始者，在中国哲学思想史上占有极其重要的地位。周敦颐就是北宋理学的创始人。宋明理学以孔孟之道的儒学为主干，还多方吸收了道家、佛家的思想精华，逐渐成为中国自宋以来的封建社会占统治地位的哲学思想。清代学者黄宗羲在《宋儒学案》中说道：“孔子而后，汉儒止有传经之学，性道微言之绝久矣。元公崛起，二程嗣之……若论阐发心性义理之精微，端数元公之破暗也。”周敦颐继承《易传》和部分道家以及道教思想，提出一个简单而有系统的宇宙构成论，说“无极而太极”，“太极”一动一静，产生阴阳万物。“万物生而变化无穷焉，惟人也得其秀而最灵”（《太极图说》）。圣人又模仿“太极”建立“人极”。“人极”即“诚”，“诚”是“纯粹至善”的“五常之本，百行之源也，是道德的最高境界”。只有通过主静、无欲，才能达到这一境界。在以后700多年的学术上产生了广泛的影响，他所提出的哲学范畴，如无极、太极、阴阳、五行、动静、性命、善恶等，成为后世理学研究的课题。

周敦颐生前并不为人推崇，学术地位不高。只有南安通判程太中知道他的理学造诣很深，并将两个儿子——程颢、程颐送到他的门下，后“二程”均为著名理学家。南宋学者胡宏对周敦颐的理论学加以尊信；朱熹亦对他评价很高，并为周敦颐的《太极图·易说》、《易通》作注；张栻称他为“道学宗主”，其名声逐渐大起，九江、道州、南安等地纷纷建濂溪祠纪念他。南宋宁宗赐敦颐谥号为“元”，因此敦颐又被称为“元公”，到理宗时，从祀孔子庙庭，确定了周敦颐的理学开山地位。南宋时许多地方开始建立周敦颐的祠堂，人们甚至把他推崇到与孔孟相当的地位，认为他“功盖在孔孟之间矣”。帝王们也因而将他尊为人伦师表。

作为我国理学的开山鼻祖，周敦颐的理学思想在中国哲学史上起了承前启后的作用。《宋史·道学传》将其创立理学学派提高到了极高的地位：“两汉而下，儒学几至大坏。千有余载，至宋中叶，周敦颐出于舂陵，乃得圣贤不传之学，作《太极图说》、《通书》，推明阴阳五行之理，明于天而性于人者，了若指掌。”

（九）朱熹

朱熹（1130—1200），字元晦、仲晦，号晦庵、晦翁等，生于南剑州尤溪（今属福建三明市），祖籍徽州府婺源县（今江西省婺源）人。南宋著名的理学家、教育家，闽学派的代表人物，是孔子、孟子、董仲舒以来最杰出的弘扬儒学的大师。

朱熹年少长求学侨寓于延平、建州（今福建省建瓯市）、建阳、崇安一带（今南平市到武夷山市建溪一脉），晚年定居建阳考亭讲学。建阳近邻有个南剑州（后延平府今南平市），是道学最初在南方的传播中心。与朱熹同时，南剑州出三位大师，分别是杨时、罗从彦、李侗。杨时受业于程颐，罗从彦师承杨时，李侗亲炙罗从彦，三人号称“南剑三先生”。

早年深通佛、道的朱熹开始专心儒学，成为程颢、程颐之后儒学的重要人物。他开创闽学，集理学之大成，与“南剑三先生”并称为“延平四贤”。

朱熹理学在中国元明清三代一直是封建统治阶级的官方哲学。元朝皇庆二年（1313）复科举，诏定以朱熹的《四书集注》试士子，朱学定为科场程式。朱元璋洪武二年（1369）科举以朱熹等“传注为宗”。朱学最终确立官方正统学说的地位。

朱熹的学术思想在世界文化史上也有重要影响。朱熹晚年定居建阳考亭讲学，四方学子不远千里前来求学，与蔡元定等创建学术史上令人瞩目的“考亭学派”。考亭也因此喻为“南闽阙里”，建阳称为“理学之乡”，也因朱熹、蔡元定、刘爚、黄干、熊禾、游九言、叶味道史称“七贤过化”之乡。如今每年清明节前后，远在美国、日本、韩国及我国港澳台等海外朱子后裔都会前来祭祀拜谒，程朱理学迄今仍被美国、日本、韩国、马来西亚等国推崇。

三、儒家经典著作

（一）《易》

《易》，在战国以后始称《周易》①，汉代以后称《易经》，是一部描述事物变化规律的工具书，古人用它来预测未来、决策国家大事、反映当前现象，上测天，下测地，中测人事。该书距今已有三四千年的历史。古人认为《易》盛于周，常与夏朝之《连山》、商之《归藏》相提并论，称为《三易》。

东汉郑玄著《易论》认为“周”是“周普”的意思，即无所不备，周而复始。许慎的《说文解字》认为“易”由蜥蜴而得名，为一象形字，因蜥蜴能够变色，而将“易”引申为“变易”。从字形结构上分析，日月为易，象征阴阳。因此，周易就是叙述周而复始的变化之道理。

《周易》的核心讲“三易”，即“简易”，指事物是朝着简单的发展方向；“不易”，指任何事物都有一定的生命周期，其产生、发展、变化都是有规律可循的；“变易”，指不变是相对的，变化是绝对的，任何事物都是发展变化的。

《周易》认为世界万物是发展变化的，变化的基本动力是阴和阳，《周易·系辞》言：“一阴一阳之谓道。”世界上千姿百态的万物和万物的千变万化都是阴阳相互作用的结果。《周易》研究的对象是天、地、人三才，而以人为重心。三才又各具阴阳，所以《周易》六爻而成六十四卦。

《周易》目前正在从预测学、认识学和行为学三个方面进行发展。中医理论就是根

① 《周易》一名最早见于《周礼》，而《周礼》成书年代众说纷纭，通说是战国时期，后由西汉末年刘歆改编。

据《易经》中五行生克原理而生。

（二）《诗经》

《诗经》是我国文学史上第一部诗歌总集，其收入自公元前11世纪西周初年至春秋中叶（前6世纪）跨度500多年的诗歌311篇，[①] 约于公元前6世纪前后编订成书，先秦时被称为《诗》或后人将之称为《诗三百》。从西汉开始被尊为儒家经典，始称《诗经》，并沿用至今。

《诗经》的作者的成分十分复杂，作品来源的地域也相当广泛，在内容上除了周王朝乐官制作的乐歌，公卿、列士进献的乐歌外，还有许多原来流传于民间被收集到朝廷来的一些歌谣。尹吉甫是中国历史上著名的政治家、军事家和文学家，据传是《诗经》的主要采集者，被尊称为中华诗祖。

《诗经》全面地展示了中国周代时期（西周、东周、东周春秋中期）的社会生活，真实地反映了中国奴隶社会从兴盛到衰败时期的历史面貌。在内容上分为风、雅、颂三个部分。"风"，指土风、风谣，包括了含当时齐、楚、韩、赵、魏、秦（今天的山西、陕西、河南、河北、山东、湖北北部等）15个地方的民歌，被称为"十五国风"（160篇），是《诗经》中的核心内容；"雅"指正声雅乐，即贵族享宴或诸侯朝会时的乐歌，按音乐的布局又分"大雅"、"小雅"，有诗105篇（大雅31篇、小雅74篇）；"颂"为祭祀乐歌，共40篇（周颂31篇、鲁颂4篇、商颂5篇）。

《诗经》在表现手法上分为赋（用铺叙其事或直接抒写的手法进行创作）、比（用比喻或比拟的手法进行创作）、兴（用托物起兴的方法进行创作），与风、雅、颂合称为"六义"。《诗经》的表现手法，对后来的诗词创作者运用比拟、夸张、烘托、对比等修辞手法以及后世文学产生了重大而深远的影响。

在《诗经》的305篇中，每一篇以一个故事体现一个道理。《诗经》的核心要义如《鲁颂·駉》中言——"思无邪"，即人的思想念头都是由天理生来而不是由私欲所扭曲的。诗人对善良的人和事，就用美好的语言来赞美它，以感发人的善心；对丑恶的人和事，就用尖刻的言语来讽刺它，以惩罚人的恶念。孔子删《诗》传世之目的是激起善念，摒弃恶念，使得人们的性情温和纯正。人心纯正，所作所为自然是充满了善而无恶行。故《诗》之赞美和讽刺实质上是劝善惩恶，教人慎思而已。

（三）《论语》

《论语》由孔子的弟子及其再传弟子编撰而成，它以语录体和对话文体为主，记录了孔子及其弟子言行，集中体现了孔子的政治主张、伦理思想、道德观念及教育原则等。《论语》成书于战国初期，首创语录之体，言简意赅、含蓄隽永。全书以孔子为中心，还成功地刻画了一些孔门弟子的形象。如子路的率直鲁莽，颜回的温雅贤良，子贡的聪颖善辩，曾皙的潇洒脱俗等，可谓个性鲜明，给人留下深刻印象。

现存《论语》20篇，492章。记录孔子与弟子及时人谈论之语约444章，孔门弟子相互谈论之语48章。

---

① 《诗经》的311篇中6篇为笙诗，只有标题没有内容，现存305篇为既有标题又有文辞。

《论语》作为一部涉及人类生活诸多方面的儒家经典著作，对中华民族产生了深远影响。汉代学者必须先学习《论语》和《孝经》，进而才学习“五经”。信守“背书要趁早，越早越好；经典如佳酿，越久越香”的格言，因此自汉代以来，士人皆能背诵《论语》。北宋政治家赵普曾有：“半部《论语》治天下”之说。

（四）《孟子》

《孟子》记录了战国时期思想家孟子的治国思想和政治策略，是孟子和他的弟子记录并整理而成的。

《孟子》全书达 3.5 万多字，共有 7 篇传世：《梁惠王》上、下；《公孙丑》上、下；《滕文公》上、下；《离娄》上、下；《万章》上、下；《告子》上、下；《尽心》上、下。其学说出发点为性善论，提出“仁政”、“王道”，主张德治。

南宋时朱熹将《孟子》与《论语》、《大学》、《中庸》合在一起称“四书”。从元朝到清末，“四书”一直是科举必考内容。

《孟子》一书说理畅达，气势充沛并长于论辩，逻辑严密，尖锐机智，代表着传统散文写作的最高峰。其书中的比喻、寓言等，多为后人引用，并逐渐化为成语。

（五）《中庸》

《中庸》原是《小戴礼记》中的一篇。作者相传是孔子之孙子思。有宋一代探索中庸之道的文章不下百篇，北宋程颢、程颐极力尊崇《中庸》。南宋朱熹又作《中庸章句》，并把《中庸》和《大学》、《论语》、《孟子》并列称为“四书”。宋、元以后，《中庸》成为学校官定的教科书和科举考试的必读书，对古代教育产生了极大的影响。

《中庸》详细阐述了中庸之道。中庸的含义并非现代人所普遍理解的中立、平庸。它既包括学习的方式“博学之、审问之、慎思之、明辨之、笃行之”，也包括儒家行为规范，如“五达道”（君臣、父子、夫妇、兄弟、朋友）、“三达德”（智、仁、勇）、“九经”（修养自身、尊重贤人、爱护亲族、敬重大臣、体恤众臣、爱护百姓、劝勉工匠、优待客人、安抚诸侯）。既是人生修养的方法，也是人生修养的境界。中庸所追求的修养的最高境界是至诚或称至德；中庸之道的主题思想是教育人们自觉地进行自我修养、自我监督、自我教育、自我完善，培养至善、至仁、至诚、至道、至德、至圣、合外内之道的理想人物，臻至“致中和、天地位焉、万物育焉”的“太平和合”境界。

“中庸”一词含义精微博奥。《中庸》一书参通三道。程子说：“不偏之谓中；不易之谓庸。中者，天下之正道。庸者，天下之定理。此篇乃孔门传授心法，子思恐其久而差也，故笔之于书，以授孟子。其书始言一理；中散为万事；末复合为一理。放之，则弥六合；卷之，则退藏于密。其味无穷。皆实学也。善读者，玩索而有得焉，则终身用之，有不能尽者矣。”

（六）《大学》

《大学》是《礼记》中的一篇，南宋以前从未单独刊印。传为孔子弟子曾参（前505—前434）作。

自唐代韩愈、李翱维护道统而推崇《大学》与《中庸》，至北宋程颢、程颐兄弟百般褒奖宣扬，甚至称“《大学》，孔氏之遗书而初学入德之门也”，再到南宋朱熹继承

"二程"的思想，把《大学》从《礼记》中抽出来，与《论语》、《孟子》、《中庸》并列，并撰《四书章句集注》，《大学》便成了《四书》之一，地位空前提高。因为承继程颐的看法，视《大学》为儒学入门读物，所以朱熹把它列为"四书"之首。

《大学》的版本主要有两个体系：一是经朱熹编排整理，划分为经、传的《大学章句》本；一是按原有次序排列的古本，即《礼记》中的《大学》原文。以朱熹《大学章句》本流传最广、影响最大。

"大学"是对"小学"而言的。小学包括应对进退之基本人伦规范，也包括文字、训诂、音韵、句读等基本学养。而"大学之道，在明明德，在亲民，在止于至善"。二者是有本质不同的。这也是《大学》开宗明义提出的"三纲"。

《大学》第一章不仅提出明明德、亲民、止于至善三条纲领，还提出格物、致知、诚意、正心、修身、齐家、治国、平天下"八个条目"，这"八个条目"是实现三条纲领的途径。

自宋、元以后，《大学》成为学校官定的教科书和科举考试的必读书，对古代教育产生了极大的影响。

（七）《二程集》

《二程集》是北宋程颢、程颐全部著作的汇集，重要的理学著作。该集包括《遗书》、《补书》、《文集》、《易传》、《经说》、《粹言》六种，其中以程颐的著作居多。书中第一次把"理"作为宇宙本体，阐述天地万物生成和身心性命等问题，奠定了以"理"为中心的唯心主义哲学体系。其中，程颢的识仁、定性，程颐的性即理、主敬、体用一源等许多重要哲学概念和命题在哲学史上第一次提出，为后世沿用，对宋明哲学产生了重大影响。

《二程集》学术价值历来为人推重。例如，《二程集》之《易传》又名《周易程氏传》、《伊川易传》，是程颐所著，阐明了程颐的义理思想，批评了传统的象数派。根据《四库全书总目提要·易类序》将易学分为义理与象数两派，义理派又细分为王弼之"老庄易"，胡瑗、程颐之"儒理易"，李光、杨万里之"史事易"，此即义理三宗。义理派易学发展繁富多元，自不局限于上述三宗。而独树一帜，堪为一代义理派易学宗师者，亦不乏其人，非仅止于上述五人。不过，在千百家义理派易学典籍当中，论其影响最广，阅读最众，迄今盛而未衰者，殆属《易传》（即《十翼》）与《周易程氏传》二书。《易传》奠定两千年来义理易学诠释体系，《程传》则将儒家解《易》，推阐发挥至极，即使程颐之后，义理派易学著作虽多，然大多仅能略作修正，终究难以逾越，遑论取而代之。清初大儒顾炎武亦慨叹曰："昔说《易》者，无虑数千百家，然未见有过于《程传》者。"由此，《二程集》在中国学术史上的地位略窥一斑。

第四章　政治文化

第一节　政治文化、思想与论争

一、政治文化的特点

（一）政治文化的界定

政治文化，是一个民族在特定时期所形成的政治态度、政治信仰和政治情感的综合体，是政治关系在人们精神领域内的投射形式。[①]

西方政治文化研究的历史可以追溯到古希腊时期。亚里士多德曾专门研究政治革命和政治变迁的心理因素。孟德斯鸠的《论法的精神》和《罗马盛衰原因论》，马克斯·韦伯的《新教伦理与资本主义精神》，托克维尔的《旧制度与法国大革命》和《论美国的民主》等都可以看做是研究政治文化的经典著作。但是明确提出“政治文化”这个概念却是近期的事情。1956 年，美国学者 G·A. 阿尔蒙德在美国《政治学杂志》上发表论文《比较政治体系》，“政治文化”概念首次见诸书刊。

政治文化作为潜在的影响人们政治行为的心理因素，基本成分有三，即政治认知性成分、政治情感性成分和政治评价性成分。G·A. 阿尔蒙德曾归纳三大政治文化类型：蒙昧型政治文化，其特点是公民既不向政府表示愿望和要求，也不关心政府的政策和法令；服从型政治文化，其特点是公民基于服从权威的习惯而执行政府所作的决策，但缺乏向政府表达利益诉求的政治参与意识；参与型政治文化，即公民既有适度的政治参与热情，对合法的权威亦有充分之尊重，它与现代民主政治相适应。[②]

（二）政治文化的特点

第一，政治文化主要是指社会成员针对政治体系[③]的心理过程。这些心理过程包括三个部分：认知过程，如感觉、知觉、表象、记忆和思维；情感过程，如尊重、愤怒、满意、冷漠；意志过程，是对行为目标的选择，如严格执行、坚决抗争。这些过程因人而异，从而形成了每个个体的相对稳定的、独特的心理特征。

---

① G·A. 阿尔蒙德：《比较政治学：体系、过程和政策》，29 页，上海，上海译文出版社，1987。

② G·A. 阿尔蒙德、西德尼·维巴，马殿军等译：《公民文化——五国的政治态度和民主》，19～23 页，杭州，浙江人民出版社，1989。

③ 政治体系是政治行为主体所依赖存在的制度形式，是政治组织实体与政治制度的有机统一。即它不仅包括政府组织实体，还包括政治制度以及二者之间的互动关系。

第二，政治文化的形成是感性与理性、自发与自觉的统一。政治文化的形成首先是一种潜移默化的过程，政治文化的内容不具备系统的理论形态，也基本是以风俗习惯等一些惯性的方式发挥作用的。从这一意义上讲，政治文化具有自发性与直观感受性的特点。但这并不能否认政治文化中含有理性的因素。事实上，政治文化的形成过程是政治体系各个层面被体系内成员认识、接受，并化为支持其政治行为的心理基础的过程（阿尔蒙德将其称为政治体系的内化过程）。在这一过程中，体系成员对政治体系各层面的认识、判断、取舍都不能完全摆脱人的自觉意识活动，这是人类活动的基本特点。因此，政治文化的形成过程是一个感性和理性、自发与自觉相统一的过程。

第三，政治文化具有相对稳定性。政治文化是社会成员在历史上的政治文化以及特定时代的政治环境之双重影响下，经过长期的思维积淀而形成的一种心理定势。这种心理定势一旦形成，便不易改变。

第四，政治文化的结构具有复杂性。政治文化从总体上来说具有基本倾向性，但这并不排除政治文化本身包含着不同的成分。特定政治体系中的成员因出身背景、社会地位、受教育程度以及年龄、职业等方面的差异，对于政治体系各层面的认知、情感和评价亦不相同。这就导致了政治文化的非同质性。根据政治文化的非同质性，可以划分出不同的亚政治文化圈，这些亚文化圈有可能相互和谐，也可能相互冲突。政治文化与亚政治文化之间、亚政治文化之间的相互关系形成了政治文化的复杂结构。①

中国古代政治文化，在其形成和发展的数千年历史中，一脉相承，是近年来国内政治学界和历史学界广泛关注和研究的热点问题之一，也是中国传统文化研究的一个重要领域。

中国古代政治文化，一方面是千差万别的原生乡俗，另一方面是高度统一的中央集权。在此夹缝中产生出了相互依存的两种基本的精神：“仁”和“礼”。在这两种精神基础上催化出了中国古代长期以来的政治文化。

中国古代的政治文化，反映出了以下的核心：德、道、义、理。②

自上古到西周，“德”成为当时政治生活最高的原则，体现出各部落或者被封国对最高统治者的角色期待。

春秋战国时期，“道”成为拨乱反正、重建太平的治国方略。

东汉到盛唐，“义”取代“道”成为政治的核心思想，统治者能够以“义”进行自我约束，则百姓会主动效法、社会则太平矣。

唐后期直至明清，“理”则成为政治文化的支柱。

二、古代的政治思想

中国古代的政治思想，主要是指自商代、西周到甲午战争以前的政治思想。政治思想是随着国家的出现而产生的。历史学界一般认为中国古代最早的国家产生于夏代。但

① ［美］特里·N. 克拉克、文森特·霍夫曼·马丁诺编：《新政治文化》，23 页，北京，社会科学文献出版社，2006。

② 苏小华：《从政治制度到政治文化》，载《中国图书评论》，2008（9），96～97 页。

由于缺乏信史资料，因此，中国古代政治思想的研究一般从殷商、西周时期开始。

中国古代政治思想从历史时期上可划分为殷周、春秋战国、秦汉到鸦片战争以前三个时期。

(一) 殷周时期的“神权思想”

商代、西周时期，中国处于奴隶分封社会，当时盛行以鬼神祖先崇拜和君权神授为特征的神学政治观。

殷商统治者假借上帝之名进行思想统治，把神权和王权结合起来，宣扬君权神授，宣称商王是受所谓至尊无比和主宰万物的上帝之命来人间进行统治的。周取代商给君权神授观念很大冲击。周统治者为了自圆其说，提出了“皇天无亲，惟德是辅”的观点。这样，神的一元论逐渐过渡到天命人事并重的以德辅天的“二元论”。在周取代商的斗争中，周公等周代政治家感受到了人民的力量，提出敬德、尊天、保民、慎罚等政治主张，这是中国民本思想的开始。①

(二) 春秋战国时期的“百家争鸣”

春秋战国是中国从奴隶分封制社会向宗法郡县制社会过渡和皇帝制度形成的时期。

社会大分裂、大动荡，奴隶社会的阶级关系发生巨变，上层建筑日趋瓦解，出现了王室衰微、礼崩乐坏、诸侯争霸，“礼乐征伐自诸侯出”的局面。所谓“臣弑其君者有之，子弑其父者有之”，“君臣无常位，社稷无常奉”。由于战争年代，各国求贤若渴，知识分子的地位较高，加之社会动荡不安，社会上没有绝对的权威，统治者的政治控制十分宽松，学术言论自由。因而知识分子言政议事比较积极，形成了百家争鸣，学术空前繁荣的局面。

为了实现国家的统一，恢复社会秩序，一些思想家和政治家从各自的阶级立场和认识出发，提出救世方案。当时著名的思想流派有以孔丘、孟轲、荀况为代表的儒家学说，以商鞅、韩非为代表的法家学说，以《老子》为代表的道家学说，墨翟为代表的墨家学说，许行为代表的农家学说等。

(三) 秦汉到鸦片战争以前的“儒家主导”思想

秦汉到鸦片战争以前的中国古代社会，经过董仲舒等改造的新儒家思想占据意识形态的主导地位。新儒家思想是以孔孟学说为基础并吸收其他各家思想而形成的，“三纲五常”说是其根本表现形式，谶纬神学是其特色，君权天授和君为邦、民为工具是其本质。这一时期可分以下三个阶段。

1. 儒学独尊和儒学神学化

儒家独尊和儒学神化即“三纲五常”说神学化阶段。秦王朝因“法”成事，统一六国，但把法家学说绝对化，迷信暴力，玩弄术势，法行不良，导致速亡。

汉兴，接秦之弊，“米石万钱，马一匹则百金”，“自天子不能具钧驷，而将相或乘牛车，齐民无藏盖”（《史记·平淮书》），而刘邦伐秦灭楚践祚之初，竟自矜“乃公居

① 刘泽华、葛荃：《中国古代政治思想史（修订本）》，1～11页，天津，南开大学出版社，2005。

马上而得之，安事诗书”，重武力轻诗书，陆贾乃建议重视儒学，“行仁义，法先圣”，提出“逆取顺守，文武并用”的统治方略，遂受命总结秦朝灭亡及历史上国家成败的经验教训，共著文12篇，每奏一篇，高祖无不称善，名其书为《新语》。

陆贾高倡黄老之术的背后，蕴含着浓厚的儒家之理想色彩。他在哲学上提出宇宙万物都是“天地相承，气感相应而成者”，反对神仙迷信思想，但也有圣人“承天诛恶”和天人感应的神秘主义。后人称《新语》开启贾谊、董仲舒的思想，成为汉代确立儒家思想统治地位的先声。由于陆贾兼蓄儒道，后代学者尊陆贾为“汉代第一儒”。

针对战争频仍、民生凋敝之时情，汉初统治者推行博采道、儒、法诸家之长的黄老之学，合亟须保养民力，复兴经济之势。但道家的清静无为思想只能在大的政治动乱后起驱蔽缓解作用，因而以温和、稳健、文雅为特征，强调入世的儒家学说便成为政治家和思想家推崇的学说。经过陆贾、叔孙通、贾谊等人提倡，到汉武帝时，董仲舒适时提出了“罢黜百家，独尊儒术”的建议，为汉武帝所采纳。

儒家学说经过董仲舒改造，吸取了阴阳家、道家、法家诸学思想，在哲学上宣传“天人相与”，政治上宣传“君权神授”，伦理上提出系统的“三纲五常”说，认为“王道之三纲，可求于天”。与春秋战国时期的儒学相比，董仲舒的儒学被后世称之为“新儒学”。到了东汉，新儒学发展成为谶纬神学，蜕化成预卜吉凶的迷信。

2. 儒学玄学化阶段

东汉末至两晋战乱长达200多年，儒家名教之学统治思想界近400年之久，两汉经学的繁琐及“三纲五常”的陈词滥调失去魅力，士大夫转而寻找新的、形而上的哲学论辩。而西晋初年，“八王之乱”、“五胡乱华”接连粉墨登场，统治阶级内部自相残杀，北方少数民族和汉民族南北对峙，民族矛盾以及社会阶级矛盾更是尖锐激化，知识分子常因言语不慎而遭大祸，社会上形成恐怖气氛，士大夫不敢鲜明地表达政见，因而出现了提倡道家学说，宣传虚无，主张无为而治的玄学。①

魏晋之际，玄学多指立言与行事两个方面，立言追宗玄妙，行事标榜雅远，以玄远旷达为尊荣。“玄远”，指远离具体事物，专门讨论“超言绝象”的本体论问题。旷达指不循名教，风流任我，即“越名教而任自然”。因此，浮虚、玄虚、玄远之学可通称之为玄学。简言之，它是在汉代儒学衰落的基础上，为弥补儒学之不足而产生的；是由汉代道家思想、黄老之学演变发展而来的；是汉末魏初的清谈直接演化的产物。魏晋人注重《老子》、《庄子》和《易经》，称之为“三玄”。玄学家又大多是当时的名士。主要代表人物有何晏、王弼、阮籍、嵇康、向秀、郭象等。

何晏、王弼等玄学家通过注释《老子》、《庄子》、《周易》等诸子经典，建立起唯心主义的本体论，利用道家思想中的道和“自然”等范畴来论证三纲五常的合理性，

---

① 玄学是对儒家经学的一种道家表达。“玄”出自老子的《道德经》：“玄之又玄，众妙之门。”言道幽深微妙。玄学具有以下特征：以“三玄”为主要研究对象，以辩证“有无”问题为中心，以探究世界本体为其哲学的基本内容，以解决名教与自然的关系问题为其哲学目的，以“得意妄言”为方法，以“辨名析理”为其哲学的思维形式。玄学家重名理之辨，善作概念的分析与推理，辨析名理是其思维形式的基本特征之一。

宣传“名教本于自然”，实行儒道结合，儒学被玄学化。

3. 儒学哲理化阶段

隋、唐和两宋仍奉儒学为官方政治哲学。为了强化儒学的吸引力和控制力，唐朝韩愈著《原道》，把儒学提到“道”的高度来认识和宣传，给儒学蒙上了一层哲理的色彩。

北宋五子等一批思想家总结了历史经验，吸收当时流行的佛教、道教的某些内容和思辨方法，把儒、道、佛三家结合起来，使儒学更加哲理化、形而上学化，开辟了儒学的新形式——理学。理学的思想核心是维护“三纲五常”，论证皇帝制度的合理性和永恒性，把君权和君主统治秩序天理化。他们认为，凡是同“三纲五常”教条相违背的便是“人欲”，提出“存天理，灭人欲”的口号，以限制人民的合理要求。

以北宋程颢、程颐和南宋朱熹为代表的程朱理学是理学中的客观唯心主义派别；而以南宋陆九渊以及明代王守仁为代表的陆王心学是理学中的主观唯心主义派别。程朱理学在南宋中后期，取得了统治阶级官方哲学的地位，渗透到人们生活的各个方面，支配宋、元、明、清四个朝代达六七百年之久。①

三、古代政治思想之论争

中国古代思想家思考和论证政治之得失，绝少抽象的思辨和繁琐的论证，一般习惯于把某王朝成功的经验和失败的教训作为解释、求证、针砭之素材，从而总结现实政治实践的经验教训，为当今后世的统治者提供新的治国方针。综观中国帝制社会，政治思想领域的争论主要有下面一些对立统一的范畴。

（一）德治与刑治

德治与刑治，实质是关于礼治和法治的争论，亦称礼法之辩。礼治和法治或称德治和刑治的争论，历史悠久，且与儒、法二家的主张分不开。周公制礼作乐，推行礼治。春秋时期，礼崩乐坏，诸侯变法开始实践法制。周景王九年（前536），郑国子产铸刑书鼎，晋国叔向猛烈抨击“民知争端矣，弃礼而征于书”（《左传·昭公九年》），破坏了礼治的传统。周敬王七年（前513），晋国仿效郑国做法，孔子感叹“贵贱无序，何以为国”（《左传·昭公二十九年》）这是礼法之辩的滥觞。

简言之，“礼禁未然之前，法施已然之后”（《史记·太史公自序》），事实上，德治和刑治之区别远非于此。

儒家倾向于性善论，认为心理改造、教育感化是最根本的改造，是最好的治国办法。反对不教而诛，强调“惩其未犯，防其未然”（《唐律疏议》），用温和的手段解决问题。以德为本、以礼教人，可以实现“人皆可为尧舜”的理想人格以及最高的社会追求。但儒家之“礼”乃不平等之道德规范，所谓“夫物之不齐，物之情也”（《孟子·滕文公上》）。

法家认为人性是恶的，“民固骄于爱，听于威”（《韩非子·五蠹》），用说服的办法使人向善是不可能的，故提倡暴力政治，主张用刑罚威慑人心，达到天下大治。韩非

① 陈苏镇：《中国古代政治文化研究》，212～304页，北京，北京大学出版社，2009；萧公权：《中国政治思想史》，158～345页，沈阳，辽宁教育出版社，1998。

即反复强调“明王峭其法，而严其刑”，“罚莫如重而必，使民畏之”（《韩非子》）等暴力思想。因此，刑治或者法治的核心主张是以力服人，惩恶以刑。

法治强调“法者，民之父母也”（《管子·法法》），“圣君任法而不任智”，“君臣上下贵贱皆从法，此为天下大治”（《管子·任法》），“刑无等级，自卿相将军以至于大夫庶人”（《商君书》），“以刑止刑”《周书·武帝纪下》）等治国原则。但法家并不否认等级制度，一统赏罚仅系治国之策也。他们鄙视伦理道德，迷信暴力，宣传“国有礼有乐，有诗有书，有善有修，有孝有弟，有廉有辩——国有十者，上无使战，必削至亡；国无十者，上有使战，必兴至王”（《商君书·去疆第四》）。以君主独裁、权力至上、崇奉暴力等原则为治国之基础，是法家思想的流弊。

春秋战国乃大争之世，“上古竞于道德，中世逐于智谋，当今争于力气”（《韩非子·五蠹》），沿袭先秦“一准乎礼”的陈规旧套，断不可行；而秦朝“任法而治”，二世而亡，于是，中国政治最终选择了“以礼入法”、外儒内法的统治形式，并延续两千年。

而清朝末年的“礼法之争”，是指在清末变法修律过程中，以张之洞、劳乃宣为代表的“礼教派”与以修订法律大臣沈家本为代表的“法理派”围绕《大清新刑律》等新式法典的修订而产生的理论争执。这场礼法之争与古代社会的礼法之辩有本质不同。清末礼法之争的“法治”已经初具现代法治精神的意蕴和雏形。

（二）人治与法治

如果说，德治和刑治是两种治国手段、具体措施，属于“术”的层面，那么，人治和法治就是治国方略、施政理念，属于“道”的范畴。

儒家主张“为政在人”（《礼记·中庸》），强调依靠君主和各级官吏的个人道德、才能来统治，尤其是注重统治者个人的修养。孔子说：“文武之政，布在方策，其人存，则其政举；其人亡，则其政息。”（《礼记·中庸》）并且告诫统治者：“政者，正也；子帅以正，孰敢不正”，“其身正，不令而行；其身不正，虽令不从”。荀子还说：“有治人，无治法。”（《荀子·君道》）因此，儒家更强调选贤任能、修身养性，并十分关注统治者以身作则的效用，总体上不太重视法制建设。

法家强调“一民之轨莫如法”（《韩非子·有度》），认为只凭某些人的主观意旨，就是像尧那样的圣人也不能把国家治理好。相反，如果法律修明，一个中等资质的君王也能治理好国家，商鞅说：“智者作法，愚者制焉；贤者更礼，不肖者拘焉。”（《史记·商君列传》）明显带有愚民的倾向；而法家实施的“燔诗书而明法令”、“焚书坑儒”、“论法获罪”等措施，更是文化高压以及言论钳制政策。

由上观之，古代法家之法制强调暴力统治和严刑峻法，以法治国的基础是君主独裁和君主至上，与现代意义上的法治有本质区别。现代社会的法治是指依据法律管理国家和民众事务的一种政治结构，其建立在民主社会以及主权在民原则的基础之上。严格意义上说，法家提倡之“法制”既不是现代治国理念层面上的“法治”，亦无法排除“人治”的成分。因此，认真考究起来，中国古代并无人治和法治的争论，无论法家之法治，儒家之德治、礼治，均属于人治范畴。

（三）道义（义节）与功利

中国古代政治思想史上长期存在义和利的争论。儒家学派强调义理，认为封建社会

的政治原则、政治方向和封建伦理道德是立国之本。孔丘说："君子喻于义，小人喻于利。"孟轲说："王何必曰利，亦有仁义而已。"他们主张杀身成仁，舍生取义。儒家并不反对利，但主张见利思义，"义然后取"，反对"见利忘义"。

法家学派强调功利，否认道义，为了求功利，可以不择手段。他们宣传功利，提倡耕战，强调人人都"不能以非功罔上利"，"富贵之门，必出于兵"。韩非指斥孔丘、墨翟、曾参、史鱼等学问家是无用之人。

围绕着义理和功利，儒法两家长期互相攻击，并都攻其一点，不及其余。法家攻击儒家为"六虱"，为"五蠹"之一。儒家攻击法家急功近利，刻薄寡恩。

汉代后虽已没有纯粹的法家和儒家学派，但义利之辩夹杂着德治与刑治的争论并没有停止。事实上，历史上发生的几次德治与刑治也可看做是义利之辨的变种。两汉时期，桑弘羊认为治民需"绳之以法，断之以刑"，而贤良文学的代表则主张治国应该"蓄仁义以风之，广德行以怀之"（《盐铁论》）。唐初，魏征主张以教化为治，封德则强调"秦任法律，汉杂霸道"。北宋司马光和王安石的变法论战。南宋朱熹和陈亮的"王霸"争论，朱熹强调王道，陈亮主张"王霸并用"。这些既是德治和刑治的论辩，也是道义和功利的交锋。

其实，中国历史的政治家们都把德刑看做是治国理民必不可少的两种手段，或刑德兼施，或外儒内法。即使如朱元璋之辈用刑严厉，但他亦曾多次颁布诏书，驳斥刑治的建议。

（四）家天下与公天下

据传，尧舜禹禅让，实行公天下；禹传子，开始了家天下。秦王朝统一六国视天下为己有，赵正自名为"始皇帝"，希望代代相沿、传之无穷。封建帝王实行家天下，成为当然。

但是，历史思想的角落里也隐藏着公天下的吉光片羽。《周书》记载：汤放桀而归于亳，三千诸侯大会。汤警告说："此天子之位，有道者可以处之矣，夫天下非一家之有也，有道者之有也。"《六韬》书，太公说："天下非一人之天下，乃天下之天下也。同天下之利者则得天下，擅天下之利者则失天下。"《吕氏春秋》也说："天下非一人之天下也，天下之天下也。"明末清初的王夫之、顾炎武等更是大力倡导"公天下"，反对"家天下"。王夫之指出："一姓之兴亡，私也；而生民之死生，公也。"又说："天下非一姓之私"等。

（五）民本与君本

"民本"一词最早出自《尚书·五子之歌》[①]。其一曰："皇祖有训，民可近，不可下。民惟邦本，本固邦宁。"民本论者认为人民是国家的根本，只有人民安居乐业，国家才能太平，统治者要敬民、重民、爱民，认识到民众的力量，自我约束，修善德行。

这一思想在西周以后的典籍中俯拾皆是。《尚书》中皋陶说，治理国家"在知人，在安民"，"安民则惠，黎民怀之"。《逸书》云："天视自我民视，天听自我民听"、

---

① 《史记·夏本纪》记载："帝太康失国，兄弟五人须于洛汭，作《五子之歌》。"

“民之所欲，天必从之”。《左传》记载：“国将兴，听于民。”而儒家对民本思想作了淋漓尽致的诠释，将这一思想在古代社会发展到顶峰。《孟子》宣扬“保民而王”、“仁者无敌”、“得天下有道，得其民斯得天下矣”、“暴其民甚，则身弒国亡”。针对统治者鼓吹“天命眷顾”，晋国史家蔡墨认为“社稷无常奉，君臣无常位，自古以然”（《左传·昭公三十二年》），统治者自称“受命于天”，荀子更是针锋相对地提出“人定胜天”的思想。民本思想在中国思想史上达到了一个高峰，是政治思想上十分宝贵的遗产。

同民本思想相对立的是君本思想。君本论者认为君主至高无上，无论多么坏的君主，都不应该被废置，“人主虽不肖，臣不敢侵也”（《韩非子·忠孝》）。君可以不贤而臣不可以不忠，臣子不能有丝毫“犯上”之言行，绝对不应危及君主的地位。法家学者往往是君本论的大力宣传者。君本论遂与法家的法、术、势主张水乳交融，主张君主应用权术来驾驭臣民，玩弄臣民于股掌之上，臣民仅仅是达至君王目的的一种工具。君主拥有绝对权威，人民不可有任何权利和个人要求，所谓“明君无为于上，群臣悚惧乎下”、“有功则君有其贤，有过则臣任其罪”（《韩非子·主道》）。

古代民本思想与现代民主主义具有本质区别。古代民本思想的重心是希望专制者以道德自律来束缚自我权力；专制思维中是没有人权观念的，人们一是不明了自身权利的界限，二是总有侵犯他人权利的倾向。而现代民主主义，“左派”认为民主就是人民当家作主，是内容；右派认为民主是形式，是选举。不管是“左派”，还是右派，都认为“民主的目的是约束权力而不是获取权力”，人民主权或者主权在民原则是权力行使的基础。即只有用制度约束政府权力按照人民的意愿行使，以及保障基本人权，这才是现代民主的真谛。

（六）绝对君权与相对君权及无君论

商鞅、韩非等法家思想家提倡绝对君权，认为君权至高无上。商鞅说：“权者，君之所独制也。”（《商君书·修权》）申不害言：“独视者谓明，独听者谓聪，能独断者，故可以为天下主。”（《韩非子·外储说右上》）他们认为君权不可分割，任由君主一意任性行使。而臣下谏言是违反君臣之规、违背君主之道的，他们评价历史上疾争强谏的关龙逢、王子比干、随季梁、陈泄冶、楚申胥、伍子胥一类人物说，“先古圣王皆不能忍也，当今之时，将安用之”。而平头百姓议论政治，更是遑论褒贬，皆遭禁止。

儒家学派也讲君臣父子之义，提倡忠君孝亲之道，但他们认为孝乃为人之本，忠君是孝父的延伸和推演。换言之，忠是孝的派生物，孝先于忠。所以，对待父母，可以劝谏父母不对的地方，但如果父母不听从，还应该敬重他们，不违逆他们，忧劳但不怨恨。而在忠方面，所谓大臣，应该以臣道侍奉君主，若君主不听从，就应该停止，“用之则行、舍之则藏”。孔子用自己的行动表明了他的政治观。他曾经因鲁国之乱而入齐国为臣，也曾经为了实现自己的抱负，周游列国诉之学说。简言之，儒学（至少是孔孟之儒，而后来的所谓新儒学与孔孟之儒大不相同，完全是政治意识形态化的官方哲学）讲的君权是相对的，是有条件的。君享权利，也要尽义务，君如果不尽为君的义务，臣就有理由不尽为臣的义务。如孔丘所言：“君使臣以礼，臣事君以忠”、“上好礼，则民易使也”（《论语》）。孟轲亦指出：“君之视臣如手足，则臣视君如腹心；君

之视臣如犬马，则臣视君如国人；君之视臣如土芥，则臣视君如寇雠。”（《孟子》）

另外，与绝对君权相对立，晋朝鲍敬言提出无君论，“古者无君，胜于今世”。宋末邓牧著《君道》幻想一个没有君主、没有官吏的无政府社会。明末黄宗羲在《原君》中，更是对君权进行猛烈地批判。

（七）均平与差别

均平与差别是中国古代政治思想史争论中的一个主题。中国作为农业社会，财富分配严重不均，必然引起社会动乱。因此，政治思想领域产生均平、平等思想是必然之势。孔丘云：“不患寡而患不均”（《论语·季氏第十六篇》）具有一定的道理。《礼记·礼运篇》高扬“大道之行也，天下为公”的思想，也成为中国仁人志士的理想追求和奋斗目标。例如，董仲舒就反对大富大贫，主张小富小贫；王安石变法就有均贫富的内容；孙中山即使在资产阶级革命中也不忘倡导“天下为公”的传统训导。至于历代的农民起义，无不以“均贫富”作为鼓动口号。

与均平思想相反，一些思想家主张差别，反对均贫富。韩非认为，富人之所以富，是勤劳与节俭的结果；穷人之所以穷，是懒惰与奢侈之所致。如果“征敛于富人以布施于贫家，是夺力俭而与侈惰也”（《韩非子·显学》）。司马光攻击王安石均贫富的做法，说贫富悬殊是由聪明才智不同而决定的，不是贫人养活富人，而是穷人依靠富豪生活。如果富人穷了，穷人也就失去了依靠，一旦国家有难，“凡粟帛军需之费，将从谁取之?”（《司马温公文集·乞罢条例司常平使疏》）宋代苏辙用“物之不齐，物之情也”的道理，也认为：“介甫不忍贫民而深疾富民，志欲破富民以惠贫民，不知其不可也。”①

（八）用人唯贤与用人唯亲

中国古代除了皇家确定继承人是按照“立嫡以长不以贤，立子以贵不以长”的原则外，政府官员的选拔大多主张用人唯贤，德才兼备。“尊尊亲亲”主要是皇亲贵族在物质利益上的特权，不是选拔人才的原则。

虽然中国古代关于用人唯贤还是用人唯亲的争论不多，但在实际的政治生活中，却充满用人唯贤与用人唯亲的斗争。针对用人唯亲的政治现象，进步的思想家、政治家发表了大量的用人唯贤的论述。《尚书》提出“明明扬侧陋”的原则，孔丘则说：“举直错诸枉则民服，举枉错诸直则民不服”（《论语》）。墨翟说，用人应该“不党父兄，不偏富贵，不嬖颜色，贤者举而上之”（《墨子》）。春秋时代，祁黄羊“内举不避亲，外举不避仇”受到时人交口称赞。

中国古代政治思想的内容十分丰富，上述仅为中国古代政治思想史上争论、讨论、议论较多的问题，此外，爱国主义、无为而治、工商皆本等思想也时有讨论。②

① 宋·魏庆之：《诗人玉屑·卷之一七·诗病》，374页，上海，上海古籍出版社，1978。

② 《中国古代政治思想》，百度百科（http://baike.baidu.com/view/968711.htm），访问日期：2011年7月7日。

第二节　政治制度

一、封建专制主义中央集权制度的产生及影响

（一）封建专制主义中央集权制度的产生

由于文献史料稀缺和考古证据缺乏，奴隶制社会的状况基本建立在演绎和推想之上。历史价值观和逻辑思维方式对于奴隶社会的认识，具有十分重要的地位。新文化运动以后，由于西方历史进化观的引入，与中国古代论定“三代是人类社会上的一个黄金年代”不同，近现代对奴隶社会的评判基本上定位于一个生产力落后、生产关系野蛮、文化水平蒙昧的样式。

为了摆脱悲惨的命运，奴隶采取各种形式同奴隶主进行斗争。封建社会的生产关系得以确立。封建专制主义中央集权制度形成并长期得以维持的原因，主要表现在以下方面：

第一，中国的气候、地理环境适宜于农业耕作，形成了自给自足的封建小农经济生产模式。由于人口众多，资源丰富，家庭小农式的自然经济模式持续推动了生产力的发展。

第二，中央集权、以法治国的法家思想和融合了法道等各家精髓的儒家思想为其提供了强有力的制度基础和思想文化基础。

第三，统治者不断调整政策，以维护国家统一、社会安定，保证了生产发展的社会环境和政策条件。

第四，中国地处喜马拉雅山脉东麓，太平洋西岸，地域辽阔，是一个相对开放又孤立封闭的自然、文化、政治、经济统一体，既有利于封建制度的自身革新，又相对闭塞。吸收不了先进、创新的思想，加之中国长期领先于世界政治、经济、文化之林，使得封建制度长期挣扎，苟延残喘。

（二）封建专制主义中央集权制度及其特点

专制主义中央集权制度是封建社会最基本的政治制度。它包含专制主义与中央集权制度两层含义。中央集权针对地方分权而言，指中央与地方的关系，地方政府在政治、经济、军事等方面没有独立性，必须严格服从中央；专制主义针对中央的决策方式而言，指君主拥有至高无上的权力，皇帝个人专断独裁，集国家最高权力于一身。

专制主义中央集权制度的特点主要反映在：其一，专制主义是中央集权的根本。专制主义中央集权制度在历史演进过程中存在两大矛盾，一是中央和地方的矛盾，二是皇权和相权的矛盾，演变的趋势是皇权不断被加强，而相权则不断被削弱直至被废除；中央权力逐渐得到加强，而地方的势力被不断削弱。两对矛盾最终汇成一流，权力高度集中，为君主一人独掌。其二，皇权的至高无上和不可分割。帝位实行终身制和世袭制；从中央到地方的各级官吏一律由皇帝直接任免，不得世袭；皇帝从决策到行使立法、行

政、司法等权力具有独断性和随意性。其三，皇权借助于神权，宣扬“君权神授”等理论。在文化领域实行高压钳制手段以巩固政治专制。

（三）封建专制主义中央集权制度的发展及影响

封建专制主义中央集权制度，成为中国古代政治制度的核心。中央集权制度萌芽于战国，建立于秦朝，巩固于西汉，完善于隋唐，加强于北宋，发展于元朝，强化于明清，结束于辛亥。

春秋末期至鸦片战争前的两千多年里，中国一直处于专制主义中央集权制度之中。在政治上，皇帝拥有至高无上的权力，建立起以地主绅士为中坚的庞大官僚机构，对人民实行残酷的统治。广大农民一无所有，靠出卖劳动力来维持最基本的生存。虽然在理论上无论是地主，还是广大农民，都没有真正的人权，对于皇帝只有服从的义务，但是毕竟地主阶级拥有大部分土地，在充当阶级统治工具之便利中可乘机攫取利益和压榨劳动人民。农民和地主阶级的矛盾是帝制社会的主要矛盾。为了反抗地主阶级的经济剥削和政治压迫，农民举行了无数次的武装起义，成为世界农民战争史上的奇观。

封建专制主义中央集权制度曾经对于国家统一、民族融合等起过一定程度的积极作用，但是对中国文化的消极影响也很深远。

二、不同时期具有代表性的政治制度

（一）中央行政制度

1. 三公九卿制

三公九卿制，是秦始皇创立的中央行政制度，由丞相、御史大夫、太尉等官职组成，其中丞相掌权全面行政事物，延续了一千多年；御史大夫兼理监察事务；太尉负责管理军事。

秦九卿分别是：奉常、郎中令、卫尉、宗正、太仆、廷尉、典客、治粟内史、少府。其后，历朝亦有九卿之名，但是所指大有不同。例如，汉以太常、光禄勋、卫尉、太仆、廷尉、大鸿胪、宗正、大司农、少府谓之九寺大卿，即中央各机关的总称。东汉时九卿分属三司（太常、光禄勋、卫尉三卿并太尉所部；太仆、廷尉、大鸿胪三卿并司徒所部；宗正、大司农、少府三卿并司空所部），多进为三公，各有署曹掾史，随事为员。

2. 三省六部制

三省六部制，是隋文帝综合汉魏以来的官制而创立的一种新的中央行政制度。三省为尚书省、中书省、门下省，为中央最高政府机构。尚书省负责执行国家重要政令；中书省负责草拟和颁发皇帝诏令；门下省负责审核政令。三省的长官都是宰相。

六部即吏、户、礼、兵、刑、工六部（吏部主管官吏的任命及考核；户部主管户籍、土地和税负；礼部掌管礼仪和科举；兵部掌管军政；刑部主司刑狱；工部管理国家建设工程），是尚书省的下设机构。

三省六部既有分工，又有合作，彼此相互监督和牵制，使封建官僚机构形成一个严

密完整的体系，有力地提高了行政效率，加强了中央的统治力量。

（二）地方行政制度

1．分封制与郡县制

分封制也称封建制，即狭义的“封建”，源于西周，由共主或中央王朝给王室成员、贵族和功臣分封领地，属于政治制度范畴。在分封制下，国家土地不完全是周王室的，而是分别由获得封地的诸侯所有，他们拥有分封土地的所有资源和收益，只需向周王室缴纳进贡、提供军赋、力役等。诸侯在自己的封疆内，也有权对卿大夫实行再分封。卿大夫亦可将土地和人民分赐给士。这样层层分封下去，使周朝巩固了统治，扩大了疆域，有了“普天之下，莫非王土；率土之滨，莫非王臣”（《诗经·小雅·北山》）的说法，同时形成了“天子——诸侯——卿大夫——士——平民——奴隶”这种严格的社会等级结构。古代宗法制是分封制的伦理基础，井田制是经济基础，礼乐制是政治文化基础。

但是到东周时期，分封制却导致诸侯王地方割据，周天子名存实亡，发展到秦朝终被郡县制取代。

郡县制是与分封制相对应的地方管理制度，郡、县长官均由朝廷任免，代表皇帝或国王对地方进行管理。中国古代继宗法分封制度之后出现的以郡统县的两级地方行政制度，它萌芽于春秋，形成于战国，推广于秦，盛行于汉后的历代王朝，是古代中央集权制在地方政权上的体现。

郡县制与分封制比较

制度、类别比较	分封制（西周）	郡县制（秦朝推广）
条件	与宗法制、血缘相连	在国家大一统下实行，按地域划分
内容	被分封的诸侯，拥有王位并可以世袭，且同时拥有封地	官位由皇帝任命或调动，只享有俸禄而没有封地
地位	权力相对独立，容易演变成为割据势力	仅作为地方行政机构，有利于中央集权的统一管理
制约	贵族政权，诸侯国拥有很强的独立性	官僚政治中的一环，中央垂直地方的管理

2．蕃汉分治

辽代境域居住很多民族，汉族与契丹等族在经济文化的发展水平、人民的生活方式上有很大的差异，为此，耶律阿保机实行蕃汉分治的政治制度，即“以国制治契丹，以汉制待汉人”（《辽史》）。

蕃汉分治的特点是民族分治，实质是阶级统治而非民族压迫，促进了契丹的发展，加速契丹封建化的进程，也推动多民族国家的发展。

3．猛安谋克制

猛安谋克制，是以血缘为纽带建立起来的，其组织按什伍进位编制，因有伍长

（击柝）、什长（执旗）、谋克（百夫长）、猛安（千夫长）而得名。

猛安谋克制是金代女真社会的最基本组织。它产生于女真原始社会的末期，由最初的围猎编制进而发展为军事组织；金建立后，为了加强统治力量，阿骨打推行猛安谋克制，它遂演变为一种兵农合一的地方管理组织，具有行政、生产与军事合一的特点。猛安谋克推进了女真族的封建化进程。

猛安谋克产生于一定的历史条件下，其内容编制不是女真族所特有的，在同样的历史条件下其他一些民族也可能出现类似的组织，猛安谋克与契丹族的头下军州和满族的八旗制度相比，有相同的地方，但由于民族和时代的不同，其区别也是很明显的。

4. 行省制

省的名称起源很早，例如，中书、门下、尚书三省，但这些所谓中枢行政机关均不直辖地方。隋初曾于部分道设行台尚书省，这是作为最高地方行政机构“行省”的滥觞。

元代的行省，实际上更直接承袭金朝遗制。金人在灭辽、制夏、攻宋以至后来抗元的过程中，因时制宜，在各地广设行中书省及行尚书省，负责守卫地方和应援京师，代表中央执行全国性政权机构的职能，是战时临时性机构，并非正式的地方行政区划。

元初军事活动频繁，占领的地区很辽阔，为便于中央对地方的控制，沿袭金代而设的临时性的行省制，就被长期保持下来。其后屡设增置，至元二十七年（1290）调整建制，计有中书省及十行省。中书省又名“腹里”，治大都路（今北京）。十行省包括岭北行省，治和宁路（今蒙古国哈尔和林）；辽阳行省，治辽阳路（今辽宁辽阳）；陕西行省，治奉元路（今陕西西安）；甘肃行省，治甘州路（今甘肃张掖）；河南江北行省，治汴梁路（今河南开封）；江浙行省，治杭州路（今浙江杭州）；江西行省，治龙兴路（今江西南昌）；湖广行省，治武昌路（今湖北武昌）；四川行省，治成都路（今四川成都）；云南行省，治中庆路（今云南昆明）。

元朝行省制度的确立，是继秦朝郡县制后，我国政治制度史上的一项重大变革。元行省制的历史价值在于：它创立了一种以行省为枢纽，以中央集权为主，辅以部分地方分权的新体制。该体制有三个特点：行省性质具有两重性又长期代表中央分驭各地；主要为中央收权兼替地方分留部分权力；所握权力大而不专。元行省制引起了十三四世纪中央与地方权力结构的较大变动，明清沿用此制。

5. 僧官制

僧官制度是封建社会朝廷任命僧官管理佛教僧尼事务的制度。始于后秦，以后历代袭之。所设立的僧官有僧正、僧主和僧录等。僧正的职责是“自正正人，克敷政令”，以各项法度、戒律约束僧人，始设于后秦。唐以后，一般在各州立僧主管理地方僧尼事务。僧主的地位、职权类似僧正。这种僧官制度是一种事务性管理制度。

由于藏区人民信仰藏传佛教，明朝在西藏实行僧官制度。由当地的僧官统治藏区人民，但各级僧官由朝廷任免。这实际上是一种地方行政管理制度。

6. 八旗制

八旗制度是明朝后期女真首领努尔哈赤创建的，既是军事组织又是行政管理制度，由贵族控制，按军事组织形式把女真人编制起来，具有军事征伐、行政管理、组织生产

三项职能，是一种兵民合一的社会组织。

八旗制度的特点是以旗统人、以旗统兵。八旗由皇帝、诸王、贝勒控制，旗制终清未改。

7. 土司制

土司制是我国古代管理西南少数民族地区的一套地方行政制度。秦朝统一岭南后，在交通方便的平原地区推行郡县流官制，鞭长莫及的边远山区实行土官（土司）世袭制。在唐朝也叫做“羁縻政策”。唐对西南少数民族采用羁縻政策，乃宋、元、明、清几个王朝土官制度之窠臼，实际上，“土官制度”也可称为“羁縻制度”。①

《史记·司马相如传·索隐》解释说：“羁，马络头也；縻，牛蚓也。”《汉宫仪》云：“马云羁、牛云縻，言制四夷如牛马之受羁縻也。”所谓“羁縻制度”是历代封建王朝在多民族国家里对社会发展不平衡的少数民族地区所采取的一种民族政策。这种政治制度的主要特征是封建王朝中央统治阶级在政治上利用少数民族中旧贵族进行统治，在经济上以求达到“让原来的生产方式维持下去，满足于征收纳贡”之目的。

8. 改土归流

改土归流是指改土司制为流官制。土司即原民族的首领，流官由中央政府委派。

当地少数民族首领担任土司长官，对辖区内的行政有自主权，且可以世袭，拥有很大的权力，逐渐演变成一种割据势力。改土归流有利于消除土司制度的落后性，同时加强中央对西南地区的统治。

改土归流是中国古代社会官制演变的一个缩影。历代封建统治者，通过一系列行政区划分与变革，促使多民族国家不断发展。由分封制到郡县制，主要反映管理任用原则由宗法血缘关系到行政任命关系的变化，属于政治制度进步的表现。由郡县制到行省制的变化，主要反映行政区划分的变化。一般说来，随着社会的发展，行政区越划越小，越划越多。

改土归流是我国政治发展上的一项重大改革，它不仅加强了中央政府对西南少数民族的统治，改变了当地落后闭塞和纷争的状况，而且促进了各民族之间的经济文化交流，有利于统一多民族国家的巩固和发展。

（三）选官制度

1. 世官制

世官制是指世代为官、官吏世袭的制度，是西周政权选任官吏的基本方式。

西周时期按照宗法血缘关系实行世卿世禄的选官制度。世官制在一定历史条件下，曾发挥过主要的作用。首先，贵族与中央朝廷具有血缘关系，通过世官制的政治恩荫，二者形成共存共荣关系，奠定了王朝统治的阶级基础。世官制给贵族和官吏以充分共享政权的机会，保证了他们代代矢志效忠王朝。其次，贵族官吏因垄断教育文化而垄断了统治经验的积累和传承，这就决定了贵族更可能富于统治才干，是当官为政的头等合适人选。

---

① 黄现璠、黄增庆、张一民：《壮族通史》，122页，南宁，广西民族出版社，1988。

春秋战国时期，奴隶社会的世官制逐步走向衰亡，以广泛选贤任能官员的选任制逐步确立。

2. 察举制

察举制是由地方长官在辖区内随时考察、选取人才并推荐给上级或中央，经过试用考核再任命官职的一种制度。

察举制是中国封建社会选拔官吏的三大制度之一，其正式确立从汉武帝元光元年（前134）开始。

察举制是一种自下而上推选人才为官的制度。西汉时期主要依据个人才能和品德。察举制注重孝廉一科，主要依据个人在地方上的声望，称为乡举里选。东汉时，随着豪强地主势力的发展，门第族望成为选举的主要依据。

3. 九品中正制

九品中正制又称九品官人法，是魏晋南北朝时期重要的选官制度。它上承两汉察举制，下启隋唐之科举，在中国古代政治制度史上占有十分重要的地位，乃中国封建社会三大选官制度之一，从曹魏始至隋唐科举的确立，约存在了400年之久。

九品中正制的主要内容就是选择“贤有识鉴”的中央官吏兼任原籍地的州、郡、县的大小中正官，负责察访本州、郡、县散处在各地的士人，综合德才、门第（家世官位高低）定出“品”和“状”，供吏部选官参考。

“品”是指综合士人德才、门第所评定的等级，共分为上上、上中、上下、中上、中中、中下、下上、下中、下下九品，但类别却只有上品、中品和下品（二品至三品为上品；一品为虚设，无人能达到；四品至五品为中品；五至九品为下品）三类。在德才与门第中，定品时一般依据后者，称“计资定品”。

“状”乃是中正官对士人德才的评语，一般只有一两句话，如“天才英博，亮拔不群”、“德优能少”等，这是对东汉后期名士品评人物的制度化。

4. 科举制

科举制是封建统治者通过让士子参加考试以选拔官吏的制度。科举名义上由皇帝亲自主持，以分科考试的形式进行取士，所以叫做科举。

科举制从隋朝大业元年（605）开始实行，到清朝光绪三十一年（1905）举行最后一科进士考试为止，经历了1 300多年，是现代公务员考试制度的滥觞。

科举考试一般分为乡试、会试、殿试三级。

（四）兵制（军事制度）

兵制即军事制度，现称为军制，它是包括武装力量、军事领导体制和兵役制度等方面构成的军事制度。兵制建设是我国古代国防的一个重要方面。

1. 兵农合一制

兵农合一制是服役人员平时散在村社为农，战时临时征集为兵的用兵制度。散在为农时，兵器收归国家统一保管；临事征兵时发授武器。它与终日兵不离手、手不离兵的常备军明显不同。这就形成临战集结和临时授兵制度。春秋以前，寓兵于农，战时授甲、授兵。

2. 征兵制

征兵制是根据国家战争和国防的需要，对符合条件的国民以强迫或半强迫的方式让其从军的一种义务兵制度。征兵制，成为秦朝、西汉时期的主要兵制。到了汉武帝时期，开始部分实行募兵制和谪发制（即以犯人为兵）。

3. 府兵制

府兵制是以府为单位，实行兵农合一的兵制。府兵平时为耕种土地的农民，农隙训练，战时从军打仗。府兵参战武器和马匹自备，全国都有负责府兵选拔训练的折冲府。

府兵制由西魏权臣宇文泰建于大统年间（535—551），历北周、隋至唐初期而日趋完备，唐太宗时期达到鼎盛，唐玄宗天宝年间（742—755）停废，历时约200年。

府兵制的特点表现在：一是无养兵之费，而有多兵之用；二是兵皆有业之民，无无家可归之弊；三是将帅又不能拥兵自重。

4. 募兵制

募兵制即雇佣兵制，由国家招募丁男当兵，供给衣食，免征赋役的兵制。自唐五代以后，募兵制取代征兵制，为封建时代兵制的一大变革。

唐玄宗为增强军事力量，实行了募兵制。这就减轻了农民的兵役负担，节省了府兵往来与路途的消耗，有利于生产的发展，封建国家也得以建立一支强有力的军队。

5. 军户制

军户制是将军籍与民籍分开，列入军户籍的人家世世代代要出人当兵，而民户则只纳租调，不用服兵役的制度。中国历史上采用这一制度的大体上是南北朝、隋朝、唐朝以及明朝。

从西晋时的羌人起义开始，大量北方少数民族进入中原地区，并先后在中国北方建立了一些政权，这些政权实行汉胡分治。为了防治汉人的反抗，基本不以汉人为兵，而世代为兵的北方民族逐渐成为军户。在南朝，从北府兵开始，以北方流亡到南方的人民为主，也逐步形成了世代为兵的情况。这种情况的进一步发展便形成了军户制。

军户制度最大的特点就是兵农合一，平时生产，战时打仗，节省了封建王朝的军费开支，又避免了征兵制增加农民负担及妨碍农业生产。

（五）土地赋税制度

1. 井田制

井田制是西周时的土地制度。土地所有权属于国家（亦即属于周王）。周王把土地分赐给各级贵族，让他们世代享用，为充分发挥土地的使用性，同时规定了定期“换土易居”的分配制度。

西周的井田制根据剥削对象的不同，有两种不同的区划，一种是“十夫有沟”，即国中平民的份地。其收入要上缴国家1/10作为贡税，以充军赋。另一种是“九夫为井”，即国家将方里土地按井字形划为九区，中一区为公田，余八区为私田分授八夫；公田由八夫助耕，收获全部缴给领主。男子成年受田，老死还田。井田制是奴隶制国家的经济基础，体现了我国奴隶社会生产关系的主要部分。它与宗法制度紧密相连，在西周时期，得到进一步的发展。

2. 初税亩

初税亩是无论公、私田均按亩为单位缴纳税收的征税制度。

我国征收田税的最早记载始于鲁宣公十五年（前594），鲁国正式推翻过去按井田征收赋税的制度，改行初税亩，即不分公田、私田，凡占有土地者均须按亩交纳土地税。井田之外的私田，从此也开始纳税。这是三代以来第一次承认私田的合法性。

实行初税亩反映了土地制度的变化，是一种历史的进步。初税亩的出现，标志着我国从奴隶制赋税向封建制赋税制转化的开端。此后，列国纷纷仿效鲁国实行初税亩。到了秦国商鞅变法时，废除国君对贵族（卿大夫）分封、赏赐食邑的制度，而承认通过买卖所获得的土地所有权。

3. 均田制

均田制是指我国从北魏到唐代中期实行的“计口授田”① 的制度。

均田制始于北魏，北齐、北周、隋朝、初唐时均沿此制。唐中叶后土地兼并加剧，均田制瓦解。

无主土地列入授田的范围，而地主阶级的土地并不属于均田范围。西晋末年，中国北方在长期战乱之后，户口迁徙，土地荒芜，国家赋税收入受到严重影响。为保证国家赋税来源，北魏孝文帝于太和九年（485）颁布均田制并开始执行。北魏至唐前期封建政府曾经推行均田制。

4. 租庸调制

租庸调制是以均田制的推行为基础的按丁（人口）服赋役的制度。

租庸调制规定，凡是均田人户，不论其家授田亩多少，均按丁交纳定额的赋税并服一定的徭役。每丁每年要向国家交纳相应数量的粟，称作租；交纳绢、绵或布、麻让若干，称作调；服徭役若干天，是为正役。国家若不需要其服役，则每丁可按每天交纳一定数额的款项以代役，此为庸。因此又称“输庸代役”。国家若需要其服役，每丁服役期限外，若加役若干天，可免其调，再加役若干天，则租调全免。

5. 两税法

两税法是按照财产和土地为征税对象的征税制度。

自唐玄宗开元（713—741）以后，均田制度逐渐废弛，与之相适应的租庸调也难以为继，封建大土地所有制进一步发展，国家财政收入大为减少。唐德宗建中元年（780），采纳宰相杨炎的建议，始改行两税法。其主要内容是：

第一，国家根据财政支出定出总税额，各地依照中央分配的数额，向当地人民征收；土著户（当地人）和客居户（外来户）均编入现居州县户籍，依照丁壮和财产（主要是土地）多少定出户等，按垦田面积和户等高下摊分税额。

第二，每年分夏、秋两次征收，夏税限6月纳清，秋税限11月纳清，故称两税（亦有一说因其分为户税、地税两项）。

第三，两税依户等纳钱，按垦田面积纳米粟，田亩税以大历十四年（779）垦田数

---

① “计口授田”是指政府根据所掌握的无主土地数量，授予每口人相应数量的桑田和露田的做法。桑田可继承，露田在年老或死亡后要收回。

为准，平均摊派；租庸调和杂徭、杂税悉省，但丁额不废。

第四，无固定居处的商人，所在州县依照其收入的三十分之一征税。

两税法变租庸调以人丁为征收赋税标准的原则为以财产、主要是土地为征收标准的原则，是土地占有状况发生改变后的反映，是中国古代税制上的一次重大变革。两税法实行初期，统一了紊乱的税制，扩大了赋税的承担面，在一定程度上减轻了人民的负担。后来，弊端丛生，征敛趋于苛重。但由于两税法适应地主私有制经济的发展，其税制的基本原则为此后的历代封建王朝所奉行。

6. 方田均税法

方田均税法是指根据土地肥瘠等级确定税收的征税制度。

宋朝积贫积弱，屡遭侵略。为了保证国家财政收入，需要解决土地税负担不均的问题，因此王安石实行方田均税清丈土地。“方田”就是每年9月由县令负责丈量土地，按肥瘠定为五等，登记在账籍中。“均税”就是以“方田”的结果为依据均定税额。凡有诡名挟田，隐漏田税者，都要改正。这个法令是针对豪强隐漏田税、为增加政府的田赋收入而发布的。清丈后，将田地的亩数、主人姓名、土地肥瘠等级登记上册，并按照土地好坏分为五等，均定税额高低。在清丈过的地区，原来向政府纳税的自耕农减轻了一些负担，而拥有土地多者则要多交税，符合公平税负原则。

7. 一条鞭法

一条鞭法又称一条编法，是将赋、役、税合并征收并转折银缴纳的赋税制度。

过去将赋和役分别征收，赋以土地为对象征收，按田亩计算；役以人为对象征收，分为按丁和按户征收两种赋税制度。该制度自明代中期开始实施在征收内容上主要是征收实物和劳役。这种赋役制度在商品经济极不发达的当时，是比较合理的。但到了明朝中期，社会经济状况有所变化，一方面大量田地迅速向地主手中集中，另一方面商品经济迅速发展。于是随着经济的发展和土地管理体制的变化，一条鞭法应运而生。

万历九年（1581），张居正在清丈全国土地的基础上下令在全国推行一条鞭法。其主要内容是：把一切征项包括田赋、徭役、杂税等合并起来编为一条征收，化繁为简；把过去按丁、户征收的力役改为折银征收，称为户丁银，户丁银摊入田赋中征收。但是一条鞭法还没有把力役全部摊入田赋，只是部分摊入；“一概征银”，无论田赋或力役一律折银缴纳，差役由政府雇人充当。这是我国税收历史上由实物税向货币税转变的一次重大改革。

8. 摊丁入亩

摊丁入亩又称地丁合一征税制度，它是清朝在一条鞭法的基础上出现的一次重大的赋税制度的改革。清初的赋役制度承袭明代的一条鞭法，但实行得不够彻底和普遍，丁银和田赋仍是两个税目。随着土地兼并的进一步发展，穷丁、无地之丁越来越多，在这种情况下继续按丁征收丁银，贫苦农民就会无力承受，这不仅使国家征收丁税失去保证，还会由于农民畏惧丁税流亡迁徙、隐匿户口等造成严重的社会问题。在这种情况下，明末清初一些地区已经出现了“丁随地派、均丁于地”的赋役改革。

雍正帝在以康熙五十年（1711）的人丁数为固定丁数的基础上，推行摊丁入亩的办法，把丁税平均摊入田赋中，征收统一的地丁银，彻底解决就丁、田并征的双轨制征

税形式，从而完成了自唐代两税法以来我国封建赋役制改革——并役于赋、人头税归于土地税的历史进程。1712 年，清政府规定以康熙五十年的人丁数作为征收丁税的固定丁数，以后“滋生人丁，永不加赋”。这样，封建国家对农民的人身控制进一步松弛，调动了农民生产的积极性，阶级矛盾暂时得到了缓和，促进康乾时期经济的较快发展；隐蔽人口的现象也逐渐减少，促进了我国人口的增长。

第三节　古代政治代表人物

一、秦始皇

秦始皇帝（前 259—前 210），嬴姓，赵氏，名政（正），秦庄襄王之子。自称“始皇帝”，简称秦始皇，是中国历史上第一个使用“皇帝”称号的君主，自此“皇帝”就成为中国国家最高统治者的称谓。明代思想家李贽誉之为“千古一帝”。

公元前 221 年，秦始皇建立了中国历史上第一个中央集权的统一王朝，即秦王朝。在中央实行三公九卿制；在地方管理上采纳李斯的建议，废分封行郡县；统一度量衡，车同轨[①]、书同文[②]、行同伦[③]，创建了很多革命性的新措施。

在对外政策上，秦始皇征服“百越”，痛击匈奴，在燕、赵、秦的基础上，重新修补，新筑万里长城，都对后世影响深远。

为了使皇帝的地位神圣化，秦始皇采取了一系列“尊君”的措施：取消源自于周初的谥法制度；天子自称曰“朕”；皇帝的命令称之为“制”或“诏”；文字中禁止提及皇帝的名字，要避讳，且在文件上逢“皇帝”、“始皇帝”等字句时，都要另起一行顶格书写；只限皇帝使用的、以玉质雕刻的大印才能称为“玺”。

秦始皇在中国历史上不愧为一位大作为的皇帝，但是他焚书坑儒，大兴土木，迷信仙道，命徐福渡海企图寻找长生不死药，为人所诟病。终秦之世，刺杀案件多次发生。公元前 209 年，农民陈胜、吴广带领广大不堪忍受剥削的农民揭竿而起，秦王朝崩溃。

二、汉武帝刘彻

刘彻（前 156—前 87），景帝十子，7 岁被册立为太子，16 岁登基，在位 54 年。

汉武帝开创了西汉王朝最鼎盛繁荣的时期，中国封建王朝的第一个发展高峰。他的雄才大略、文治武功，使汉朝成为当时世界上最强大的国家。《史记》评叙刘彻“雄才大略”，《谥法》说“威强睿德曰武”。虽然中国史书“秦皇汉武”相提并论，暗藏否贬，但不可否认刘彻的丰功伟绩。

汉武帝“博开艺能之路，悉延百端之学”（《史记·卷一二八·龟策列传》）颁诏

---

① 战国时期，各国车辆形制不一。秦始皇统一全国后，定车宽以六尺为制，道路也按照规定修建宽度，这样一车可通行全国。

② 小篆文字及隶书文字开始兴起，并完成了古文字向今文字的转变。

③ “行同伦”，就是端正风俗，建立起统一的伦理道德和行为规范。

“州郡察吏民有茂材异者，可为将相及使绝国者”。汉武帝唯才是举、不拘一格。汉武一朝，人才济济。

汉武帝任用官吏是多元化的。两千石以上官吏可通过任子制度使子孙当官；有钱人可通过“赀选”当官；先贤的后裔可以受照顾，如贾谊的两个儿子就被关照当了郡守。皇后卫子夫是从奴婢中选拔出来的。卫青、霍去病分别是从奴仆和奴产子中选拔出来的。丞相公孙弘、御史大夫儿宽，以及严助、朱买臣等人都是从贫苦平民中选拔上来的；御史大夫张汤、杜周和廷尉赵禹则是从小吏中选拔出来的。汉武帝甚至任用越人、匈奴人。例如，金日磾是匈奴俘虏，是在宫中养马的奴隶，竟然与霍光、上官桀一起被选拔为托孤的重臣。班固就惊叹地说：“汉之得人，于此为盛!”

汉武帝晚年嗜血杀戮，颇思悔悟。在登泰山、祀明堂之后，为示悔悟，汉武帝在轮台宫殿（并非新疆轮台）里下《罪己诏》：“朕自即位以来，所为狂悖，使天下愁苦，不可追悔。自今事有伤害百姓、靡费天下者，悉罢之。”天下因此逐渐归于和谐，为昭宣中兴的盛世奠定了基础。公元前 87 年 2 月，汉武帝驾崩于五柞宫，享年 70 岁，葬于茂陵，谥号“孝武”，庙号世宗。

三、唐太宗

唐太宗[①]（599—649），姓李名世民，陇西成纪人，祖籍赵郡隆庆（今邢台市隆尧县）。“直言鲠议，致天下太平”[②]，文治天下、宽厚爱民，创下贞观之治，成为中国历史上最有名的政治家与明君之一。

唐太宗确定了“安百姓”、“重人才”、“强政治”的治国思想，并通过一系列的制度政策、措施和不懈的努力去实践。唐太宗认识到了统治者与人民是“舟与水”的关系，通过土地赋税制度的调整以安百姓。他得人善任，从谏如流，营造了清明的政治氛围。唐太宗以尧、舜为效法的对象，以秦、汉的兴亡为教训，不临海、不封禅、不求仙，也不巡游。这在中国历史上的皇帝中是独一无二的。

在法制方面，唐太宗因错杀大臣张蕴古而后悔不已，故设立了死刑覆奏制度（在京城要在两日内五次覆奏、在各州要三覆奏），以示对人命之重视。同时，为了防止和严惩诬告行为，还规定诬告者要“反坐”（即诬告他人什么罪名，就用这种罪名惩罚诬告之人）。在经济方面，唐太宗积极推行均田制和租庸调制，轻徭薄赋，发展生产。在民族政策和对外交往方面，他采取正确的政策促进了民族融合；对中外交往采取比较积极友好的态度，对外来文化采取较为开放的政策。此时，中国的瓷器、纸张、茶叶和丝绸运往波斯，再传到欧洲。四大发明之一的造纸术便是在这个时期传到阿拉伯和印度，又通过阿拉伯传到了欧洲和非洲，对世界文明的发展作出了卓越贡献。由于唐朝当时在世界上的地位，加上中国的使者和商人也出现在亚洲各国，所以外国人便将中国人统称为“唐家子”，现在的西方人有的仍然称呼中国人为“唐人”。

---

① “太宗”是其死后的庙号，谥号为“文皇帝”，但后人称呼最多的是“唐太宗”，有时亦称“文皇帝”。

② 唐朝吴兢所著《贞观政要·求谏》记载其是唐太宗语。

唐太宗对有唐一代的兴盛作出了开创性的贡献，使中国成为当时世界上最先进的国家，并为开元盛世奠定了重要基础，将中国传统农业社会推向鼎盛时期。

四、宋太祖赵匡胤

赵匡胤（927—976），祖籍涿州（今河北），在位 17 年，庙号太祖，葬于永昌陵（今河南省巩义西南堤东保）。

赵匡胤出身军人家庭，948 年，投后汉枢密使郭威幕下，屡立战功。951 年，郭威称帝，建立后周，赵匡胤任禁军军官。周世宗柴荣时，因战功而升任殿前都点检（皇帝亲军的最高将领），掌握了后周的兵权，兼任宋州（今河南省商丘县南）归德军节度使，负责防守汴京。周世宗死后，其子柴宗训继位，时仅 7 岁。960 年正月，镇州（今河北省正定县）和定州（今河北省定县）有人来汴京报告说，北汉和辽国的军队联合南下攻击后周。后周符太后和宰相范质、王溥等不辨真假，慌忙派赵匡胤统领大军北上御敌。行至陈桥驿（今河南省开封市东北 40 里处）驻宿。第二天黎明，陈桥驿四周突然呼声大起。赵匡胤酒醉方醒，走出卧室，只见众将一个个手执武器，列队站在庭前，以赵匡义和赵普为首齐声说道："诸将无主，愿请点检做天子。"众将又不等赵匡胤回答，把准备好的黄袍披在他身上，然后一齐下拜，高呼"万岁"。这一件事，历史上称为"陈桥兵变"，又称"黄袍加身"。

宋太祖奉行"文以靖国"这一理念，实行"右文抑武"的基本国策，加之极具丰伟的人格魅力，深为后世史学家所津津乐道。尽管宋朝 300 年的基业长期积贫积弱，但对后世产生深远影响。与历史上其他著名的王朝相比，宋太祖所创建的宋朝以其鲜明的文人政治特色而登上中国文治盛世的顶峰，可谓中国君主专制史上的最开明的一个王朝。

五、管仲

管仲（约前 723 或前 716—前 645），周穆王的后代，姬姓，管氏，名夷吾，谥曰"敬仲"，春秋时期齐国颍上（今安徽颍上）人，史称管子。管仲少时丧父，母亲抚养，生活贫苦。后经鲍叔牙力荐，为齐国上卿（即丞相），被称为"春秋第一相"，辅佐齐桓公成为春秋时期的第一霸主。管仲的传记载于《史记・管晏列传》，管仲的著作收入《国语・齐语》和《汉书・艺文志》。

"管鲍之交"历来为后世传颂，为八拜之交①之首。

管仲辅佐齐桓公时注重经济，反对空谈主义，主张改革以富国强兵。"国多财则远者来，地辟举则民留处，仓廪实而知礼节，衣食足而知荣辱"颇得唯物论中"物质决定意识的"精髓。齐桓公尊管仲为"仲父"，授权让他主持一系列政治和经济改革：在全国划分政区，组织军事编制，设官吏管理；建立选拔人才制度，士经三审选，可为

① 朋友为古代五伦之一，注重朋友关系是中国社会的鲜明特色。故自古就有对朋友关系的各种描述，而最珍贵的朋友关系被统称之为"八拜之交"（管鲍之交、知音之交、刎颈之交、舍命之交、胶漆之交、鸡黍之交、忘年之交、生死之交）。

“上卿之赞”（助理）；按土地分等征税，禁止贵族掠夺私产；发展盐铁业，铸造货币，调剂物价。管仲改革成效显著，齐国由此国力大振。对外，管仲提出“尊王攘夷”，联合北方邻国，抵抗山戎族南侵。这一外交战略也获得成功。

管仲的一生，不仅建立了彪炳史册的功勋，还给后世留下了一部巨著——《管子》，书中记录了他的治国思想，对后世影响深远。《管子》共 24 卷，85 篇，今存 76 篇，内容极丰，包含道、名、法等家的思想以及天文、舆地、经济和农业等方面的知识，其中《轻重》等篇，是古代典籍中不多见的经济文作，对生产、分配、交易、消费、财政等均有论述，是研究我国先秦农业和经济的珍贵资料。

六、商鞅

商鞅（约前 395—前 338），汉族，卫国（今河南安阳市内黄梁庄镇一带）人。姬姓，卫氏，又称卫鞅[①]、公孙鞅（卫鞅之祖为卫国君，故又称公孙鞅）。战国时期政治家、思想家，先秦法家代表人物。

商鞅应秦孝公求贤令入秦，说服秦孝公变法图强。孝公死后，受到秦贵族诬害以及秦惠文王的猜忌，车裂而死。其在秦执政 20 余年，秦国大治，史称“商鞅变法”，并使秦国长期凌驾于山东六国之上。

商鞅为了推行新变法而树立政府“言而有信”和“言出必行”的威信，作南门立木，确立了“治世不一道，便国不法古”正确的变法指导思想，改革态度坚决，取信于民。在其改革变法措施中，奖励军功、禁止私斗，开垦荒地、扩大耕地面积发展农业生产，成年男子分立户头以增加赋税和劳役，巩固和发展封建生产关系，招徕地少人多的“三晋”之民来秦国垦荒，废井田、开阡陌，建立县的组织并将把市镇和乡村合并起来，迁都咸阳。这一系列的大规模的改革，尽管使秦国在短期内得以图强，但是也引起了激烈的社会矛盾和斗争。商鞅变法过于激进，导致了商鞅最终自取灭亡之结果。

商鞅身死，但新法并未被废除，如后世所言，“百年犹得秦政法”。由此确立了封建社会的生产方式，这是商鞅变法对中国古代社会最大的影响。梁启超也在《中国六大政治家》中，将商鞅列为中国历史上最伟大的政治家之一，与管仲、诸葛亮、李德裕、王安石和张居正同列。无可否认，商鞅是一个敢于触动旧势力、敢于改革的英雄。

七、王安石

王安石（1021—1086），字介甫，号半山，临川人（今江西省抚州市区荆公路邓家巷人）。北宋改革家，唐宋八大家之一。有《王临川集》、《临川集拾遗》等著存世。诗作《元日》、《梅花》等最为著名。

王安石少年好读书，记忆力强，受到较好的教育。庆历二年（1042）登杨寘榜进士第四名，先后任淮南判官、鄞县知县、舒州通判、常州知州、提点江东刑狱等地方的官吏。

---

① 卫鞅之“卫”即氏于国，商鞅之“商”即氏于官。先秦有“诸侯之子曰公子，诸侯之孙曰公孙，公孙之子以王父字为氏”之谓。

王安石曾向宋仁宗上万言书，对官制、科举以及奢靡无节的颓败风气作了深刻的揭露，请求改革政治，加强边防，提出了“收天下之财，以供天下之费”的理财原则。治平四年（1067）神宗继位，起用王安石为江宁知府，旋即诏为翰林学士兼侍讲。1068年，神宗召王安石“越次入对”，即上书主张变法。次年任参知政事，主持变法。为指导变法的实施，设立三司制置条例司，物色了一批拥护变法的官员参与制订新法。1070年，任同中书门下平章事，位同宰相，在全国范围内推行新法，开始大规模的改革运动。

在理财措施方面，突出了最重要的核心就是“民不加赋而国用饶”。实现限制商人的“均输法”、“市易法”和“免行法”；为了发展农业生产，实行青苗法、募役法、方田均税法和农田水利法；为了巩固封建统治秩序和整顿、加强军队采取了将兵法、保甲法、保马法以及建立军器监等改革。在教育制度方面，改革了科举制，整顿了各级学校，为社会培养需要的人才。这些措施在一定程度上限制了大地主和豪商对农民的剥削，促进了农田水利事业的发展，国家财政状况有所改善，军事力量也得到加强。

对于王安石变法的历史意义，后人的认识越来越深刻，积极评价也越来越多。列宁称之为“中国11世纪的改革家”，毛泽东曾称赞“王安石最可贵之处在于他提出了‘人言不足恤’的思想”。

八、张居正

张居正（1525—1582），逝后赠上柱国，谥文忠。字叔大，少名白圭，祖籍安徽凤阳，又称张江陵，号太岳。明代政治家、改革家。

嘉靖二十六年（1547），23岁的张居正考取进士，由编修官至侍讲学士令翰林事。隆庆元年（1567）任吏部左侍郎兼东阁大学士。隆庆时，张居正与高拱并为宰辅，为吏部尚书、建极殿大学士。万历初年代高拱为首辅，当时明神宗年幼，张居正主持裁决一切军政大事。

前后当国十年，张居正实行了一系列改革措施，收到一定成效。他清查地主隐瞒的田地，推行一条鞭法，改变赋税制度，使明朝政府的财政状况有所改善；用潘季驯主持浚治黄淮，颇有成效；擢升名将戚继光、李成梁等打击海盗，加强北部边防，整饬边镇防务；用凌云翼、殷正茂等平定南方少数民族叛乱。为整肃朝纲，清廉吏治，张居正把改革矛头对准了文官集团，实行考成法，其具体实施类似于现在的政府工作计划。张居正的改革在一定程度上挽救了风雨飘摇的大明王朝的统治。

第四节　政治文化经典

一、《春秋》

《春秋》又称《麟经》（《麟史》），是鲁国的编年史，经过孔子的修订，被列为“五经”之一。记载了从鲁隐公元年（前722）到鲁哀公十四年（前481）的历史，是中国现存最早的一部编年体史书。书中用于记事的语言极为简练，每个句子都暗含褒贬

之意，后人称之为“春秋笔法”。

《春秋》一书的史料价值很高，春秋时期诸侯攻伐、盟会、篡弑及祭祀、灾异礼俗等，都有记载。所记鲁国十二代的世次年代，所载日食与西方学者所著《蚀经》比较，互相符合的有30多次，足证《春秋》并非古人凭空虚撰，可以定为信史。

《春秋》的语言极为精练，遣词井然有序。最初原文18 000多字，现存版本则有16 000多字。就因文字过于简质，后人不易理解，所以诠释之作相继出现，对书中的记载进行解释和说明，称之为“传”。其中左丘明的《春秋左氏传》、公羊高的《春秋公羊传》、穀梁赤的《春秋穀梁传》合称《春秋三传》列入儒家经典。现《春秋》原文一般合编入《左传》作为“经”，《左传》新增内容作为“传”。

二、《晏子春秋》

《晏子春秋》是我国第一部短篇小说集。它记叙了春秋时代著名政治家、思想家晏婴言行和政治活动，突出反映了晏婴的政治主张和思想品格。《晏子春秋》共8卷，包括内篇6卷（谏上、下，向上、下，杂上、下），外篇（上、下）2卷，计215章。全书由一个个生动活泼的故事组成，虽不能完全作信史看待，但多数是有一定根据的，可与《左传》、《国语》、《吕氏春秋》等书相互印证，作为反映春秋后期齐国社会历史风貌的史料。

晏婴（前578—前500），字仲，谥平，习惯上多称平仲，又称晏子，夷维（今山东高密）人。历任齐灵公、齐庄公、齐景公三朝的卿相，辅政长达50余年。其以生活节俭，谦恭下士著称；以有政治远见、外交才能和作风朴素闻名诸侯。周敬王二十年（前500），晏婴病逝。孔丘曾赞曰：“救民百姓而不夸，行补三君而不有，晏子果君子也！”司马迁非常推崇晏婴，将其比为管仲。

三、《鬼谷子》

《鬼谷子》又名《捭阖策》。共有14篇，其中第十三、十四篇已失传。主要内容是谈判游说活动的技巧，但是其中涉及大量的政治谋略问题与军事问题，也被称为兵书。也有人把它作为一部研究社会政治斗争谋略权术的书，称之为“治人兵法”。

《鬼谷子》推崇功利主义思想，主张为达到目的可以利用一切合理手段。其所崇尚的权谋策略及言谈辩论之技巧，与儒家所推崇之仁义道德大相径庭。因此，历来学者对《鬼谷子》一书推崇者甚少，而讥诋者极多。

鬼谷子，姓王名诩（或利），又名王禅或者王敖，号玄微子，春秋时卫国朝歌人。具体生卒年月不详。常入云梦山采药修道。因隐居周阳城清溪之鬼谷，故自称鬼谷先生。鬼谷子先生曾任楚国宰相，后归隐卫国授徒。苏秦与张仪，孙膑与庞涓是其著名的四位弟子。后人据此把他看做是纵横家之鼻祖，兵家的代表人物。

《鬼谷子》一书是其后学者根据其言论整理而成，被完整地保留在道家的经典《道藏》中。其内容十分丰富，涉及政治、军事、外交等领域，主要讲述有关谋略的理论。

《鬼谷子》曾对战国时期纵横家的理论起过重要的指导作用。“潜谋于无形，常胜于不争不费”，此为《鬼谷子》之精髓所在。《孙子兵法》侧重于总体战略，而《鬼谷

子》则专于具体技巧，两者可说是相辅相成。

四、《商君书》

《商君书》也称《商子》，现存24篇，战国时商鞅及其后学的著作汇编，是法家学派的代表作之一。

《商君书》的法家思想是民族传统文化遗产的重要部分，批判地吸收民族文化遗产的精华，对于建设社会文化事业具有重要的意义。例如，书中提出“法者，所以爱民也”，“治世不一道，便国不必法古”，“固有道之国，治不听君，民不从官”，“法者，国之权衡也”等思想即使在今天也有重要的借鉴意义。

五、《韩非子》

韩非生于周赧王三十五年（约前281），卒于秦王政十四年（前233），战国末期韩国（今河南新郑）人。法家思想的集大成者，后世称“韩子”或“韩非子”。

韩非子口吃不善言谈，但善于著述。韩非子的文章说理精密，文锋犀利，议论透辟，推证事理，切中要害。堪称当时的大手笔。

韩非师从荀卿，却没有承袭儒家的思想，反而“喜刑名法术之学”。韩非结合商鞅的“法”，慎到之“势”，申不害之“术”，延续继承荀子思想中的“性恶论”，倡导统治者集中至高权力于一身，创造完备健全的法律制度，同时掌握一整套驾驭臣民的操作技巧，从而能够轻松地达到“智虑不用而国治”的效果。

韩非所著《孤愤》、《五蠹》、《内外储》、《说林》、《说难》等篇，共十余万言，全面、系统地阐述了他的法治思想，抒发了忧愤孤直而不容于时的愤懑。

《韩非子》一书是他逝世后，后人辑集而成的。他的历史观和治国思想对后世产生了深远影响。

六、《新书》

《新书》又称《贾子》或《贾谊新书》，是贾谊的政论文集。《汉书·艺文志》列入儒家，今存10卷58篇，其中《问孝》、《礼容语上》两篇有目无文，实为56篇。

《新书》集中反映了贾谊的政治经济思想，开篇即为著名的《过秦论》，总结了秦朝灭亡的历史教训，提出了一系列政治主张；《宗首》、《藩强》、《权重》等阐述了加强中央集权的思想；《大政》、《修政》等提出了利民安民的民本思想。

贾谊的政论散文逻辑严密，感情充沛，气势非凡，体现了汉初知识分子在汉帝国大一统创始期之积极进取，力图建功伟业的豪情壮志，代表汉初政论散文的最高成就。鲁迅先生说，贾谊文章“为西汉鸿文，沾溉后人，其泽甚远”。

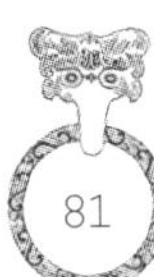

第五章　法律文化

第一节　古代法律思想

一、古代法律思想综述

“法”的古代体为“灋”，最早出现在西周时期铭文。东汉时期许慎所著《说文解字》训为：“灋，刑也，平之如水，从水；廌，所以触不直者去之，从去。”《论衡·是应篇》释曰：“一角之羊也，性知有罪。皋陶汉狱，其罪疑者，令羊触之，有罪则触，无罪则不触。”申言之，“灋”是由三个独体字连缀而成的合体字，内涵如下：

首先，“灋”以“三点水”为旁，“水——水平——公平”，表明法是公平的，故曰：“公民在法律面前一律平等。”该公平谓之惩罚执行的平等，即执法、司法平等之意，而非立法的平等。

其次，“廌”，是古代传说中的独角兽，性情公正，能辨别是非曲直。古代神明裁判时，以被“廌”触者为败诉。“灋”中有“廌”，蕴含裁判之意。

最后，“灋”以“去”字为垫，意指廌用角去撞击有错或有罪的人，“撞击”即体现法的制裁属性。古代法之制裁措施是十分野蛮、残酷的，如商周朝时代的五刑，即“墨刑”（脸上刺字）、“劓刑”（割鼻）、“刖刑”（砍脚）、“宫刑”（去掉生殖器）、“大辟”（死刑）等就是适例。

古之法乃“刑”之意，即刑法或刑罚。诸法合体，民刑不分，以刑法为主，重实体而轻程序，是古代之法的鲜明特色。如夏朝的法称“禹刑”，商朝的法谓之“汤刑”，总之都没有离开“刑”。

由于传统上“法”与“刑”等同，至今很多人一谈起法来，就很自然地联想到刑法与刑罚，一听说某人犯法了，就以为他犯罪了，这种理解在清末法律改革以前有合理性，在今天则为不宜。受社会各种条件的限制，古人只知有刑法，但随着人类的发展和进步，近代社会逐渐产生民法、经济法、劳动法、行政法等众多部门法，且法律调整手段多样化、违法制裁手段人道化，现代法律与古代法律的惩罚与报复观有根本不同。现代法律建立在人民主权原则之上，以建立“法治国”为目的，以法制文明化、民主化、科学化为衡量标尺，突破了“工具论”、“权大于法”以及“言出法随”、“口含天宪”的低级思维方式，正在从浅到深、从简到繁地发展着。

（一）法律的起源

按照马克思主义观点，法律是社会发展到国家阶段的产物，是阶级统治的工具。原始社会是没有阶级社会性质之法律的，“在大多数情况下，历来的习俗就把一切调整好

了”，“一切争端和纠纷，都由当事人的全体即氏族或者部落来解决，或者由各个氏族相互解决”。①

公元前21世纪左右，启建立夏朝，黄河流域中下游步入国家社会阶段，因此夏朝是中国奴隶社会法律的起源时期。而原始社会虽然没有产生法，却产生了法的胚胎形态——氏族习惯。从一定意义上说，法律的起源就是氏族习惯向奴隶制习惯法的质变过程。

奴隶制习惯法是由原始习惯转变而成的。“历史上传说的炎帝、黄帝大体相当于母系氏族社会的早期。距今六七千年的仰韶文化时期则是母系氏族社会的繁荣时期。母系氏族较之于原始人群更趋于社会化，更需要调整社会关系的共同规范——氏族习惯。”②所谓“神农无制令而民从”（《淮南子·汜论》），“政刑不用而治，甲兵不起而王”（《商君书·画策》），即是说凭借氏族习惯的约束，原始社会可以维持生产秩序和社会秩序。

距今约五千年的龙山文化时期，是中国传说中的父权制社会时期。传说中的尧舜禹时代大体相当于这一时期。中国历史逐渐开始原始父权制社会向奴隶社会，氏族习惯向奴隶制习惯法转变。《尚书·尧典》有“（虞舜）流共工于幽山，放驩兜于崇山，窜三苗于三危，殛鲧于羽山，四罪而天下咸服”的记载。《国语·鲁语》也有“禹朝诸侯于会稽之山，防风之君后至，而禹斩之”的记述。这表明部落联盟酋长已经不再是氏族部落的平等一员，已经超越于部落其他成员之上而享有威权地位，甚至氏族部落已经建立了有关处罚的习惯。《尚书·舜典》载有“流宥五刑。鞭作官刑，扑作教刑，金作赎刑。眚灾肆赦，怙终贼刑”。《竹书纪年》言：“帝舜三年命皋陶作刑。”《新语·道基》说：“皋陶乃立狱制罪，悬赏设罚，异是非，明好恶，检奸邪，消佚乱，民知畏法。”另据《左传·昭公十四年》引《夏书》言：“昏（劫掠）、墨（贪赃）、贼（杀人不忌）杀，皋陶之刑也。”原为黄淮地区部落首领的皋陶自从做了联盟机关的“士”（掌管审断的官职）后，自然肩负起制定处罚规范的任务。据蔡枢衡先生考证，《舜典》的一些记述还是真实可信的。从以上可以看出，尧舜禹时代，奴隶制习惯法的萌芽逐渐看到曙光。③

（二）夏商时期的法律思想

夏启承禹，用王位继承制代替氏族禅让制，导致原始公社制度的解体。启称王后，将所辖区域分为九州，即“茫茫禹迹，画为九州，经启九道”。随之“夏有乱政，而作禹刑”（《左传·襄公四年》），夏启一方面借用大禹的威望增强统治合法性，另一方面也吸收了舜禹时代的部分氏族习惯制定“禹刑”，以镇压奴隶阶层的反抗和其他奴隶主贵族的篡僭行为。

商汤革命推翻暴桀的统治，“商有乱政，而作汤刑”（《左传·昭公六年》）。殷尚鬼，率民以事神，宣扬“有殷受天命”的王权神授的神权法思想。商代统治者又从王

① 《马克思恩格斯选集》，第四卷，92～93页，北京，人民出版社，1995。

② 曾宪义主编：《中国法制史》，18页，北京，北京大学出版社、高等教育出版社，2000。

③ 曾宪义主编：《中国法制史》，18～23页，北京，北京大学出版社、高等教育出版社，2000。

权神授的理论出发，派生出“天讨”、“天罚”思想，宣称“有夏多罪，天命殛之……尔尚辅予一人，致天之罚”（《尚书·汤誓》），为推翻夏朝统治的合法性进行论证。

夏商处于国家形式的早期，其法律必然具有质朴性、初始性；其法律又是统治者维护专制制度，巩固权力的工具，故带有随意性和隐秘性；而当时“王权神授”的观念也为法律蒙上了神权法色彩。

（三）西周时期的法律思想

根据夏商周断代史工程，公元前1046年，周文王昌之子武王发灭商，定都镐京（今陕西省西安市西部），史称西周。公元前771年，周平王将都城东迁洛邑（今河南洛阳），史家始以东周纪年。西周共传12王，历时275年，是我国奴隶制社会文明的全盛时期，在中国文化史上具有极其重大的意义。西周时期的哲学思想、政治思想、伦理观念等经过孔子的整理，使得历代儒家学者，“言言必称尧舜，事必法先王”，皆奉西周为中华文明发祥的渊薮和正统。

西周在继承夏商两代天讨天罚的神权法观念的基础上，提出“以德配天”、“明德慎罚”的政治法律主张。这种理论便是后世仁政理论和德主刑辅的宏观政策的直接渊源。

周公是周武王之弟，和武王一起发动了灭商的战争，建立了周朝，灭商两年之后，武王死去，周公摄政，“一年救乱，二年克殷，三年践奄，四年建侯卫，五年营成周，六年制礼作乐，七年致政成王，北面就群臣之位”。周公对传统的宗法习惯进行补充、整理，厘定成一整套以维护宗法等级制为中心的行为规范以及相应的典章制度、礼节仪式，按照这套礼制的规定和要求来治理国家，史称“周公制礼作乐”。自此，礼与刑并用，就成为中国社会鲜明的法律形式。中国传统法律文化被烙上鲜明的“依伦理而轻重其刑”的伦理印痕。

礼的重要思想就是：“亲亲也，尊尊也，长长也，男女有别，此其不可得与民变革者也。”西周礼制以井田制为经济基础，以宗法制和分封制为政治基础。宗法制是分封制的伦理基础，在家庭范围表现为宗法制，在国家范围则是分封制；家国一体，国家同构，完全采用任人唯亲的原则。礼制实质是“王权天授”的神权政治、尊卑分明的等级制度和“家国一体”的宗法制度在文化意识形态上的反映。

礼制推动了中国法律文化的演变：即从“法治”到“礼治”再到“礼法合治”，构成完备的制度体系。而“礼”作为国家根本制度和主要统治方法，作为制定法令的指导原则与基本纲领，不仅具有法律的性质和内容，而且形成了超越于法律之上的地位和权威。西周之“礼”多以诰、令、训、习惯等形式表现。

（四）春秋战国时代的法律思想

公元前771年，犬戎杀幽王，灭西周。翌年，周平王姬宜臼由镐京迁都于洛邑（今河南洛阳），史称东迁后之周王朝为东周。周赧王五十九年（前256），东周为秦所灭，共传25王，历时515年。东周时期又分为春秋（前770—前403）与战国（前403—前221）两个时期。这一时期是中国的社会制度剧烈转变的时期，学派林立，思想异常活跃，是中华民族思想的第一次大发展、大解放时期，成为中华文明的第一个发展高潮。

1. 儒家的法律思想

儒家是春秋战国时期，以孔丘为创始人，以孟轲、荀况为主要代表的学派。“儒”本意是指掌握文化知识，谙熟社会礼仪，以“相礼”为业的士人。由于孔丘曾以“相礼为业”，招收门徒，传授知识，因而他所创立的学派被称为儒家。

儒家在“礼崩乐坏”的春秋战国时期，坚持“为国以礼”，创造了以“仁”为核心的学说。孔子提出“为政以德”、“道之以政，齐之以刑，民免而无耻。道之以德，齐之以礼，有耻且格”的德治论。孟子继承了“仁政”学说，“以德行仁者王。以德服人者，中心悦而诚服也”，“暴其民甚，则身弑国危；不甚，则身危国削”。荀子提出“以德服民”的观点，并且对君民的关系有了更进一步的认识，他指出“君者，舟也，庶人者，水也。水则载舟，水则覆舟”。

儒家既“怀德”又要“怀刑”，主张德主刑辅、以刑辅德。“政宽则民慢，慢则纠之以猛。猛则民残，残则施之以宽。宽以济猛，猛以济宽，政是以和”，“徒善不足以为政，徒法不足以自行”。

与仁政相联系的，儒家的法律政策是“恤刑慎杀，先教后刑”。反对酷刑滥杀，“不教而杀谓之虐”，“杀一无罪，非仁也”，“不教而诛，则刑繁而邪不胜；教而不诛，则奸民不惩”。

2. 墨家的法律思想

墨家是有严密组织和纪律的团体，门徒大多出身小生产者，过着勤奋节俭的生活。他们助人为乐，见义勇为，墨家纪律称“墨者之法”，对全体成员都具有约束力。

墨家认为，“天志”是法律的渊源，“子墨子置立天志，以为法仪”，即“天志”与法律是源与流，体与用关系。

“兼相爱”、“交相利”是墨家法律观的核心。“兼相爱”是针对“别相恶”而言的，指不分亲疏、贵贱、贫富、一视同仁地爱所有人。“视人之国若视其国，视人之家若视其家，视人之身若视其身。”“交相利”针对“交相贼”而言，主张人们互相帮助，共谋福利，反对互相争夺，“亏人自利”。“有力相营，有道相教，有财相分”，“强不执弱，众不劫寡，富不侮贫，贵不傲贱”。

“兼爱”运用到选任官吏上是“尚贤”，运用到政体和行政上是“尚同”，运用到国家之间是“非攻”，运用到人民生活方面是“节用”和“非乐”。

3. 道家的法律思想

道家反映了春秋战国时期一部分“隐士”的思想，主张“道”是万物的本源和自然界以及人类社会的最高主宰，倡导“无为而无不为”，因此得名。其主要代表人是老子和庄周。道家思想理论主要体现在《老子》、《庄子》两部著作中。

道家崇尚自然，主张以道统法。“道常无为而无不为，侯王若能守之，万物将自化。”

“无为而治”是道家在法律思想上的体现。老子提出“去甚、去奢、去泰”，反对厚敛，主张薄税；反对暴政苛刑，主张减少刑罚；反对穷兵黩武，主张和平稳定。并主张使民“无知无欲”：“绝巧弃利”是经济和生产方面的措施，视黄金如粪土，置利禄若罔闻。“绝仁弃义”是政治方面的措施；“绝圣弃智”是精神思想方面的措施。

道家严厉批判礼、法的负面影响。“天下多忌讳而民弥贫”，“法令滋彰，盗贼多有”，“方今之世，仅免刑焉”。

道家发展到庄周时期，已走向法律虚无主义，主张绝对无为，全面否定仁义礼法；主张自由，反对任何约束和限制，追求超然物外。

4. 法家的法律思想

法学代表新兴地主阶级利益，反对奴隶主世袭特权，反对儒家“礼治”、“德治”；主张“法治”，建立中央集权、封建专制以及官僚等级制度。

法家是战国时期才兴起的学派，但法家思想渊源较早。管仲、子产、邓析等已开法家思想之先河，后经李悝、吴起、慎到、商鞅、申不害、韩非子等人的发展，成为后起之秀。到战国中期分三派：商鞅重“法”；慎到重“势”；申不害重“术”。而韩非子提出了以法治为中心，法、术、势相结合的政治思想体系，是法家思想的集大成者。

法，就是统治者公布的政策、法令、制度。法家前期代表商鞅首先明确提出“法治”的主张，韩非子亦强调治国要用法，赏罚皆以“法”为标准，法是整个社会的行为规范，任何人都不能独立于法外。所谓：“法不阿贵，绳不挠曲。法之所加，智者弗能辞，勇者弗敢争。刑过不避大臣，赏善不遗匹夫。”（《韩非子·有度》）

“术”就是国君驾驭群臣的权术，由国君秘密掌握，使得大臣们摸不清国君的心理，不敢轻举妄动。“术”最先由申不害提出。韩非子认为，申不害重术不讲法，往往造成新旧法令相互抵触、前后矛盾；商鞅重法不讲术，则难察辨官吏忠奸，导致国君大权旁落于大臣之手。所以韩非子主张“法”和“术”必须结合，二者缺一不可。

“势”就是国君占据的地位和掌握的权力，也是统治者实行统治的必要手段之一。“势”的理论最早由慎到提出。韩非子也吸收了这一思想，认为推行法令和使用权术必须依靠权势；没有权势，即使是尧这样的贤明君主，连三户人家也管理不了。因此，韩非子提出“抱法而处势”的主张，意即只有稳固地掌握了权势，才能有效地推行法和术。

法家之法治，已主张将法律公之于天下，“使天下之吏民无不知法者”，又设置“法官”作为主管吏民法律的顾问，以使天下吏民知法不犯，增进国家的安定和统治秩序的稳定。

（五）秦汉以后的重要法律思想

公元前221年秦始皇统一中国。李斯于公元前247年入秦，后任秦相，继承商鞅的法治思想，“事皆决于法”，奉守严刑峻法，“督责之术”、“深督轻罪”，实行“以法为教”、“以吏为师”的文化专制思想，终于二世而亡。

汉初坚守黄老学派的法律思想，实施无为而治、“与民休息”的政策，恢复发展了汉初的经济。汉武帝采纳董仲舒“罢黜百家、独尊儒术”的建言，导致以后历代王朝法律和法律思想的儒家化，这是秦汉以后中华法系最鲜明的特色。

中国封建社会以儒家学说为理论基础，法律政策奉行仁政、德主刑辅、慎刑恤杀、教而后诛等思想。中国封建法律的儒家化，简单概括就是“以经决狱”开其端，“以经注律”继其绪，“以经立法”总其成。西汉儒学家发动“以经决狱”，将儒家经义实践于审判活动之中，将“圣人之言”、“圣人之意”凌驾于法律之上，封建法律儒家化；东汉儒臣掀起“以经注律”的热潮，把法律制度全面打上儒家烙印；而后唐律“以经

立法”，法律领域结出“一准乎礼”的硕果，“礼法合流”。这样，中华帝国的法律就成了法家和儒家学说的混合物。[①] 易言之，礼与法的关系是“礼为本，法为用；礼为主，法为从；礼为先，法为随；寓礼于法，明法彰礼”；在法律规范上表现为诸法合体，民刑不分，习惯法与成文法并举的“混合”状态。

“礼法合治”是中国传统法律文化的特色。“礼治”与“法治”在新的历史条件下进行融合，实质是自然经济、宗法结构与中央集权君主专制政体以及大一统文化相融合的结果，相应地，法文化形态也妥协成“混合型”法文化。这种样式伴随着秦汉君主专制和文化一统二者一体化的形成和发展，儒法合流，形成中国正统的法观念，逐渐积淀于民族心理之中。

法律的儒家化首先表现在法律的伦理性条款占有相当大的比重。处理亲属纠纷的原则，是儒家所宣扬的尊卑、亲疏观念，完全不同于平常人之间的评判标准。其次，注重调解，强调息讼、和息纷争。“和谐”是传统中国悠久而珍贵的思想传统和价值追求，对传统社会司法活动产生了深刻影响。在漫长的传统社会里，“无讼”被士大夫阶层视为一种终极的司法理想和目标，逐渐设计和形成了一套关于“贱讼”、“息讼”、调解和调处的特殊制度。这些制度过分强调“息讼”而忽视了当事人的权利和利益，但对缓和社会矛盾、降低社会成本、消除滥讼现象、达成社会的整体和谐无疑是比较重要的。最后，道德在中国传统法文化中成为法律的化身。道德规范对法律世界的介入非常广泛，以至于很难截然划分道德与法律的界限。不仅法律精神与道德上的要求相契合，触犯法律的行为不道德，有悖道德的行为也是非法的。在德刑关系上，德教的地位高于刑罚，所谓“德主刑辅”、“为政以德”。“为政以德”有两方面的意思：一是提倡仁政，反对暴政；二是重视道德教化，主张“以德化民”。从使用顺序来说，儒家主张先教后诛，反对不教而诛。从使用效果来说，儒家认为，刑罚只能惩罚犯罪，而德教却能“止邪于未形”，防患于未然。在“德主刑辅”思想的指导下，法律自我发展张力极其衰微，法律成为伦理道德体系和行政命令的附庸。法律规范与道德规范、行政命令之间没有明确界线，法律缺乏独立性和自治性，从而丧失了自身作为法律的独特个性和功能。

封建社会若干具体法律问题的论争，如肉刑废复问题、复仇行为问题、举报制度问题、法律平等问题、司法时令问题、婚姻家庭问题等都涉及儒家经义与封建法制的协调问题。直至20世纪初期，清末法律名臣沈家本改革法制就是被守旧派冠以违反纲常的名义遭遇革职。可见其影响之深。

二、古代的重要法律思想

（一）治国三典

西周主张“刑新国，用轻典；刑平国，用中典；刑乱国，用重典”。即轻典施行于新建立的国家；中典施行于承平无事、秩序良好的邦国；重典施行于有弑君篡位或反叛行为的乱邦。

---

① 王旭东、方新枝：《略论中国古代法律的儒家化》，载《中州学刊》，2001（6），73～76页。

治国三典的核心精神就是主张根据社会治安形势的优劣，灵活地、有区别地适用刑罚手段，用以获取社会治安的最佳效果。这是古代统治者在长期的治国实践中总结的法制思想。这一原则反映了刑事镇压政策的共同规律，也说明了中国古代刑法适用的先进性。据《周礼·秋官·司寇》记载，西周时期就已提出“三国三典”原则。在此原则中，“国”即社会，而中国古代统治者又将治理社会划分为两种层面，即治吏和治民，强调明君“治吏不治民”。这一思想对后世影响很大。

（二）惩恶劝善

惩恶劝善出自《左传·成公四十年》：“《春秋》之称，微而显，志而晦，婉而成章，尽而不污，惩恶而劝善，非圣人谁能修之。”其有两种含义：一是作为并列式短语，指惩罚坏人，奖励好人。二是递进式短语，惩罚恶人以劝他人向善。

惩恶劝善反映了儒家对教育、教化的重视。对于中国传统的教育刑罚的观念产生了影响。

（三）春秋决狱

春秋决狱也称为经义决狱，是董仲舒提出的一种审判案件方式。其核心是“论心定罪”，根据当事人的主观动机来确定罪有、罪无以及量刑轻重。判断动机的标准除了法律外，还包括《易》、《诗》、《书》、《礼》、《乐》、《春秋》六经中的思想。董仲舒等人提倡凡是法律中没有规定的，司法官应该以儒家经义作为裁判的依据；凡是法律条文与儒家经义相违背的，则儒家经义具有高于现行法律的效力。

在两汉和魏、晋、南北朝的司法实践中被经常引用。该书已逸散，史料现仅留存少数案例。

春秋决狱主要是根据行为人的动机来断案。如果动机是好的，一般从轻处理，甚至可以免罪。如果动机是邪恶的，即使有好的结果，也要受到严厉的惩罚，犯罪未遂也可以按照既遂处罚。董仲舒的这种思想对以后封建官吏审判案件起了重要的指导作用，一般案件特别是民事案件，基层官吏审判时主要是按照动机以及伦理道德来处理的，而非严格按照法律条文来裁决。

春秋决狱在一定程度上限制了刑罚株连家族的问题，对抑制严刑峻法有一定的积极作用，稳定了王朝政权的统治。但将道德和法律的界限模糊处理，在司法裁判中无限自由裁量，给后世司法制度带来主观性和模糊性的负面影响，也为后代统治者“以文字论罪，以思想论罪”的文字狱与腹诽罪提供了依据和权柄。

（四）明正典刑

明正典刑的意思是依照法律公开治罪，通常指处以极刑。始见于北宋吕颐浩的《辞免赴召乞纳节致仕札子》：“如是托疾，自当明正典刑；如委实抱病，伏望天慈，放臣闲退。”

现代人引“明正典刑”主要用其“依照法律公开处理”之意。它通过刑罚执行的公开性，以增加刑罚的威慑力。这一思想是与古代“法不可知则威不可测”的思想相对应的。后者是指通过制造立法的神秘性，以增加刑罚的威慑力。二者各自运用于不同时期的立法和执法领域，却殊途同归。

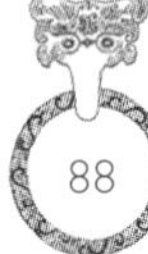

（五）令行禁止

令行禁止的意思就是下令行动就立即行动，下令停止就立即停止。形容法令严正，执行认真。语出《管子·立政》："令则行，禁则止，宪之所及，俗之所破。如百体之从心，政之所期也。"

只有做到令行禁止，国家才会昌盛，否则就会自取灭亡。商朝末年，纣王暴虐无道，大肆挥霍民脂民膏，周昌知道纣王的日子不会太长，就联络各地诸侯准备推翻商朝的统治。在临终前叫儿子发到床前，教导他要做到令行禁止才会成就王业。发继承父亲的遗志起兵终于推翻商朝的统治。

（六）改过自新

改过自新的意思就是改正错误，重新做起。改过自新的思想表明了我国古代刑法开始注重给犯罪者一个回归社会的机会，刑法逐渐转变了单纯的报复和惩罚之目的，倾向于教导犯罪者不再犯罪，向善益人，避免刑罚结果又逼迫犯罪者二次犯罪。

（七）信赏必罚

信赏必罚，即赏罚必信，执法公平，有功劳的一定奖赏，有罪过的一定惩罚。这是韩非子提出的执法要求，出自《韩非子·外储说右上》："信赏必罚，其足以战。"韩非子把赏和罚称为君主手中的"二柄"，贯彻法令之关键。

赏罚是历代统治非常重视的问题。武王请教太公望："将帅何以立威？何以明察？何以禁止而令行？"太公望伸出四个手指说："四个字——信赏必罚！"《胡曾治兵语录》[①] 即指出："古人用兵，先明功罪、赏罚。"赏罚严明是一个系统，包括多层内容：

其一，赏罚有据。古人云："当赏不赏，是为沮善；当罚不罚，是为养奸"（明·何良臣《阵纪》）。治国犹如治军，军法严明，国法亦要公正，需坚守"有法可依、有法必依、执法必严、违法必究"的原则。同时，赏当其赏，罚当其罚要做到"赏不遗贱，罚不阿贵"。田穰苴斩庄贾以立军威，孙武子斩爱姬为明军纪，南唐大将刘仁瞻怒斩逆子刘崇谏，都是治军有方、罚不阿贵的范例。

其二，赏罚有度。"赏罚不可以疏，也不可以数。"刑罚过于严酷，人人自危，势必人心涣散；奖励太重，人心存侥幸，就会不思进取。战国后期赵国著名思想家荀况写了一篇文章叫《正论》，是专门议论政治的，就提出"赏罚相当"的思想。荀况主张"夫德不称位；能不称官；赏不当功；罚不当罪；不祥莫大焉"。荀况反对罚不当罪，主张赏不当功则不如无赏；罚不当罪则不如无罚，对于现代法制实践依然具有启发意义。当然，赏罚只是统御方法的一部分，唯其和其他手段相配合才能更好地发挥作用。如果迷信严刑峻法，把赏罚作为治国的全部手段，就会失去应有的效果。

（八）恤刑慎杀

所谓恤刑慎杀，意指慎用刑法，减少杀戮。这体现了为政以德的政治思想和刑法政策。

---

① 蔡锷辑录、蒋中正增补：《曾胡治兵语录》（增补本），84页，南宁，广西师范大学出版社，2007。

恤刑慎杀的观念萌发很早，《书·舜典》就记载："钦哉钦哉，惟刑之恤哉。"鲜明地表达了刑法谦抑主义观念。恤刑不是不用刑，而是要慎重对待刑罚手段。陈子昂在《谏用刑书》中称："臣不敢以微命蔽塞聪明，亦非敢欲陛下顿息刑罚，望在恤刑尔。"清楚地说明了这个问题。

据传，自西周时期，周公制礼作乐以来，统治者就奉行恤刑慎杀。这种思想被儒家所继承，成为儒家的刑法观。但是恤刑慎杀思想最终落实为一系列的完备制度，则始于唐代。唐太宗创造了"九卿议刑"和"死刑复奏"的制度，严格控制死刑案件的处理程序，表现了对生命的尊重。而明太祖由中央派往各地审录刑囚、清理冤滞的官员，也常被称为恤刑，成化后遂成定制，直至清康熙时裁省。

（九）多行不义必自毙

多行不义必自毙出自《左传·隐公元年》："多行不义必自毙，子姑待之。"意思是干多了不合理的事情就会自取灭亡。郭沫若在历史剧《武则天》中说："'多行不义必自毙'，这是有史以来的天经地义。"

多行不义必自毙，正如"得道多助，失道寡助"一样，被人类社会奉为真理。人们宁愿相信，凡是作恶的人，搞阴谋诡计的人，违法乱纪的人，都没有好下场，最终会搬起石头砸自己的脚。只要正义之士不畏邪恶，东风就会压倒西风。

多行不义必自毙，意在告诫作奸犯科者，要思过悔改，否则就会受到法律的惩治。

第二节　封建法律制度

一、封建社会的法律制度概述

（一）封建法律制度的定义

封建法律制度，乃封建社会的法律制度之简称。

法律制度是法律规范调整社会关系时所形成的各种制度，是一国的立法制度与司法制度的总称，即通常所称的"法制"。

按照法系的划分理论，中国封建法律制度应该属于中华法系。[①] 一般认为，中华法系萌芽于战国时期（前 477—前 221），形成于秦朝（前 221—前 206），成熟于隋唐时期（581—618）。秦朝的法律制度从现在湖北云梦出土的秦简来看，已经很完备，初步确立了中国古代各项法律的原则。此后，经过西汉和东汉，以及三国两晋南北朝长达 800 多年的发展，到隋唐时，法律思想和法律制度都很成熟，自成体系了。

封建法律制度代表性的法典就是《唐律疏议》，这是中华法系完备的标志。宋元明清各朝都以唐律为蓝本创制自己朝代的法律制度。

清朝末年，以沈家本为首者主持修订大清律法，1910 年 12 月颁布《大清刑律》，这是中国历史上第一部现代意义上的刑法典，终因清政府覆灭而未实行。但是中华法系

① 严格说来，中国自夏朝就建立国家，产生了法律，但是这里的中华法系主要指封建社会的法律。

从此解体，中国法制迈向艰辛而漫长的现代法治之路。

（二）中国封建法制的特点

中华法系与古代其他文明的法律制度一样，总体特征是诸法合体、民刑不分；侧重于义务本位；以刑罚手段的残酷著称，大范围使用生命刑；重实体而轻程序。所以说，中国古代法制史基本上就是一部刑法史。毕竟，中华法系建立在中华文化基础之上，还有区别于其他法制文化的鲜明特征。

1. 礼法合治

与其他古代文明不同，中国古代法律受宗教影响较弱，强调遵循礼教，以一种偏重于经验主义又接近于理性主义的伦理哲学为基础。礼之要旨是“三纲”——“君为臣纲、父为子纲、夫为妻纲”，以及由此衍生的“亲亲”、“尊尊”、“长长”的政治和伦理原则。礼教经过汉儒改造，融进了法律之中，成为指导立法、司法的原则和理论依据。此之谓“礼法合治”。

礼和法，自然而成为中国古代并行的两套行为规范。自周公制礼作乐，孔子承继周公之礼，礼乐制度就成为中国政治文化的特色。简单说，礼就是人应该做什么、如何做以及不得做什么的行为规范。孔子曰：“移风易俗，莫善于乐；安上治民，莫善于礼。”就表明了礼在约束人们行为方面的正向引导功能。

古代法和刑是在相同意义上使用的。《大戴礼记》云：“刑法者，所以威不行德法者也。”“出于礼则入于刑”，如果违反了“礼”，就要受到“法”的惩治。这也侧面说明了古代刑治（刑法）和德治（德法）的关系。

2. 法自君出

法自君出意即封建法律以君主意志为转移，君王的意志号称“圣旨”，言语被称为“金科玉律”，一切法典、法规皆以君主名义颁行。皇帝的诏敕往往直接成为法律，皇帝可修改、废止任何法律。

皇帝又拥有最高司法权，一切重案、要案、疑案，以及一切死刑案件（隋唐以后）皆须皇帝裁决、批准。皇帝既可以法外用刑，也可法外施恩，赦免任何罪犯，出入人罪。

法自君出既是封建法制的本质，又是封建社会君主专制和高度集权制度发展的必然结果。

3. 三权集中，口含天宪

中国古代社会，立法、行政、司法三权合一，君主始终掌握国家最高权力，集立法权、行政权、司法权于一身；无论是中央还是地方都是首长负责制。在中央，皇帝手握王爵、口含天宪，握有国家最高权力。在地方，封疆大吏或者一地之长，亦是乾纲独断、独揽大权，掌握地方最高权力。

历代中央、地方虽设司法机构，皇帝、重臣、地方要员等，完全可以干涉司法。而掌管司法的人也是可以任意出入人罪，基本无强制性机制约束。

二、古代的法律制度

（一）刑罚

古代刑、罚是两个不同的概念。

学界一般认为，刑出于兵，就是说刑与战争是紧密联系的。所谓“大刑用甲兵”，意为最严厉的刑罚是实施军事讨伐。刑出于兵的表现是兵刑同制，司法与兵政的掌管者一身二任，如古代司法官称“士”或“士师”、“司寇”、“廷尉”等，原初都是军职。东周以前，“刑”既可以表示法律，也指战争征伐和施用肉刑。例如，公元前538年子产“铸刑书”于鼎，这是中国古代最早公布于众的成文法。公元前513年，晋国的赵鞅和荀演把前执政者范宣子制定的刑法亦铸于鼎上公布，亦称为“刑鼎”。公元前501年，郑国邓析私自修改郑国刑法并刻在竹简上，是为“竹刑”。郑国执政大夫驷颛以“诈伪之民”的名义将其杀害，但是竹刑还是被郑国采纳了。

公元前407年，魏相李悝综合诸侯国的成例制定了中国历史上第一部成文法典——《法经》。法家人物先后在各国掀起变法热潮，法家学派亦逐渐兴起。这时，“法”作为指称“法律”的专有名称逐渐深入民心，而“刑”转而专指死刑和肉刑等更为残酷的刑罚，手段不仅蕴含着惩治犯罪的报复性，而且具有道德的侮辱性。

而罚则专指赎刑，以金钱赎罪有五种等次。后来“刑罚”连用，才泛指对罪犯实施的强行性制裁手段，“刑罚者，惩恶之药石也”（《明史·刑法志》）。《吕刑》规定：“刑罚世轻世重，惟齐非齐，有伦有要。”既是对刑罚适用的历史总结，又反映出适用刑罚的客观规律性。自其形成以后，即受到历代统治者和思想家的普遍重视。

（二）五刑

五刑分为奴隶制五刑、封建制五刑。

奴隶制五刑包括墨、劓、剕、宫、大辟。从夏代开始逐步确立，于西周时期写入吕侯编著的《吕刑》。据说五刑是由五行相克而产生的。“火能变金色，故墨以变其肉；金能克木，故剕以去其骨节；木能克土，故劓以去其鼻；土能塞水，故宫以断其淫；水能灭火，故大辟以绝其生命。”①

进入封建社会后，奴隶制肉刑开始逐渐被废除，从汉初的文景帝废除肉刑开始，以自由刑为主的封建五刑产生了。封建五刑分别为笞、杖、徒、流、死，最初在隋《开皇律》中作为刑罚体系得以体现，随后由唐朝律疏（《武德律》、《永徽律》、《唐律疏议》）进一步完善，标志着中国刑罚制度的重大进步。

以上的主刑都是针对男性犯人而言的，对于女性犯人，五刑则是指：刑舂、拶刑、杖刑、赐死、宫刑。

（三）宫刑

宫刑又称为腐刑或阴刑或椓刑，俗称阉割，就是阉割男子生殖器、破坏女子生殖机能的一种肉刑，即“丈夫割其势，女子闭于宫”。

从五刑的排列来看，宫刑是肉刑中最重的，仅次于生命刑——大辟（斩首）。生殖器官的价值仅次于头颅，显然这反映了人们思想中还残留着原始初民对生殖器官崇拜的痕迹。

宫刑最初的作用是为了惩罚男女之间不正当的性关系，即“女子淫，执置宫中不

① 清·朱右曾撰：《逸周书逸文》，1页，上海蜚英馆，清光绪十五年（1889）版。

得出；丈夫淫，割其势也”。但是，在奴隶主阶级和封建统治者残暴的统治下，宫刑的施刑范围扩大到了与初意完全不相干的地步，成为镇压平民和思想异己者的一种严酷手段。周穆王时，已规定“宫罪五百”，受刑对象是广大奴隶和一般平民，至于奴隶主贵族是“公族无宫刑，不剪其类也”。奴隶主贵族即使犯了当宫之罪，即将犯人剃光头发，锁住颈项服劳役，所谓“而髡者，必王之同族不宫者”。可见，古代的刑罚带有鲜明的阶级性。

(四）三法司

三法司是三个司法机关的合称。《商君书·定分》：“天子置三法官，殿中置一法官，御史置一法官及吏，丞相置一法官。”后世“三法司”之称即源于此。

汉代以廷尉、御史中丞和司隶校尉三个司法机关的会议，称三法司。重大案件皆由三个机关共同审理。宋代审判权主要由大理寺、刑部、御史台共同行使。元代审判权主要由大宗正府、刑部、宣政院行使。

明清以前，该项制度基本有实无名，直至明清才真正确立三法司体制。明清两代以刑部、都察院、大理寺为三法司，遇有重大案件，由三法司会审，亦称三司会审。

但是，明清两代各机关掌管职权略有分别。明代刑部掌管主要的审判业务；大理寺成为慎刑机关，主要管理对冤案、错案的驳正、平反；都察院是对审判机关进行监督的机构，拥有“大事奏裁、小事立断”的权利。三法司之间在一定程度上体现出了职权分离、相互牵制的特点。

清代承袭明代三法司体制，审判机关仍为刑部、大理寺、都察院。但清代刑部职权范围超过了明代，不仅享有审判权，还享有复审与刑罚执行的权利。外省刑案统由刑部核复，不提交会审者，院寺无由过问，应会审者亦由刑部主稿，在京讼狱，无论奏咨，都由刑部审理，故三法司中，部权特重。清代的大理寺地位远不如前代，主要负责复核刑部拟判死刑的案件。都察院是法纪监督机关，既审核死刑案件，另外参加秋审与热审，还监督百官。

清制，凡大辟（死刑），御史、大理寺官会同刑部司员复核，称会小三法司。录问既毕上报长官。再由都御史、大理寺卿与刑部尚书、侍郎复核，称会大三法司。三法司将审核结果，奏报皇帝，由皇帝召大臣覆按后执行。

(五）律、令、格、式

律、令、格、式是中国隋唐以后时期法律的基本表现形式。四者并行，始于隋代。隋文帝开皇元年（581）命令高颎、郑译等删定律、令，开皇三年又令苏威、牛弘更定律、令、格、式，从此律、令、格、式四者并行，完成了中国封建社会的法典体系。但各自出现可以追溯到很早。

“律以正刑定罪，令以设范立制，格以禁违止邪，式以轨物程事”，可见律、令、格、式是互有区别而又互相联系，构成隋唐以后中国封建社会完整的法典体系。《新唐书·刑法志》：“唐之刑书有四，曰：律、令、格、式。令者，尊卑贵贱之等数，国家之制度也；格者，百官有司之所常行之事也；式者，其所常守之法也。凡邦国之政，必从事于此三者。其有所违及人之为恶而入于罪戾者，一断以律。”

律是判刑定罪的条文，偏重于惩罚。四者之中，律最重要，也出现最早。“师出于

律”，据《周易·师》记载，律渊源于原始社会的黄帝时代。“律”本意指“声律”（统一节奏的声响），后引申为军队中的“纪律”，军队中的军法、纪律、军刑都称为律，最后又扩大为一切“行为规范”的含义。公元前359年，商鞅以《法经》为蓝本，制定《秦律》6篇，历史上称为改法为律。之后，中国古代社会的法典一般都用“律”来做名字，如秦律、汉律、唐律、明律、清律等，相承不改，直至清朝灭亡。据《说文解字》解释：“律，均布也。”清代段玉裁所著《说文解字注》认为：“律者，所以范天下之不一而归于一，故曰均布也。”据我国《尔雅释诂》记载，至迟在秦汉时期“法”与“律”二字已同义，都有常规、均布、划一的语义。唐代的《唐律疏义》明确指出：“法亦律也，故谓之律。”认为二者“文虽有殊，其义一也”。

令出现也很早，与律相辅而行。大体上令是关于制度轨则的规定，偏重于教诫。商鞅变法时就制定令，犯令者依律惩罚。秦始皇延续商鞅变法的成果，有律有令。汉初萧何定律、令，也是二者并提。秦汉时律、令没有严格区别。在秦朝以律名篇的，在汉可能属于令的范围。但律文一经制定之后，更改不多，若须重修，通常要集众讨论；而令文则往往是由皇帝随时用诏制颁布，数量远过于律。经过一段时间，选取令可长期适用者，着为定律。律、令被认为是国家的基本法，自汉以后各代都很重视律、令的制定和修改。

格的起源也很早。《唐六典》认为格的渊源是汉晋的“故事”。格本有度量和等级的意思，演变引申为限制、禁止的含义。西晋刘颂上疏要求臣下不要轻易议法，人主须遵循格以督责群下，“立格为限，使主者守文，死生以之”。可见格是指必须遵守的规则。东魏孝静帝兴和三年（541）《麟趾格》公布，它是隋、唐定格所遵循的楷模。

式起源于战国末期，秦国行将统一之时。秦始皇时期已发现有《封诊式》[①]，是关于治狱的程序和要求。汉初萧何次律令，韩信申军法，张苍定章程。张苍所定之章程当属于式的内容。据《唐六典》所述，西魏自大统元年（535）起，经过历年的斟酌损益将其法令文书整理为《大统式》五卷，其性质是政府的施政总纲，被称为大式或中兴永式。到唐代，式演变为关于办事细节和公文程式规定的法律形式，仅规定政府各部门的办事细则、典礼仪式、法规章程，其重要性远不如西魏的式。

（六）秋审制度

秋审是清朝的一种审判制度，由明代朝审发展而来。

明代朝审又可推溯到两汉以来的录囚制度。录囚，即审录、复核在押人犯。魏晋以来，录囚渐成经制；至唐代则已定型，“凡禁囚皆五日一虑焉。凡在京诸司现禁囚，每月二十五日以前本司录其犯及禁时日月以报刑部。凡天下诸州断罪应申复者，每年正月与吏部择使，取历任清勤明识法理者，仍过中书门下定讫以闻，乃令分道巡复”（《唐六典·卷六》）。明英宗天顺三年（1459）令“每岁霜降后，三法司同公、侯、伯会审重囚，谓之朝审。历朝遂遵行之”（《明史·刑法志》）。其所以称朝审，是因审录在京

---

① 1975年12月，湖北省云梦县睡虎地秦墓出土了98片竹简，其中发现《封诊式》。封诊式是关于审判原则及对案件进行调查、勘验、审讯、查封等方面的规定。封诊式是关于审判原则及对案件进行调查、勘验、审讯、查封等方面的规定和案例。

囚徒。至于外省囚徒，仍然是遣恤刑官下去进行，五年一次。沿袭历代录囚的做法，明代的朝审和外省遣官录囚的对象，既有死罪重囚，也有一般徒流罪囚。

清朝将朝审发展为两种，即朝审和秋审，但这两种审判方式形式基本相同，只是审判的对象有区别。秋审的对象是复审各省上报的被处以死刑的囚犯，而朝审则是复审刑部在押的死刑犯。清朝的秋审制度，实际上是把明代行于京师的朝审扩大到全国，并废止外省遣官录囚的做法，改为各省先自行审录，上报朝廷统一审定。审判官的组成是相同的，都是中央各部院的长官。朝审和秋审的区别还在于时间上，朝审要晚一些。

秋审开始执行于顺治十五年（1658），首先要求各省的督抚将自己省内所有被判处斩和斩监候（相当于现代的死缓）的案件会通布政使、按察史复审，分别提出四种处理意见：一是情实，即罪情属实，罪名恰当，奏请执行死刑。二是缓决，即案情虽然属实，但危害性不大者，可减为流三千里，或减发烟瘴极边充军，或再押监候办。三是可矜，即案情属实，但有可矜或可疑之处，可免死刑，一般减为徒、流。四是留养承祀，即案情属实、罪名恰当，但有亲老单丁情形，合乎申请留养者，按留养案奏请皇帝裁决。

然后将有关案件的情况汇总报送刑部，而囚犯则集中到省城关押。在每年的八月，中央各部院长官会审后，提出处理意见，报皇帝审批。如果确认了罪情属实，到秋后就要处决。如果是缓决或者可矜，可以免死罪，减轻发落。可疑的则退回各省重新审理。留养承祀的减轻发落方式是在雍正朝增加的制度：如果死囚犯是独生子，其父母和祖父母就无人供养、送终，经过皇帝批准，改判重杖一顿再枷号示众三个月，免掉死罪。但是留养承祀在实际情况中较为罕见。

秋审的作用，虽然加强了中央集权，将人犯的生杀大权集中到中央政府乃至皇帝本人，使死刑判决“皆出于上”，但是也体现了对死刑执行的重视，因为人死不可复生。

要说明的是，外省的秋审是书面审理，案卷都是各省上报，待决犯无法就此提出质证。京师地区的秋审虽然会提审犯人，但是各种关节错综复杂，案件的判决会受很多因素干扰。而且按照惯例，一般在几日内就要复核完全国所有的案件，其复核的质量基本上流于走形式，受冤枉的人能够通过秋审洗冤的几率很小。

（七）十恶不赦

在现代汉语中，人们形容一个人罪大恶极、不可饶恕时经常使用“十恶不赦”这一成语。“十恶”并非实指而是泛指重大的罪行。但是在我国古代，该成语中的“十恶”却是实有所指的。

“十恶”最初是佛教用语，指十种当招致地狱、饿鬼和畜生这“三恶道”苦报的恶业，故又称“十恶业道”。至于“十恶”的具体内容，《佛说未曾有经》记载：“起罪之由，为身、口、意。身业不善：杀、盗、邪淫；口业不善：妄言、两舌、恶口、绮语；意业不善：嫉妒、嗔恚、憍慢邪见。是为十恶，受恶罪报。今当一心忏悔。”行“十恶”而程度严重的，据说要受大苦报。与“十恶”之说相对应，佛教中亦有“十善”之说。“十恶十善”之说早在隋朝以前就已在民间广泛流传。

我国封建刑法制度中的“十恶”罪名是在西汉的“大逆不道不敬”罪的基础上发展起来的。北齐河清三年（564），尚书令、赵郡王等奏上《齐律》十二篇，“列重罪十条：一曰反逆，二曰大逆，三曰叛，四曰降，五曰恶逆，六曰不道，七曰不敬，八曰不

孝，九曰不义，十曰内乱。其犯此十者，不在八议论赎之限”。

隋开皇初年，随着佛教的兴盛，封建统治者遂将佛教中的“十恶”之名引入律法，以之代替了《齐律》中的“重罪十条”，“十恶”之罪名遂正式出现。如《隋书·刑法志》载：“开皇元年……更定新律（指《开皇律》）……又置十恶之条，多采后齐之制，而颇有损益。一曰谋反，二曰谋大逆，三曰谋叛，四曰恶逆，五曰不道，六曰大不敬，七曰不孝，八曰不睦，九曰不义，十曰内乱。犯十恶及故杀人，狱成者，虽会赦犹除名。”由于“十恶”之罪直接危害了封建专制制度的核心——君权、父权、神权和夫权，所以自隋代在《开皇律》中首次确立“十恶”之罪以后，历代封建法典皆将之作为不赦之重罪，因此，民间遂有“十恶不赦”之说。

“十恶”罪具体所指为：谋反，指企图推翻朝政，这历来都被视为十恶之首；谋大逆，指毁坏皇室的宗庙、陵墓和宫殿；谋叛，指背叛朝廷；恶逆，指殴打和谋杀祖父母、父母、伯叔等尊长；不道，指杀无辜一家三口或肢解人；大不敬，指冒犯帝室尊严，通常为偷盗皇帝祭祀的器具和皇帝的日常用品，伪造御用药品以及误犯食禁；不孝，指不孝祖父母、父母，或在守孝期间结婚、作乐等；不睦，即谋杀某些亲属，或女子殴打、控告丈夫等；不义，指官吏之间互相杀害，士卒杀长官，学生杀老师，女子闻丈夫死而不举哀或立即改嫁等；内乱，亲属之间通奸或强奸等。

（八）凌迟

凌迟也称陵迟，即民间所说的“千刀万剐”。陵迟原指山陵的坡度是慢慢降低的，即缓缓的山丘，用于死刑名称则是指处死犯人时将其身上的肉一刀刀割去，使受刑人慢慢地痛苦死去。

凌迟刑最早出现在五代时期，正式定为刑名是在辽，此后，金、元、明、清都规定为法定刑，是最残忍的一种死刑。

在明朝以前，凌迟刑主要用于处罚十恶不赦的犯罪，如谋反、大逆等。到了清朝乾隆时期，如果打骂父母或公婆、儿子杀父亲、妻子杀丈夫，这些触犯伦理道德的重罪，要处凌迟刑。后来为了镇压农民反抗，对于不按时缴纳赋税的也要处以凌迟刑，这在清朝中前期尤为突出。1905 年，凌迟被斩首代替。

（九）充军

充军在古代是一种刑罚手段，古代有“好铁不打钉，好儿不当兵”的俗语，就是罚犯人到边远地区从事强迫性的屯种或充实军伍，是轻于死刑、重于流刑的一种刑罚，作为死刑代用刑，“刑莫惨于此”。

发遣罪人充军，隋唐以前并没有形成固定的制度，具有随意、临时的特征。直到明朝，出于卫所兵制充实军士的需要，才正式入律，成为重刑苦役制度。充军劳役场所最远四千里，最近一千里；按刑罚所及的对象和刑期，有终身（本人毕生充军）和永远（本人死后由子孙亲属接替）两种。

明朝的充军是附加刑，清朝成为独立刑种。清朝的充军在定罪后由兵部发配，且很少不连带家人。宣统时删除充军之名。

（十）族刑

族刑的内涵包括：一是罪犯本人以及家属全部被处死的灭族刑罚；二是犯罪本人被

处以死刑，家属根据罪责分别处以流放、没官等不同处罚的刑种，也叫做缘坐或者收孥。统言之，族刑就是追究正犯及亲属共同承担刑事责任的法律制度。[①]

族刑至少可以追溯到春秋战国时期。据《史记·商君列传》记载，商鞅入秦辅佐孝公，推行法制改革，其中一项法令便是“连相坐之法，造参夷之诛”。

汉初虽约法三章，但死刑中仍有“夷三族之令”。汉高后与文帝先后废除了三族之罪与收孥、相坐之法。通常而言，“夷三族”即指父母、兄弟、妻及子女；但也有不同的观点，即“三族”应当指父族、母族、妻族，后者的范围显然广于前者。此外，《隋书·刑法志》中有“罪及九族”的记载。

隋唐以后，族刑制度基本稳定。隋朝《开皇律》规定：“凡大逆、谋反、叛者，父子兄弟皆斩，家口没官。”唐朝《贼盗律》规定：“谋反者不分首犯从犯一律处斩，其父及子年十六岁以上者皆绞，十五岁以下及母、女、妻、妾、祖、孙、姊、妹、资产、田宅一概没官。男十八岁以上有笃疾者、女六十岁以上有废疾者可免。伯叔父及兄弟之子，流三千里。”宋元以后关于族刑的律令，基本以唐律为蓝本，仅因时势而轻重宽严略有出入。[②]

明洪武元年（1368），尚书夏恕建议朱元璋：“反者，夷三族。”朱元璋却谕令百官审理狱讼应当平和宽恕。上古时代，父子兄弟犯罪互不牵连，汉袭秦律，太过严重了。如果不是大逆不道的罪行，罪责止及于本人（《明史·刑法志》）。然而，明成祖在位又出现了族刑，竟然灭了方孝孺“十族”（包括学生以及朋友）。[③]

清光绪三十一年（1905），沈家本等人指出当时世界各国法律均坚持“刑罚止及一身”的原则，这与中国历史上“罪人不孥”的古训相符合，因而对《大清律例》中涉及“缘坐”的条款进行了修订（《清史稿·刑法志》）。

第三节 法律典籍

一、我国古代成文法的历史简述

中国上古典籍，譬如孔安国《尚书传序》所述的“三坟、五典、八索、九丘”之说[④]，属于多体裁文献汇编，其中不乏一些法律记载。而《尚书》、《左传》等是中国现存较早的史书，也是研究法律文化不可或缺的资料。

---

① 姜妮妮：《古代族刑制度与当代株连现象》，载《信阳农业高等专科学校学报》，2010（4），4页。

② 姜妮妮：《古代族刑制度与当代株连现象》，载《信阳农业高等专科学校学报》，2010（4），5页。

③ 明辉：《穿行于法律与人类学之间——西方法律人类学的历史、现状及趋势》，载《比较法研究》，2008（4），15页。

④ 伏羲、神农、黄帝之书，谓之以三坟；少昊、颛顼、高辛、唐、虞之书，谓之五典；八卦之书，谓之八索；九州之志，谓之九丘。据左丘明在《左传·昭公十二年》记载“是能读三坟、五典、八索、九丘”，可见此等文籍当时确有，孔子据以修订而名为经。

现代法制史研究专家一般从夏朝开始撰写中国法制历史。而《左传·昭公六年》记子产铸刑书，叔向写信批评他，称："夏有乱政，而作禹刑；商有乱政，而作汤刑；周有乱政，而作九刑。三辟之兴，皆叔世也。"

禹刑是以禹命名的夏朝奴隶制刑法的总称，以尊祖而称禹刑，并非禹制定。夏朝"五刑"3 000 条，包括一般刑法和军法。

汤刑是商代初期所制定的刑事法律。《竹书纪年》记载："祖甲二十四年，重作《汤刑》。"此次修订使汤刑更趋完备，整个商代一直适用。《吕氏春秋·孝行》引《商书》曰："刑三百，罪莫重于不孝。"东汉高诱注："商汤所制法也。"即传说商汤制定的《汤刑》有300条之多，最重的是"不孝"罪。战国时期的思想家荀子主张"刑名从商"，说明了《汤刑》在历史上的重大影响。人们习惯认为，《汤刑》主要是奴隶主压迫奴隶的工具，实际上这是一个认识误区。对于商王朝最早的统治者威胁最大的，不是奴隶，而是奴隶主。因此，《汤刑》内容的重要部分，实际上是官刑，即《汤刑》的实施对象主要是各级官吏。

禹刑、汤刑作为"乱政"亦即矛盾、冲突的产物，既不是成就于一时的成文法典，也并非由某一位统治者个人所独立制定，而是在夏商两代的长期发展中，出于调整社会关系的需要，逐步形成和不断扩充的。其基本内容是以制裁违法犯罪行为的刑事法律性质的习惯法为主。现在它们已经散佚，仅文献中有零星的记载。

据传周公作"刑书九篇"，所谓"周有乱政，而作九刑"。九刑是西周时期成文刑书的总称，基本沿袭商朝的五刑制度（墨、劓、剕、宫、大辟共五刑），又增加了赎、鞭、扑、流四种刑罚。西周统治者总结了商王朝灭亡的教训，因此提出了"明德慎罚"的刑事立法指导思想，并且制礼作乐，开创了中国政治文化的新进路。"礼"的内容涉及政治、经济、军事、司法、婚姻家庭、伦理道德等各个方面，与法律规范无异。

西周中期，为了缓和社会矛盾，巩固周王室的统治地位，周穆王命吕侯（亦称甫侯）制定《吕刑》，有墨、劓、剕、宫、大辟五刑，共3 000条。因为是吕侯主持修订，故称之为《吕刑》。《吕刑》废止了严酷的旧法，以"明德慎罚"为指导原则，"作修刑辟"。《尚书·吕刑》是我国最早的系统的成文刑法。

公元前536年，郑国子产"铸刑书"，后来邓析造"竹刑"。公元前514年，晋国铸刑于鼎。上述成文刑法均已失传，只能从其他书籍的引述中略窥豹斑。

战国时期李悝著《法经》六篇是中国现存最早的成文法典，从此开始，各种法律典籍保存相对完整，永续传承、不曾间断，对中华法制文化作出了重大贡献。商鞅携《法经》相秦变法，改法为律，传至秦二世；萧何参考秦律作《九章律》；三国之魏国"作新律十八篇"；贞观年间撰成唐律十二篇，后唐高宗命长孙无忌等人根据《武德律》和《贞观律》编撰《永徽律》十二篇。长孙无忌等人撰写《唐律疏议》，这是中国现存最完备的一部封建法典，中华法系形成。此后，宋朝的《刑统》，元朝的《典章》，明朝的《大明律》，清朝的《大清律》皆以唐律为蓝本。

二、重要的法律典籍或者汇编

（一）《法经》

《法经》是中国历史上现存的第一部封建成文法典，成为以后历代法典的蓝本。制

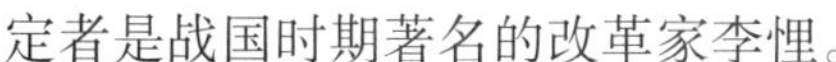

定者是战国时期著名的改革家李悝。

《法经》共有六篇，即盗、贼、网（或囚）、捕、杂、具。可分为正律（即前四篇）、杂律和具律三大部分。盗法是保护封建私有财产的法规；贼法是防止叛逆、杀伤，保护人身安全和维护封建社会秩序的法规；囚法是关于审判，断狱的法律；捕法是关于追捕犯罪的法律；杂法是指盗、贼之外的各种犯罪行为，主要是关于处罚狡诈、越城、赌博、贪污、淫乱等行为的法律；具法类似于现代刑法中的总则部分，规定定罪量刑的原则。

《法经》首先确立了“王者之政，莫急于盗贼”的立法宗旨，认为盗和贼是对统治的最大威胁，所以放在了最前边。

李悝“撰次诸国法”，编著《法经》，实施改革，一度使得魏国在战国前期成为最强的国家。《法经》作为历史上第一部比较系统、完整的封建成文法典，在中国封建立法史上具有重要的历史地位。

（二）秦律

秦律是秦朝法律的总称。秦孝公元年（前361），颁布求贤令，商鞅携《法经》入秦，得到孝公赏识。孝公三年（前359），商鞅以《法经》为蓝本，制定《秦律》六篇，历史上称为“改法为律”。孝公六年（前356），商鞅为左庶长，变法强秦。公元前221年，秦始皇统一中国，修订秦律，作为全国统一的法律颁行各地。秦二世即位后，又重加修订。

秦律涉及政治、经济、军事、文化、思想、生活等各个方面，使各行各业各个领域“皆有法式”。据1975年12月在湖北云梦睡虎地出土的《云梦秦简》所载，秦律不仅有《法经》六篇的内容，而且还有《田律》、《效律》、《置吏律》、《仓律》、《工律》、《金布律》等。

秦律中的刑罚有：死刑，主要有弃市和磔；肉刑，有斩足、宫、劓、黥等肢体刑；徒刑，即将犯人拘禁起来，并使服苦役；迁刑，即将犯人流放边地；笞刑，即鞭笞之刑；赀罚，即让罪人向官府交纳财物或提供劳役以达到惩罚的目的。

秦律致力于保护封建基础，维护封建国家的专制主义中央集权制度，严苛威猛，影响后世。

（三）汉律

汉律是汉代法律的总称。

西汉建国初期，基本继承秦朝的各项基本制度，稍加修整，史称汉承秦制。随着内乱平息，统治者开始认真思考治国之策，以确立与巩固社会经济基础和政治制度。

刘邦入关弃秦法繁苛，约法三章。然而三章之律太过简略，难以适应统一国家的政治需要，萧何便在秦律盗、贼、囚、捕、杂、具六篇外，又增户、兴、厩三篇，形成《九章律》。惠帝时，叔孙通重定汉诸仪法，作《傍章》十八篇。武帝时，法律以及各种典章制度又有较大变革，增加了张汤制定的《越宫律》和赵禹的《朝律》。

萧何所作《九章律》，益以叔孙通《傍章》十八篇、张汤《越宫律》二十七篇、赵禹《朝律》六篇，合六十篇，是为“汉律”。但是一般的汉律仅指《九章律》，乃萧何在《法经》的基础上增订而成的。

东汉灭亡以后，汉律开始散失。《隋书·经籍志》中已不著录晋以前的法律，汉律到隋已全部亡逸。

（四）唐律

唐律是唐代立法体系的总称。唐朝的主要立法有以下种类：

（1）武德时期的《武德律》、《武德令》、《武德式》。《武德律》是唐高祖时以《开皇律》为蓝本所制定的法典，共12篇，500条，内容与《开皇律》基本相同，于武德七年（624）颁行。

（2）贞观时期的《贞观律》、《贞观令》、《贞观格》、《贞观式》。《贞观律》是唐太宗命房玄龄、裴弘献等人根据《武德律》编撰的法典，共12篇，500条，于贞观十一年（637）颁行。

（3）永徽时期的《永徽律》、《永徽律疏》。《永徽律》是唐高宗命长孙无忌等人根据《武德律》和《贞观律》编撰的法典，共20篇，502条。篇名依次为名例、卫禁、职制、户婚、厩库、擅兴、贼盗、斗讼、诈伪、杂、捕亡、断狱等，于永徽二年（651）颁行。《永徽律》以保护封建土地所有制，维护封建宗法制度，加强皇帝的权力，统治和镇压农民为主要内容，是中国现存最完备的一部封建法典。

（4）开元时期的《开元律》、《大唐六典》。

（5）大中时期的《大中刑律统类》。

永徽三年（652），唐高宗令长孙无忌等对《永徽律》的精神和律文逐条逐句进行疏证解释，以阐明律条文义，并通过问答形式，剖析内涵，说明疑义，撰成《律疏》三十卷，《律》和《疏》具有同等的法律效力，永徽四年（653）颁行。《律疏》与《律》合为一体，统称《永徽律疏》，宋元时称作《故唐律疏议》，明末清初始名为《唐律疏议》。此后《律》文无甚改动，诸帝的增损、编纂多为“令”、“格”、“式”，可谓唐律已基本定型。唐朝法典至今只有《唐律疏议》和《唐六典》传世，余均亡逸。

《唐律疏议》是中国历史上保存至今的最具影响力的封建法典，后世刑律皆以唐律为蓝本，是研究唐代历史的重要文献。由于唐朝与周边各国频繁通使和文化交流，《唐律疏议》对古代亚洲各国法典亦产生重大影响。国际法制史学者甚至将《唐律疏议》与欧洲的《罗马法》相提并论，视之为古代中华法系的代表著作。

（五）《宋刑统》

宋朝没有像唐、明、清那样的律典名称，只有相当于唐律的《宋刑统》。宋朝与唐朝遥隔一个混乱的五代十国，所以宋朝的法律名称没有继承唐律，而是沿用了后周的“刑统”名称，这就是特殊的《宋刑统》。

宋朝的立法活动，始于宋太祖建隆三年（962），当时工部尚书判大理寺窦仪等人奏请朝廷建议修订法律，得到朝廷同意，窦仪等人主持其事。次年，《宋建隆重详定刑统》编成，并于同年八月“谟印颁行”，成为中国历史上首部刊版印行的法典。《宋刑统》自颁布后，虽于宋太祖乾德四年（966）、神宗熙宁四年（1071）、哲宗绍圣元年（1094）、高宗绍兴元年（1131）数次修改，但总体改动不大，正如《宋刑统·序》言：“终宋之势，用之不改。”

《宋刑统》仿照唐末的《大中刑律统律》、后唐的《同光刑律统类》和后周的《显

德刑律统类》的体例而制定，但是唐律对于《宋刑统》影响依然很大。其篇目仍与唐律一样，共12篇，502条，不过在每篇下设有门，合计213门。其收集了唐朝开元二年（714）至宋朝建隆三年（962）间的敕、令、格、式中的刑事规范，根据需要选出209条附于律文之后，与之并行。这是《宋刑统》与《唐律疏议》的重要区别。

五刑制度也是沿用了唐律的规定，其他有关定罪量刑的规定如议、请、减、赎等也和唐律基本相同。但宋朝的刑罚也有些许变化，如凌迟刑的合法化就是在宋仁宗时期。

（六）《大明律》

《大明律》是《大明律集解附例》的简称。它由朱元璋总结历代法律施行的经验和教训而制定，草创于金戈铁马的战争时期，完成于重典治国的洪武年代。

《大明律》共分30卷，篇目有名例一卷、吏律二卷、户律七卷、礼律二卷、兵律五卷、刑律十一卷、工律二卷，共460条。这种以“六部”作六律总目的编排方式，是承《元典章》而来的，与《唐律》已不尽相同，在内容上也较《唐律》有许多变更，又增加了“奸党”一条，这是前代所没有的。在量刑上大抵是罪轻者更为减轻，如地主阶级内部的诉讼；罪重者更为加重，对谋反、大逆等民变制裁严厉异常。

在刑罚种类上，《大明律》渊源于《唐律》，以笞、杖、徒、流、死为五刑，即所谓正刑，还有杂犯、斩、绞、迁徙、充军、枷号、刺字、论赎、凌迟、枭首、戮尸等附加刑，有的承自前代，有的为明代所创。廷杖就是朱元璋独创。至于锦衣卫的“诏狱”，其后的东厂、西厂、内厂权力炙热，任意私设刑罚，酷刑峻法，愈演愈烈。

《大明律》作为正统法典，在实施过程中不断受到“朕言即法”的干扰，其实际作用是与皇权至上原则的反复博弈。从法制史角度看，《大明律》继承了中国古代法律制定的优良传统，是明代以前各朝法典文献编纂的历史总结。

（七）《明大诰》

大诰是明朝初期制定的一种特别刑事法规。朱元璋为从重、从快处理犯罪，特别是官吏犯罪，就将亲自审理的案件汇总，加以就案而发的言论，合成训诫天下臣民必须严格遵守的刑事特别法。

《明大诰》的问世是明初推行重典政策的产物。朱元璋认为元朝失败的原因是朝廷暗弱，“威福下移，驯至于乱”，因此主张以猛治国，刑用重典。洪武初，他进行了一系列立法，以严法重刑绳诸吏民。从洪武十八年（1385）起，他亲自“采辑官民过犯，条为大诰”，颁行天下。“大诰”之称出于《尚书》，该书的大诰篇记叙了周公东征殷遗民时，对臣民的训诫。“大诰”二字，即“陈大道以诰天下”之意。朱元璋颁行“大诰”的目的是仿效周公以“当世事”警诫臣民，永以为训。

大诰效力在律之上，处罚比《大明律》要重，且使用了很多的法外酷刑，如断手、阉割为奴等，在刑罚制度上是一大倒退。

大诰在中国历史上是普及最广泛的一种法律，洪武时期每家一本。“大诰”倡导的是“对人极度蔑视”的封建强权主义和无节制的滥杀政策，因此受到人民的反对。虽然峻法严刑意使臣民知畏而不敢轻犯，但实际上并未收到应有的效果。朱元璋亦承认，“其诰一出”，“恶人以为不然，仍蹈前非”，“犯若寻常”（《御制大诰三编·序》），其死后不久，就被继承者抛弃。

（八）《大清律例》

《大清律例》是中国封建社会最后的一部封建法典。

清统治者取得全国政权之初，暂用《大明律》。顺治二年（1645），即以“详译明律，参以国制，增损剂量，期于平允”为指导思想，着手制定法典。三年律成，定名为《大清律集解附例》，颁行全国。十三年复颁满文本。

康熙二十八年（1689），将康熙十八年（1679）纂修的《现行则例》附于律文之后。雍正元年（1723）续修，三年书成，五年发布施行。乾隆五年（1740），更名为《大清律例》，通称《大清律》。乾隆十一年（1746）定制“条例五年一小修，十年一大修”。以后虽历经修订，但主要是增减修改附律之条例，律文则变动不大。

宣统二年（1910）《大清现行刑律》颁行。1842年，香港被清朝政府划到了英国的殖民版图中。但双方签署的条约中规定，香港法律中对于华人仍按照《大清律例》，这一规定直到1972年以后才完全废止。

（九）古代敬老法

“老吾老以及人之老”是中华民族的传统美德。1959年于甘肃武威县出土的《王杖诏书令》竹简记载，我国在西汉时期就规定了尊敬和赡养老人的法令。

《王杖诏书令》规定：对70岁以上老人，由朝廷授予一种顶端雕有斑鸠形象的特制手杖——“王杖”。持有“王杖”的人，享有各种社会优待。例如，持有“王杖”的人社会地位相当于年俸“六百石”的地方小官吏；侮辱或殴打这些老人的官民，都要定为大逆不道的罪名而处以斩首之刑等。同时，对于无亲属的老人、病弱的老人，也都有明确的照顾规定。据考证，这些法律条文是从西汉宣帝到东汉明帝130多年间，几经修改、补充而明确起来的。①

敬老法在各朝各代有所不同，核心精神在于张扬社会的“礼”和“孝”，例如，汉朝的优惠法②、唐朝的饮酒礼③、明朝的养老令④等，清代则举办了四次“千叟宴”⑤，赴宴老人至少千人，多的高达3 000多人。

---

① 高宗达：《我国古代敬老法》，载《郑州日报·文史杂谈》，2007年10月18日，第16版。

② 汉代每逢朝廷大典，都要组成20多人的慰问团，代表皇上慰问70岁以上的老人，给他们加发米、肉、酒、丝等物，并免租税，给予无息贷款，还督促地方官员抚慰老人，并将此作为考核官员政绩的一项内容。

③ 唐代除了定期发给80岁以上老人一定数量的粮食、布帛作为养老金外，还规定，每年腊月聚集乡里的老人，行饮酒礼，由官府出资，举办酒宴，“使人知尊老养老之礼”。

④ 明洪武十九年颁布的《养老令》中规定：对于80岁以上、贫穷无产业的老人，每月发给米5斗、肉5斤、酒3斗；90岁以上的，每月加发帛一匹，絮一斤。凡士绅满80岁者，赐爵里士，90岁以上者，赐爵里士，免除一切徭役，享受“与县官均礼”的政治待遇。

⑤ 古代帝王或官绅学士为弘扬敬老古风而举办的尊老、养老酒宴欢会。

第六章 军事制度

第一节 不同时期的军制

一、军事制度的称谓

中国古代军事制度，古称军制、兵制，是为巩固政权，由统治者组织、管理、储备和发展军事力量的制度。军事制度随着国家、军队的产生而产生，并与整个国家的经济、政治制度相适应，属于上层建筑，因而体现着统治阶级的意志，为统治阶级的利益服务。

“军制”一词，在中国首见于战国时期。《荀子·议兵》：“临武君曰：善！请问王者之军制？孙卿曰：‘将死鼓，驭死辔，百吏死职，士大夫死行列……’”《吕氏春秋·节丧》：“引绋者左右万人以行之，以军制立之，然后可。”以后，历代使用此词，含义均属军事方面的制度。南宋起，“兵制”一词盛行，“军制”、“兵制”两词并用，含义相当。清末以后，多用“军制”一词。

从夏朝到清朝道光年间，中国军制经历了奴隶社会和封建社会两大发展阶段，随着政治制度的变化，经历了由简单到复杂、由低级到高级的发展演变。主要内容包括：军事体制、编制、管理教育、训练、军事职官、兵役动员、军队调发与战时指挥、粮饷兵器与马政保障等各项制度。其基本作用在于保障军事建设，以便有效地准备和实施战争，确保统治权的稳固与发展。

现代的军事制度则主要包括：军事（国防）领导体制，武装力量体制，军队组织体制编制，军队的军事训练、政治工作、人事管理、行政管理、技术保障、后勤保障等制度，后备力量建设制度，兵役制度，国防经济管理制度，武器装备管理制度，国防教育制度，民防制度，战争动员制度和军事法制等。

二、历代的军事制度

中国历史悠久，疆土辽阔，民族众多，战事频繁，历代军事制度内容丰富且形式独特。

（一）夏、商、周时期的军事制度

据甲骨文、金文和《尚书》、《周易》等记载，夏、商、西周三代，已确立并发展了体现奴隶主阶级意志和利益的军事制度。

天子作为国家最高统治者，也是最高军事统帅。直接拥有强大的王族军队、王室军队，并有权调遣诸侯军队、方国军队。辅佐天子的奴隶主贵族大臣，平时掌管军事，战时统兵打仗。士卒主要由奴隶和平民充当，平民平时务农，战时为兵，奴隶随军服杂役。

武器装备主要有战车、弓、矢、戈、矛、刀、盾、护甲等，以青铜兵器为主，兼用木、石。对作战人员采取重赏重罚的制度，如“用命赏于祖，弗用命戮于社，予则孥戮汝”（《尚书·甘誓》）。

西周军制比夏、商有了很大发展，中央常备军力量扩大，拥有西六师、成周八师和殷八师，共22个师。“礼乐征伐自天子出”，各诸侯国和一些贵族大臣虽有少量军队，但要听从周王统一调遣。

（二）春秋战国时期的军事制度

春秋战国时期，各诸侯国纷纷改革军制，以适应政治、经济变革的顺利实现。尤其是商鞅变法，实行军功授爵，健全户籍，什伍编组，影响很大。这时期还出现了一大批杰出的军事家以及军事专著。

春秋战国时期军制发生的重大变化主要有：一是产生了以征发农民为主的郡县征兵制，军赋也由农民承担，扩大了兵源与军赋；二是军事与行政编制相结合以利战争动员，军队扩大，建制由“师”发展到“军”；三是文武明显分职，并产生了凭兵符发兵和奖励军功等制度；四是军政一体化的国家体制转变为相对独立于行政体制的以国君为中心的高度集权化军事体制。

（三）封建社会时期的军事制度

自秦统一中国至1840年鸦片战争爆发，中国封建社会经历了由春秋战国到秦、汉，由三国、两晋、南北朝到隋、唐，由五代十国、宋、辽、夏金到元、明、清三次大分裂和三次大统一。与此相应，封建军制也经历了初创期、发展期和晚期。历代封建王朝根据自身特点建立了与封建专制主义中央集权相适应的军事制度。

1. 秦汉时期的军事制度

公元前221年秦统一六国后，为适应君主集权制封建国家政体的需要，逐步确立了以皇帝为统帅，中央军为主力，中军与外军相表里，地方军与边防军相呼应，正规军与地方武装相结合，内重外轻、以重驭轻的武装力量体制，并为历代封建王朝所继承和发展。

汉承秦制，其京师兵（中央军）包括南军、北军。郎官、卫士和屯兵，分别由郎中令（光禄勋）、卫尉和中尉（执金吾）统领，分掌宫廷内外宿卫、警戒和京师卫戍。武帝时增北军为八校，东汉又改为五营。地方军有材官、骑士和楼船（水兵）三个兵种，由郡尉（都尉）和县尉协助守、令统管，每年进行射御、骑驰和战阵训练，秋季进行“都试”。平时维持社会治安，战时凭兵符应调从征。

东汉光武帝时与民休息，曾下诏罢郡国都尉和地方兵。秦汉以征兵为主，男子一般17岁傅籍，23～60岁服役，役期2年左右。征兵不足以募兵补充，也征发刑徒为兵。东汉罢郡国兵后，遂改以募兵为主，征兵为辅。

2. 北宋时期

960年，赵匡胤建立北宋，吸取了晚唐五代军阀割据的教训，改革军制，强化皇权，亲掌军队建置、调动和指挥权，其下兵权三分：“枢密掌兵籍、虎符，三衙管诸军，率臣主兵柄，各有分守。”军队分禁兵、厢兵、乡兵和边境地区的番兵。禁兵为主力，最多时达百万以上，实行“居中驭外”的“更戍制”。

神宗时，王安石配合政治体制改革，改革军制，一度实行保甲、保马和将兵法；同

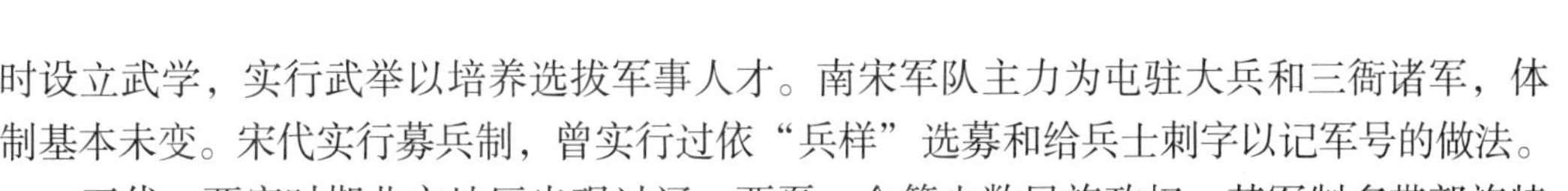

时设立武学，实行武举以培养选拔军事人才。南宋军队主力为屯驻大兵和三衙诸军，体制基本未变。宋代实行募兵制，曾实行过依“兵样”选募和给兵士刺字以记军号的做法。

五代、两宋时期北方地区出现过辽、西夏、金等少数民族政权，其军制多带部族特色，如辽朝部族军和两院制，金朝猛安谋克制等。

3. 元、明、清时期的军事制度

晚期元、明、清为封建军制晚期，因蒙、满族入主中原，军制上反映出民族大融合的鲜明特征。

元初军事与社会组织融为一体，各部落按百户、千户、万户编制，上马出战，下马牧养，兵牧合一。南下后设枢密院、行枢密院和兵部等以加强中央集权。军队包括蒙古军、探马赤军、汉军和新附军，分宿卫和镇戍两大系统，实行军户制和军官世袭制。

明代实行以屯田制为基础的卫所军制，全国遍设卫所，控扼要害。军队分京军和地方军两大部分。中央设五军都督府掌全国卫所军籍，设兵部掌征讨、镇戍和训练。战时命总兵官出征，战罢兵归卫所，将印归朝，实行统军、调军与指挥权分离的，军不私将、将不专军的制度。

清代前期主要实行八旗兵制、绿营兵制。八旗兵制是以八种颜色的旗帜为标志编组，兼有军事、政治和生产职能的“兵民合一”的满族兵制。太宗时增设蒙古八旗和汉军八旗，共为24旗。入关后，八旗兵已脱离生产，并分为禁旅（京营）八旗和驻防八旗，军队直属于国家而不再归旗主私有。绿营兵制是参照明朝卫所制建立的汉族兵制。绿营兵由招募的汉人和收编的汉族地主武装组成，以绿旗为标志，以营为单位编组。八旗兵和绿营兵都实行薪给制，按年月发给一定的银饷和米粮。与元代在非蒙古军中设“达鲁花赤”为监军官的做法类似。清代以八旗监绿营，八旗兵薪饷和武器装备都优于绿营兵，这是政治上的民族歧视政策在军制上的反映。鸦片战争后，封建军制开始全面崩溃，清朝八旗兵、绿营兵为勇营和新军取代。新军和近代海军的出现，标志着中国古代军制向近代军制的过渡。

三、封建社会军事的重要内容

封建军制是与君主专制主义政治制度相配合的军事集权制，其内容主要表现在：

在军事领导体制上，确立皇帝的最高统帅地位，以宰相等高级官吏为智囊，形成最高军事决策集团。设置中央军事行政和军事指挥机构，统兵权、发兵权与用兵权相互分离，建立监军制度，保证军权高度集中于皇帝。

在武装力量体制上，逐渐形成以中央军（包括皇室亲军、京师卫戍部队和军事要冲驻屯部队）为主体，中央军、地方军、边防军与民众武装相结合的体制。

在兵役制度上，因势采取征兵制、募兵制、世兵制或多种兵役形式相结合的制度，多以农民为军队兵员的主要成分。

在武器装备上，宋朝以前仍处于冷兵器时代，从宋朝开始使用火箭、火毬、火枪、火炮等火器，逐步进入冷兵器和火器并用时代。各代中央与地方多设立兵器制造和管理机构，严格控制兵器的制造和发放，还规定有兵器查验、维修和授予制度。

在兵种结构上，步兵、骑兵为主要兵种，车兵逐步消失；舟师仍在江河、濒海地区

发展，明朝郑和率船队“七下西洋”，舟师发展到相当规模；宋、金出现了建制的炮兵——炮手军，元朝编有炮手万户府，明朝组建火器部队——神机营。

在后勤保障制度上，主要依靠中央（户部）转饷调粟，统一供应；汉朝以后，还发展了军屯，隋、唐府兵及元、明军队还采取自备资粮和屯种自给等制度；在中央和北部、西北部适于牧马的地区，设有专门的马政机构，掌管军马的牧养、繁衍和购买。

在军事训练制度上，先后实行过都试制、讲武制、团练制、阅视检查武备制和武学制等。

在军队管理上，颁行严格的军纪军律、赏罚条格，军事制度的许多内容通过律、令、制、诏、格、式等形式颁行，如秦朝的《傅律》、《敦表律》、《戍律》、《军爵律》；唐朝的《卫禁律》、《捕亡律》、《擅兴律》、《军防令》、《兵部格》、《兵部式》等。对军队的组织编制、校阅当值、番上宿卫、屯田戍边、兵役军赋、武官选任、加衔晋级、兵丁拣点、军队调发、军人职守、逃兵惩治、兵要机密、军需补给、驿站通信、武器制造与配发、厩库管理等，都作了具体的规定。

第二节　军　事　家

一、吕尚

姜太公（约前1128—约前1015），本名吕尚，姜姓，字子牙，武王尊之号为“师尚父”，世称姜太公、太公望，后人多称其为姜子牙、姜太公。中国历史上最享盛名的政治家、军事家和谋略家。

吕尚出生于东海之滨，经历文、武、成、康四王，死后谥齐太公。《史记》载吕尚辅文王兴周，佐武王灭殷，为文、武两王之师（军政最高参谋），受封就国后又平定前来争国的莱夷。管叔、蔡叔联合殷纣之子武庚作乱时，周公旦派召公奭传送王命给齐国：“东至海，西至河，南至穆陵，北至无棣。五侯九伯，实得征之。”太公由此得专征之权，使齐国成为大国。太公治国有术，齐国如日东升；遗教子孙，泽被后世，后世齐桓公“九合诸侯，一匡天下”，荣升五霸首座，将太公遗业推向顶点。

唐宋以前，姜太公被历代皇帝追封为武圣，唐肃宗追封姜太公为武成王，宋真宗时，又追封姜太公为昭烈武成王。到了元朝时期，民间出现了一些关于姜太公的神话传说。到明代万历年间，许仲琳创作了小说《封神演义》，从此，姜太公由人变成了神，民间广为信奉。

姜太公是齐国的创建者，齐文化的奠基者，亦是中国古代的一位影响久远的杰出的韬略家、军事家与政治家。历代典籍均尊崇其历史地位，儒、道、法、兵、纵横诸家皆追认他为本家人物，被尊为“百家宗师”。

二、司马穰苴

司马穰苴（生卒年不详），本姓田，名穰苴。齐景公拜为大司马，遂以司马为姓氏，后世称之司马穰苴。他是上继吕尚、管仲，下开孙武、吴起的著名军事家。所传

《司马穰苴兵法》，尤为汉代推重，司马迁赞曰："闳廓深远，虽三代征伐，未能竟其义。"

齐景公时，恰遭晋、燕入犯齐境，于是齐景公接受晏婴的建议召田穰苴，"与语兵事，大悦之"，遂任命田穰苴为将军，抵御晋、燕之师。穰苴自此登上了齐国的历史舞台。

穰苴虽然军法严明、不阿权贵，却爱兵如子，能与士卒同甘共苦，经常把自己的财物分给士兵，询病问药，优待病弱之人，故深受士卒欢迎。晋、燕之军闻风退走。穰苴追击敌兵，收复失地。回国后，升任大司马之职。

虽然田穰苴乃田氏后裔，毕竟是远支且非恩荫荣迁，但是田氏家族势力在齐国如日中天，高氏、国氏、鲍氏家族以及梁丘据之流乘机进谗，欲驱逐田穰苴以削弱田氏势力，齐景公亦对政治斗争心有余悸，采纳了鲍氏、高氏、国氏之言，将田穰苴辞退了。一代卓越的军事家由此抑郁成病、愤恨而殁。

到了战国时期，齐威王让士大夫整理古代的《司马法》，附穰苴兵法于其中，编成《司马穰苴兵法》一书。

《史记·孙子吴起列传》云："能行之者未必能言，能言之者未必能行。"司马穰苴不仅治军有方、战功赫赫，名相晏婴盛赞其"文能附众，武能威敌"，而且《司马法》一书而惠泽后世，所谓"自古王者皆有司马法，穰苴能申明之"（《史记·太史公自序》）。《司马穰苴兵法》到了北宋神宗元丰年间，被列为"武经七书"之一，成为武学将校必读之书。

三、孙武

孙武（生卒年不详），字长卿，后人尊称其为孙子、孙武子、兵圣、百世兵家之师、东方兵学的鼻祖。春秋时期齐国乐安（今山东省广饶县）人。

孙武以及《孙子兵法》在中国历史上威名赫赫，家喻户晓，但是其人身世，历史记载甚少。根据《史记·田敬仲完世家》、《新唐书·宰相世系表》的叙述，孙武祖宗在齐国的谱序是：陈完、陈稚、陈缗、陈须无、陈无宇、陈书、陈凭、陈武（即孙武）。公元前 547 年，陈书因伐莒建立赫赫战功，齐景公封采地，赐姓"孙"。司马穰苴大约在陈无宇与陈书之间。后来，田穰苴官至齐国大司马，齐景公担心田氏家族权势过于强大，会对国君不利，于是撤了穰苴之职，田穰苴在郁闷中死去。受此影响，孙武看到自身的才能在齐国无法施展，胸怀大志的孙武便携带世传兵书于齐景公三十一年（前 517）投奔了吴国。时年 19 岁。五年后，孙武在伍员（即伍子胥）的推荐下，将整理好的兵法十三篇呈于吴王阖庐，以求重用。史籍记载"武以伍员荐入吴为上将，伐楚入郢，及秦人救楚，乃班师。后见阖庐荒游无度，辞官归齐，数年而亡"。

孙武战功显赫，受任为将，攻无不克、战无不胜，与伍子胥率吴军破楚，五战五捷，率兵 6 万打败楚国 20 万大军，攻入楚国郢都。北威齐晋，南服越人，显名诸侯。而《孙子兵法》是我国最早的兵法专著，被誉为"兵学圣典"，置于"武经七书"之首，被译为英文、法文、德文、日文，成为国际间最著名的兵学典范之书。

四、吴起

吴起（约前 440—前 381），卫国左氏（今山东省定陶，一说曹县）人。战国初期

著名的政治改革家，卓越的军事家、统帅。后世把他和孙武连称“孙吴”，著有《吴子》。《吴子》与《孙子》又合称“孙吴兵法”，在中国古代军事典籍中占有重要地位。

周威烈王十四年（前412），齐攻鲁，鲁君欲用吴起为将，但因吴妻是齐人，有所怀疑。吴起毅然杀妻，表示忠于鲁，史称杀妻求将。鲁君终于任命他为将军，对抗齐国。吴起治军严己宽人，与士卒同甘共苦，军士皆死命。吴起率军到达前线，先与齐军谈判，故意“示之以弱”，以“弱”、“怯”的假象麻痹齐军将士，骄其志，懈其备，然后出其不意地以精壮之军向齐军发起猛攻。齐军仓促应战，一触即溃，伤亡过半，鲁军全胜。吴起的得势引起鲁国群臣的非议。鲁君因此辞退了吴起。离开鲁国后，吴起游说魏文侯。魏文侯任命吴起为将军，攻打秦国，攻克五座城邑。魏置西河郡，吴起任西河郡守。这一时期他“曾与诸侯大战七十六，全胜六十四”，“辟土四面，拓地千里”。特别是周安王十三年（前389）的阴晋之战，吴起以5万魏军，击败了十倍于己的秦军，成为中国战争史上以少胜多的著名战役，也使魏国成为战国初期的强大的诸侯国。魏文侯死后，吴起继续效力于魏武侯。后因为遭小人猜忌离开魏国到楚国。吴起一到楚国就被任为相。他严明法令，裁撤冗官，废除了较疏远的公族，加强军队建设，破除纵横稗阖的游说。于是南面平定了百越；北面兼并了陈国和蔡国，并击退了韩、赵、魏的扩张；向西征伐了秦国。

吴起在政治、战争诸方面积累了丰富的经验。他在任西河守期间，根据多年的作战经验，著有《吴子兵法》，这是一部在我国军事史上与《孙子兵法》并列的古代军事著作。《吴子兵法》据《汉书·艺文志》载，有48篇。今本《吴子》6篇（《图国》、《料敌》、《治兵》、《论将》、《应变》、《励士》），其中掺杂后人所托。

《吴子兵法》论述进步的战争观问题，主要谋略思想是“内修文德，外治武备”，既反对持众好战，也反对重修德而废弛武备，主张只有内修文德，外治武备才能使国家强盛。在战争的起源问题上，吴起力图从社会方面去寻找原因。他说：“凡兵所起者有五：一曰争名，二曰争利，三曰积恶，四曰内乱，五曰因饥。”（《吴子兵法·图国》）这对战争根源的探索在世界军事史上是最早的。但是，由于阶级和历史的局限性，他没有认识到战争的真正根源，也找不到消灭战争的途径。

在战争与政治的关系上，吴起强调把政治放在首位。“昔承桑氏之君，修德废武，以灭其国。有扈氏之君，恃众好勇，以丧其社稷”（《吴子兵法·图国》）。这种把政治和军事相联系的观点，具有远瞻性和深刻性。从这个战略思想出发，吴起在西河一方面注重军事改革，一方面从事政治、经济的改革，为魏国的富强奠定了基础。

吴起继承了孙武“知己知彼，百战不殆”的思想，《治兵》、《论将》和《励士》三篇主要阐述了他的治军思想。《料敌》篇强调探究和分析敌情的重要意义。《图国》篇发展了孙武的“兵贵胜，不贵久”的思想，还在战争实践中认识到，只有一支训练有素的军队还不够，还必须有安定的后方，所谓“昔之图国家者，必先教百姓而亲万民。有四不和：不和于国，不可以出军；不和于军，不可以出陈；不和于陈，不可以进战；不和于战，不可以决胜”（《吴子兵法·图国》）。《应变》篇具体论述了在仓促间遭遇强敌、敌众我寡、敌拒险坚守、敌断我后路、四面受敌及敌突然进犯等情况下的应急战法和胜敌的策略。

五、张良

张良（约前250—前186），字子房，汉初城父（今安徽亳州）人。汉高祖刘邦的谋臣，秦末汉初时期杰出的政治家、军事家，“汉初三杰”（张良、韩信、萧何）之一。

秦灭韩后，张良在博浪沙狙击秦始皇未中，逃亡至下邳时遇黄石公，得《太公兵法》，深明韬略，足智多谋。司马迁在《史记》中说：“学者多言无鬼神，然言有物。至如留侯所见老父予书，亦可怪矣。高祖离困者数矣，而留侯常有功力焉，岂可谓非天乎？上曰：‘夫运筹策帷帐之中，决胜千里外，吾不如子房’，余以为其人计魁梧奇伟，至见其图，状貌如妇人好女。盖孔子曰：‘以貌取人，失之子羽。’留侯亦云。”

秦末农民战争中，张良聚众归刘邦，为其主要“智囊”。楚汉战争中，提出不立六国后代，联结英布、彭越，重用韩信等策略，又主张追击项羽，歼灭楚军，为刘邦完成统一大业奠定了坚实的基础，刘邦誉其为“运筹帷幄之中，决胜千里之外”。

六、韩信

韩信（约前231—前196），字重言，淮阴（今江苏淮安）人，“汉初三杰”之一，伟大统帅和军事理论家，是中国军事思想“谋战”派代表人物，后人奉之为“兵仙”、“战神”。时人评价曰：“国士无双”，“功高无二、略不世出”。

韩信平民出身，性格放纵而不拘礼节。年轻时无经商谋生之道，常常依靠别人糊口度日。陈胜、吴广起义后，项梁也渡过淮河北上，韩信投奔了项梁。项梁败死，又归属项羽，项羽让他做郎中。韩信多次给项羽献计，项羽不予采纳。刘邦入蜀后，韩信离楚归汉，做治粟都尉。后来韩信坐法当斩，同案十三人都已处斩，轮到韩信，他举目仰视，对滕公夏侯婴说：“上不欲就天下乎？何为斩壮士！”夏侯婴觉得此人话语不同凡响，看他相貌威武，就放了他，同他交谈，很欣赏他，于是进言汉王。后来萧何月下追韩信，极力推荐，刘邦才登台拜将，封韩信为大将军。

韩信为汉朝立下汗马功劳，历任大将军、左丞相、相国，封齐王、楚王、淮阴侯等，“王侯将相”一人全任，在中国历史上十分罕见。却也因其军事才能引起猜忌，被吕雉及萧何骗入宫内，公元前196年寒冬正月，以“谋反”罪名处死于长乐宫钟室，时年36岁。

韩信在被刘邦软禁期间与张良一起整理了先秦以来的兵书，共得182家，这是历史记载第一次大规模的兵书整理。《汉书·艺文志》记载：“汉兴，张良、韩信序次兵法，凡百八十二家，删取要用，定著三十五家。诸吕用事而盗取之。武帝时军政杨仆捃摭遗逸，纪奏兵录，犹未能备。至于孝成，命任宏论次兵书，为四种。”

韩信娴习兵书，熟谙兵法，不仅继承了《孙子兵法》等前代诸家兵法，还对这些兵法有所创新和发展。在楚汉战争中，韩信发挥了卓越的军事才能，他率汉军出陈仓、定三秦，继之破魏、下代、灭赵、降燕、伐齐，直至垓下全歼楚军，无一败绩，天下莫敢与之相争，是真正的“常胜将军”。韩信指挥的陈仓之战、安邑之战、井陉之战、潍水之战和垓下之战等一系列重要战役都是战争史上的杰作，其博大精深的军事谋略和出神入化的指挥艺术，丰富和发展了军事科学，在中国军事史上是一份珍贵的遗产。

至今，“明烧栈道，暗度陈仓”、“十面埋伏”、“四面楚歌”以及“萧何月下追韩信”、“韩信点兵”等典故依然被人传诵。

七、郭子仪

郭子仪（697—781），华州郑县（今陕西华县）人，官居兵部尚书、中书令、天下兵马副元帅、汾阳王。历仕玄宗、肃宗、代宗、德宗四朝，肃宗赞曰：“吾之家国，由卿再造”；为表彰兴唐之功，唐代宗特颁发“铁券”（免死牌），在凌烟阁为其画像；唐德宗时，因其曾任山陵使（皇陵使），赐称“尚父”。病故于唐德宗建中二年（781），享年85岁，赐谥号“忠武”。

郭子仪系出名门，父亲祁国公郭敬之，历任渭州、吉州、绥州、寿州四州刺史。虽出身世家，郭子仪却拒绝以门第为履足仕途的捷径，毅然投身军旅以自身才能获取晋升官职的门径。

在安史之乱中，郭子仪在河北打败史思明。后连回纥收复洛阳、长安两京，功居平乱之首，晋为中书令，封汾阳郡王。代宗时，仆固怀恩勾引吐蕃、回纥进犯关中地区，郭子仪正确地采取了结盟回纥，打击吐蕃的策略，保卫了国家的安宁。郭子仪戎马一生，屡建奇功，享有崇高的威望和声誉。《资治通鉴》评价郭子仪称：“天下以其身为安危者殆三十年，功盖天下而主不疑，位极人臣而众不疾，穷奢极欲而人不非之，年八十五而终。”

八、岳飞

岳飞（1103—1142），字鹏举，北宋相州汤阴县永和乡孝悌里（今河南省安阳市汤阴县）人。抗金名将，著名军事家，南宋“中兴四将”（岳飞、韩世忠、张俊、刘光世）之首。

岳飞在军事方面的才能则被誉为宋、辽、金、西夏时期最为杰出的军事统帅，又是两宋以来最年轻的建节封侯者。作为中国历史上的名将，岳飞精忠报国的精神深受中国各族人民的敬佩。其率领的军队被称为“岳家军”，人们广泛传颂“撼山易，撼岳家军难”，表示对“岳家军”的最高赞誉。

绍兴十一年（1142）十二月二十九日，秦桧以“莫须有”的罪名将岳飞毒死于临安大理寺狱中，时年40岁。1162年，宋孝宗时诏复官，谥武穆，宁宗时追封为鄂王，改谥忠武，有《岳武穆集》传世。

第三节　军事经典著作

一、《六韬》

《六韬》又称《太公六韬》、《太公兵法》、《素书》，旧题西周吕尚著，普遍认为是后人收集整理，作者已不可考。现在一般认为此书成于战国时代。全书以太公与文王、武王对话的方式编成。

《六韬》是一部集先秦军事思想之大成的著作，被誉为是兵家权谋之始祖。司马迁的《史记·齐太公世家》称其："后世之言兵及周之阴权。皆宗太公为本谋。"北宋神宗元丰年间，《六韬》被列为"武经七书"之一，为武学必读之书。《六韬》在16世纪传入日本，18世纪传入欧洲，现今已翻译成日语、法语、朝鲜语、越南语、英语、俄语等多种文字。

《六韬》共分6卷：文韬——论治国用人的韬略；武韬——论用兵的韬略；龙韬——论军事组织；虎韬——论战争环境以及武器与布阵；豹韬——论战术；犬韬——论军队的指挥训练。

《六韬》涉及战争观、战争谋略、作战指导和军事人才思想等多方面的军事理论，内容极为丰富，其中能反映吕尚军事思想的主要有：强调争取人心；主张政治攻心，瓦解敌人；文武并重，谋略为先。

二、《三略》

《三略》原称《黄石公三略》，与《六韬》齐名。此书不同于其他兵书，侧重于从政治策略上阐明治国用兵的道理，糅合了诸子各家思想。南宋晁公武称："论用兵机之妙、严明之决，军可以死易生，国可以存易亡。"北宋神宗元丰年间被编入"武经七书"。

《隋书·经籍志》始著录《黄石公三略》三卷，题下邳神人撰，书中自称"《三略》为衰世作"。因此《三略》的成书时间大约在东汉末年至魏、晋时期。

《三略》是中国古代第一部专讲战略的兵书，以论述政治战略为主，兼及军事战略。杂采儒家的仁、义、礼，法家的权、术、势，墨家的尚贤，道家的重柔，甚至还有谶纬之说。全书讲政治策略手段较多，而直接讲军事的反而较少。

《三略》分上略、中略、下略。上略可概括为"设礼赏，别奸雄，著成败"。通过对设礼赏详细说明，就是要以礼赏来招纳贤士，也强调以民为本的思想，为王者提出了具体的战略策略。中略可概括为"差德行，审权变"，同上略一样强调以人为本，以德服人，但本篇主要特点是在用人上提到了"权变"，就是要以个人不同的特点而加以利用，虽然王者以德治人，但利用人时完全可以不考虑这一点，只要其能为我所用就可以了。本篇提出了"谲奇"和"阴谋"这些用人的策略。下略强调德对于国家的重要性，并指出为王者治理国家要尊于道，道与德两者相辅相成，只有这两者得到很好的统一，那国家的安危就可预知，只有道与德行于天下，那贼人贤士就会自动现其身，只要贤士皆能归附，则王者就无敌天下。

《三略》问世以来，受到历代政治家、兵家和学者的重视。先后传入日本和朝鲜，产生了相当大的影响。

三、《司马法》

《司马法》相传为吕尚（姜子牙）所写。战国时代予以增补、整理，《史记·司马穰苴列传》记载："齐威王使大夫追论古者司马兵法，而附穰苴于其中，因号曰《司马穰苴兵法》。"《司马穰苴兵法》因由"司马之法"而来，故称《司马兵法》或《司马法》，亦是"武经七书"之一。流传至今，亡逸很多，仅残存5篇，记载着从殷周到春

秋、战国时期的一些古代作战原则和方法，包括有军法、军礼、军事条例、条令等典章制度，具有军事教典的性质。第一篇《仁本》，主要论述以仁为本的战争观；第二篇《天子之义》，综论军事教育的各种法则；第三篇《定爵》，统论为进行战争而作的政治、思想、物资、军事和利用自然条件等各种准备以及阵法运用的原则；第四篇《严位》，论述阵法的构成及如何利用各种阵式作战；第五篇《用众》，主要论述临阵待敌、用众用寡、避实击虚的战略、策略原则等。

《司马法》与《孙子兵法》相辅相成、相得益彰。《孙子兵法》专门论述作战的具体方略，而《司马法》论述范围极为广泛，基本涉及了军事的方方面面；包括古代用兵与治兵的原则，以及夏商周三代的出师礼仪、兵器、徽章、赏罚、警戒等方面的重要史料。《司马法》所阐述的治军思想和军法内容，为后世制订军队法令、条例提供了依据。

四、《孙子兵法》

《孙子兵法》又称《孙武兵法》、《孙子兵书》、《孙武兵书》等，位列“武书七经”之首，也是世界三大兵书（《孙子兵法》、德·克劳塞维茨《战争论》、日·宫本武藏《五轮书》）之一，其内容博大精深，思想精邃富赡，逻辑缜密严谨。

《孙子兵法》全书共十三篇。《计》篇为首篇，又称始计篇，其他十二篇的篇名皆为两个字，故部分学者加入“始”字，一则此计为各篇顺序之首，二则此事为诸事时间之前，三则与其他十二篇在字数上交相辉映。主要论述庙算，即出兵前在庙堂上比较敌我的各种条件，估算战事胜负的可能性，并制订作战计划。这是全书的纲领。

《孙子兵法》是世界上现存最早、最有价值的古典军事理论名著，被称为“百世谈兵之祖”、“兵经”。曹操在《孙子略解》自序中道：“吾观兵书战策多矣，孙子所著深矣。”唐太宗李世民评论：“朕观诸兵书，无出孙武。”明代人茅元仪在评价《孙子兵法》一书时说：“前孙子者，孙子不遗；后孙子者，不能遗孙子。”孙中山先生也曾高度评价其为中国的军事哲学。

五、《吴子兵法》

《吴子兵法》，又称《吴子》，相传战国初期吴起所著，战国末年即已流传。亦为“武经七书”之一。《汉书·艺文志》称“吴起四十八篇”，《隋书·经籍志》、《新唐书·艺文志》均载为一卷。今本存图国、料敌、治兵、论将、应变、励士六篇。

《吴子》主张“内修文德，外治武备”，把政治和军事紧密结合起来，主张对战争要采取慎重的态度，反对穷兵黩武；认为兵不在多，“以治为胜”；强调料敌用兵，因情击敌，针对齐、秦、楚、燕、韩、赵六国的政治、地理、民情、军队、阵势等不同特点，提出了不同的作战方针和战法。

《吴子》继承和发展了《孙子兵法》的有关思想，在历史上曾与《孙子》齐名，并称为“孙吴兵法”。虽然残存六篇，但也提出了一些很有价值的军事思想。其一，《吴子》提出了一套政治、军事并重，而以政治为先的战争观念。其二，提出了一套首先加强战备，然后依据敌情，“见可而进，知难而退”，施行“审敌虚实而趋其危”的战略战术原则。其三，在论将方面也有新的思想。指出将领要文武全才、刚柔兼备，具有

"理、备、果、戒、约"五种才能。其四，提出了"以教戒为先"的治军原则和"颁赐有功者"的励士原则。《吴子》的这些主张，与后来的《尉缭子》主张用"杀"来解决士气问题有很大区别，反映了战国初期的观念，承袭有《司马法》的"仁本"思想。

六、《孙膑兵法》

《孙膑兵法》，古称《齐孙子》，孙伯灵所著。

孙伯灵在战国时期生于齐国阿、鄄之间（今山东阳谷、鄄城一带），曾与庞涓同投鬼谷子门下，学习兵法。庞涓辅佐魏惠王，做了将军后请孙伯灵到魏国，陷害之并施以膑刑（即去掉膝盖骨的残忍肉刑），后人遂称之为孙膑。在军事上，孙膑以"贵势"即讲求机变而著称，他和吴起都是战国著名兵家。

《史记》是记载孙膑有兵法的最早史书。《汉书·艺文志》把它与《吴孙兵法》并列，著录《齐孙子》89 篇、图四卷。据考证，《孙膑兵法》的散失大概在唐代以前。1972 年 2 月，山东临沂银雀山一号汉墓出土了竹简本的《孙膑兵法》，这使失传已久的古书得以重见天日。竹简本《孙膑兵法》经过认真整理，分为上、下两编，上编可以确定属于《齐孙子》的十五篇，包括《擒庞涓》、《见威王》、《威王问》和《陈忌问垒》等；下编还不能确定属于《齐孙子》的论兵之作。竹简本篇数大大少于《汉书·艺文志》著录，也并非完善的版本。1985 年，文物出版社出版的《银雀山汉墓竹简（壹）》中收入《孙膑兵法》共 16 篇，其篇目依次为：擒庞涓、见威王、威王问、陈忌问垒、篡卒、月战、八阵、地葆、势备、兵情、行篡、杀士、延气、官一、五教法、强兵。

《孙膑兵法》十六篇，在继承孙武、吴起军事思想的基础上，有了新的发展。

第一，孙膑在《威王问》中阐述了战争是政治斗争工具的战争观，明确揭示了战争对于经济的依赖关系，在理论上发展了孙武所提出的"因粮于敌，取用于国"的论题。

第二，孙膑发展了孙武"任势"的军事理论，明确提出了"因势而利导之"的作战原则。

第三，孙膑指出了人在战争中的重要作用。所谓"天时、地利、人和三者不得，虽胜有殃"，这种以人为贵的军事思想，继承了"仁本"思想，却又超越了《司马法》。

第四，孙膑丰富和发展了春秋以来的阵法。在《官一》篇中，他指出了十几种阵法，这可以使我们从中了解古代军阵作战的奥秘。

第五，孙膑提出坚持积极进攻的战略原则，"攻其所必救"的军事原则、以寡敌众的战术原则，选拔将帅的"知道者"等许多有价值的重要思想。

《孙膑兵法》继承了前辈军事家的优秀成果，又对这些成果进行再创造，在我国的军事思想史上占有重要地位。但是也杂有阴阳五行的神秘成分，存在着一些局限性和不足。

七、《尉缭子》

《尉缭子》是中国古代的一部重要兵书，也是"武书七经"之一。

关于《尉缭子》的作者、成书年代以及性质归属，历代颇有争议。一说《尉缭子》

的作者是魏惠王时的隐士，一说为秦始皇时的大梁人尉缭。

《汉书·艺文志》归之杂家类辑录《尉缭》29篇，而于兵形势家类著录《尉缭》31篇。1972年，在山东临沂银雀山汉墓出土了《尉缭子》残简，说明此书在西汉已流行，一般认为成书于战国时代。

《汉书·艺文志》所著录的"杂家"《尉缭》29篇，兼合儒、墨、名、法之说，概属"商君学"，除论述军事外，还论及政治和经济，虽谈兵法，却并非兵家。《隋书·经籍志》之"杂家"《尉缭子》5卷，同今存《尉缭子》的内容和卷数相同，可见今存《尉缭子》即"杂家"《尉缭子》。宋人将"杂家"《尉缭子》收入"武经七书"，归入兵家。

《尉缭子》将战争区分为"挟义而战"和"争私结怨"两大类，支持"诛暴乱，禁不义"的战争，反对"杀人之父兄，利人之货财，臣妾人之子女"的战争。强调战争的目的是为了实现封建统一，"并兼广大以一其制度"，认识到政治是根本，军事是枝干，是政治的发展和表现；认为经济是决定战争胜负的基础，因而注重耕战，把发展农业作为治国之本，同时兼顾商业对战争胜负的影响。

《尉缭子》高度重视军队的法制建设。认为军队必须首先建立严密的制度，强调严明赏罚，并制定了诸如联保、军队营区划分、警戒、禁令、战场赏罚规定及将吏实施惩罚权限、战斗编组、信号指挥等各种条令。

《尉缭子》强调发挥人的主观能动性。认为求神鬼不如重"人事"，反对"考孤虚，占咸池，合龟兆，视吉凶，观星辰风云之变"的迷信做法；提出"往世不可及，来世不可待，求己者也"的观点。强调认识和运用战争运动的规律；对强弱、攻守、有无、专散、文武等诸矛盾的对立与转化有较深刻的认识，注重从事物的联系中研究战争，特别是在对军事与政治、经济等关系的认识上，表现出某些高于前人的朴素的唯物论和辩证法思想。

《尉缭子》作为战国时产生的兵书，所谈的战略战术等问题不如孙、吴兵法深刻，主张治国、治军的用法严酷也失之偏颇，但其杂取法、儒、墨、道诸家思想而论兵，在先秦兵书中独具一格，在战争认识等问题上也有所创见，其丰富而具体的军制、军令等内容，也具有重要的史料价值。

八、《唐李问对》

《唐李问对》全称是《唐太宗李卫公问对》，又称《李卫公问对》、《李靖问对》，或简称《问对》，是唐太宗李世民与李靖讨论军事问题的言论辑录。题为李靖撰，因此书在《旧唐书》和《新唐书》均无记载，亦有人怀疑是北宋阮逸伪作。

现存《李卫公问对》共三卷，分为上、中、下三部分，一万余字，记录了唐太宗与李靖问答98条次。内容多联系唐以前战例及太宗、李靖本人的亲身经历，参照历代兵家言论，围绕着夺取主动权、奇正、虚实、主客、攻守、形势等问题进行讨论。阐述了如下的军事思想：

第一，"致人而不致于人"的思想。掌握战场上的主动权，让敌人受制于己方，而不让己方受制于敌方。

第二，奇正思想。“奇”与“正”是中国古代军事思想的一对重要范畴。自从《老子》提出“以正治国，以奇用兵”后，《孙子兵法》提出了“凡战者，以正合，以奇胜”，“战势不过奇正，奇正之变，不可胜穷”的观点，其他各兵家都对奇、正问题提出了不同的看法和解释。《李卫公问对》发展了这一对范畴。

第三，攻守一法，因情而动的思想。《李卫公问对》的这种思想表现在两个方面，一是攻守“同归于胜”；二是对《孙子兵法》“守则不足，攻则有余”的思想提出了新的解释。

《李卫公问对》还十分重视军队的管理教育和军事训练，强调将帅要深晓训练方法，提出分三个阶段训练军士，即由单兵到多兵，由分练到合练，由浅入深，循序渐进的训练方法。此外，该书对古代阵法布列、军事制度、兵学源流及教阅与实践的关系等一系列问题也进行了探讨。它从理论和实践上考辩“八阵”，认为“八阵”是古代的一种阵法，由“五阵”推演而成，其队形又可根据战场地形分布列为方、圆、曲、直、锐五种基本形态。

《李卫公问对》多处对《孙子兵法》的命题进行了阐发，丰富和发展了《孙子兵法》的思想。它在中国历史上产生了比较大的影响，在宋代被列入“武经七书”中，成为武科必读之书。

九、《纪效新书》

《纪效新书》为戚继光在东南沿海平倭战争期间练兵和治军经验的总结。《纪效新书·自序》云：“夫曰‘纪效’，明非口耳空言；曰‘新书’，所以明其出于法而非泥于法，合时措之宜也。”据《戚少保年谱耆编》卷二记载：“嘉靖三十九年……春正月，创鸳鸯阵，著《纪效新书》。”说明该书当写成于戚继光调任浙江抗倭的第六年即嘉靖三十九年（1560）。

《纪效新书》原本十八卷，卷首一卷。具体篇目为：卷首包括“任临观请创立兵营公移”、“新任台金严请任事公移”、“纪效或问”三篇。正文分：束伍篇第一、操令篇第二、阵令篇第三、谕兵篇第四、法禁篇第五、比较篇第六、行营篇第七、操练篇第八、出征篇第九、长兵篇第十、牌筅篇第十一、短兵篇第十二、射法篇第十三、拳经篇第十四、诸器篇第十五、旌旗篇第十六、守哨篇第十七、水兵篇第十八；共十八篇十八卷。(《戚少保年谱耆编·卷十二·孝思词祝文》)

《纪效新书》语言通俗，“其词率如口语，不复润饰”（《四库全书总目提要》），结合士卒实际讲道理，情深意切，易学易记。在制定规章制度、选兵、练兵以及将领作用、赏罚在治军中的作用等方面都作了详细而深刻的阐述和分析，尤其重视兵器在战争中的运用。《长兵篇》以大量篇幅记述了各种兵器的制造、形制、样式、作用、习法等，并对长短兵器的使用进行了较为深入的探讨。

《纪效新书》既是抗倭中练兵实战的经验总结，又反映了明代训练和作战的特点，尤其是反映了火器发展带来的作战形式变化，具有较高的军事科学价值。但作为一部实用兵书，随着军事技术的发展，许多内容也不适用了。

第七章　教育与科举制度

第一节　古代教育的起源

一、教育概述

（一）教育的概念

“教育”一词可溯源于《孟子·尽心上》：“君子有三乐，而王天下不与存焉。父母俱存，兄弟无故，一乐也；仰不愧于天，俯不怍于人，二乐也；得天下英才而教育之，三乐也。”

“教”意为老师全职授业，强调全日制和专职性质。《说文解字》释：“教，上所施，下所效也。从攴从孝。”即“教”是从“孝”的本义引申和转义而来。“孝”本指子女为了全天照顾病危老人而彻底放弃田产和耕作，转义为老师全天专职教授，并进一步发展出像侍奉父母那样尊崇老师的礼仪规范。

《说文解字》释：“育，养子使作善也。从（倒子）肉声。《虞书》曰：教育子。毓，育或从每。”孟子曰：“中也养不中。才也养不才。”徐锴曰：“（倒子），不顺子也。不顺子亦教之，况顺者乎？”故段玉裁认为，育之所以不从子而从倒子者，正谓不善者可使作善也。

从词源学上考，“教”为老师全职授业；“育”指教化、同化未成年人（或非社会人），使之掌握知识、技能，最终成人（合格的文明者）。简言之，教育就是教诲、培育，使之成材。

根据现代词典解释，教育有广义和狭义之分。广义的教育泛指一切有目的地影响人的身心发展的社会实践活动。狭义的教育主要指学校教育，即教育者根据一定的社会要求和受教育者的发展规律，有目的、有计划、有组织地对受教育者的身心施加影响，期望受教育者发生预期变化的活动。教育之根本目的就在于使人改变。

（二）教育的分类

根据不同的标准，教育可划分为不同的类型。

按场所和环境的不同，教育可分为家庭教育、学校教育、社会教育和自我教育。这四种形式的教育构成教育的立体结构，贯彻每个人的一生。教育的目标可以分为内外两个层次：谋求个人的生存发展，谋求社会整体利益。由于教育目标的多元化、多层次性、递渐性，社会需求的多样性以及时代发展的日新月异，不同的教育形式要承担不同的教育任务。

根据受教年龄不同，教育可分为胎儿教育、婴儿教育、幼儿教育、普通教育、成人

教育等。胎儿教育是目前新兴的一种教育，指在婴孩未出生之前尚在母亲腹中所进行的教育。婴儿教育是对 0 ~3 岁的婴儿进行的教育。幼儿教育主要指的是对 3 ~6 岁年龄阶段的幼儿所实施的教育。以上三种教育是一个人教育与发展的重要而特殊的阶段，总称学前教育或早期教育。普通教育主要分为初等教育、中等教育、高等教育、研究型教育。成人教育也叫终身教育，其意义是已经负担社会责任的“成人”重返学校所进行的系统、持续的学习活动，目的在促进知识、态度、价值和技巧上的改变。

根据内容不同，教育可以分为技术教育和特殊教育等。技术教育只针对某一方面提供的特殊培训，如电脑专科学校。特殊教育针对现代出现的社会现象和家庭现象，如网络成瘾、吸毒等，所进行的特殊教导、训练。

按照不同历史时期，教育可分为原始社会的教育、奴隶社会的教育、封建社会的教育、资本主义的教育和社会主义的教育。原始社会的教育是古代教育的起源阶段，奴隶社会的教育是古代教育的发展阶段，封建社会的教育是古代教育的最高阶段。虽然把三者同划分为古代教育的范畴，但是它们是三种性质截然不同的教育模式。由于文献资料以及考古学证据的缺乏，原始社会的教育不可能追溯人类社会产生伊始，故上限定于原始社会晚期氏族部落阶段。鸦片战争之后，封建教育开始转型，由外国教会，后为洋务派，再经改良派，又到 1902 年清廷公布学部大臣张百熙拟定的《钦定学堂章程》（称为“壬寅学制”，但未予实施），继而 1903 年清廷命张百熙、荣禄、张之洞等以日本学制为蓝本，制定了《奏定学堂章程》（亦称“癸卯学制”），次年（1904）公布推行，近代教育正式开始。这是中国古代教育的下限。①

（三）教育的功能

教育的功能意指教育活动的功效和职能。主要包含个体发展功能与社会发展功能。教育的社会发展功能又可分为教育的经济功能、政治功能、文化功能等。

教育的首要功能是促进个体发展。教育是人类社会永恒的历史范畴。早在人类社会之初，教育因适应传授生产劳动和社会生活的经验之需要而产生，必将伴随着人类社会的发展而持续下去。教育可以改变人的思想、增加人的知识、提升人的技能。

教育通过培养人实现影响社会发展的功能。教育的最基础社会功能是影响经济发展；最直接功能是影响政治发展；最深远的功能是影响文化的发展。教育通过传递生产经验和社会生活经验，有目的地增进人的技能，影响着经济发展；通过改变人的思想品德，不仅充当生产斗争的工具，在阶级社会中同时又是政治斗争的工具，对政治产生了极大影响。教育是传播人类文化的首要手段。人类创造的文化，即经验、知识和技能等，主要依靠教育手段来传承和传播。

二、古代教育的起源——原始社会的教育

（一）萌芽阶段

中国古代教育渊源于氏族部落时代。古代文献《尸子》载：“燧人上观辰星，下察

---

① 本章所言之古代教育之下限，大致即以 1904 年为界。

五木。燧人之世，天下多水，故教民以渔。”而考古发现，山顶洞遗址出土一条鱼上眶骨化石，测定鱼长0.8米，这是我国氏族社会捕鱼的物证，表明当时“教民以渔”确有其事。

《尸子》又载：“伏羲氏之世，天下多兽，故教民以猎。”根据史前文明研究，原始社会狩猎的工具从木棍、石块，到发明弓箭、标枪，根据二重考证法，原始社会传授狩猎技术是可信的。

《白虎通》载：“古之人民皆食禽兽肉。至于神农，人民众多，禽兽不足，于是神农因天之时，分地之利，制耒耜，教民农耕。”《易经·系辞下》载：“包牺氏没，神农氏作。斲木为耜，揉木为耒，耒耨之利，以教天下。”《孟子·滕文公上》也载：“后稷教民稼穑，树艺五谷，五谷熟而民人育。”这都说明原始人类掌握的一定农作技术已经成为教育的重要内容。

(二) 后期发展

原始社会发展到氏族公社末期，滋生了学校的萌芽，已有两种学校的雏形。

其一是“成均”。按照古代字书的解释，“成均”的本义是指平坦、宽阔的场地，亦指原始氏族部落居住区内的广场。这类广场在夏秋收获季节用于堆积收获物，同时，也是全体氏族成员聚会、娱乐、举行某种规模较大的宗教祭祀活动，或向氏族成员宣告氏族首领教令及决定的场所。

其二是“庠”。舜时设庠为教，分下庠、上庠，7岁入下庠，庶老为师，15岁入上庠，国老为师。庠兼作养老、储存谷物之处。养老是氏族社会在劳动产品剩余、道德意识提升后的必然举措。氏族部落将富有生产经验和社会生活知识的老人集中起来，集体供养。而养老于米仓，可能含有自然便利、兼职看守之意，同时老人将自己丰富的阅历、经验和技能传授给下一代。

三、古代教育的发展

(一) 夏商时期的官学教育

夏朝是我国最早的奴隶制王朝。相传夏朝把学校分成了四个等级，按级别叫做“学”、“东序”、“西序”、“校”。而“校”是夏朝官方学校的主要代表。

商朝把夏朝学校的名字改称“学”、“右学”、“左学”、“序”。而“序”是商代最重要的官方学校形式。从教育内容看，“序”是夏之“校”的延续，两者都重视军事教育。

(二) 西周的官学教育

西周已形成较完备的学校系统。从管辖上分为两类：一类是国学，一类是乡学。

国学设于王城及诸侯国都。按学生的年龄与程度可分大学与小学。天子所设的大学，有“五学”之称，南为成均、北为上庠，东为东序（亦名东胶），西为瞽宗，中为辟雍。诸侯所设的大学，规模比较简单，仅有一学，半面临水，称泮宫。《礼记·王制》曰：“小学在公宫南之左，大学在郊。天子曰辟雍，诸侯曰泮宫。”

乡学是地方学校，按地方行政区划设立。由于地方区域的大小不等，设学也有不同名称，《周礼》记载：“乡有庠，州有序，党有校，闾有塾。”

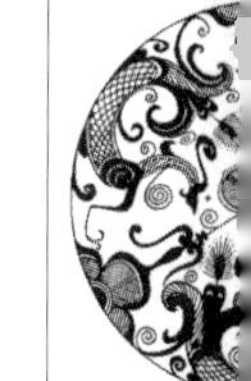

西周时期，六艺大端，荦荦业定。所谓六艺，即礼、乐、射、御、书、数。六艺之中，又有大艺、小艺之分，礼、乐、射、御是大艺，是大学的课程；书、数作为小艺，主要是小学的课程。礼、乐是大学中最重要的课程。

夏、商、西周代时期的官学教育场所的名称，如“校”、“学”、“塾”等，后世多加以沿用。另外一些称谓，后世虽有沿用，意义却发生变化。例如，西汉以后，历代皆有辟雍，除北宋末年作为太学之预备学校外，多转为祭祀用。今北京国子监内辟雍，乾隆时造，为皇帝讲学之所。其次，西周的礼乐文化为儒家学派继承，对后世封建社会的教育也产生了一定的影响。

四、古代教育的特征

（一）原始社会教育的特征

原始社会的教育是一种初始的、简单的、朴质的教育。其具有如下特点：

第一，教育不是专门的社会活动。教育尚未从社会生产和生活中分化出来，没有专门的场所和人员来进行教育。

第二，教育的社会性。原始社会的教育是面向全体社会成员的，没有阶级性，只有因为分工、年龄及性别的不同而形成自然的差别。

第三，教育内容十分简单。原始社会的教育是在生产劳动和社会生活中实施的，以传授生产经验、技能、生活的本领及行为规范为主要内容。随着社会生产力和社会经济的不断发展，社会生活的不断丰富，原始社会的教育内容也呈现一个动态的发展过程。

第四，教育以口耳相传和行为模仿为主要手段。原始社会尚未出现文字，教育的手段主要是口耳相传和行为的观察模仿。

（二）奴隶社会教育的特征

夏、商、西周是我国奴隶社会的主要时期。教育形式在这个时期发生了重要转变。尤其是西周时期，中华文明已经积累一定的文化涵养，加之形成了比较成熟的文字系统，学校教育得到巩固确立——“学在官府”是“三代”教育制度的主要特征。

第一，学术和教育为官方所把持，法制规章、典籍文献以及祭祀典礼用的礼器全都掌握在官府。民间无学校教育可言，只有广义上的生产劳动和社会生活教育，而此类教育通常又是融合在生产和生活中进行的。

第二，在“世卿世禄”政治体制下的学校教育必然以贵族子弟为主，即“国子”，他们的教育由官方来安排。西周初期的《大盂鼎》记载：“女妹辰又大服，余隹即朕小学，女勿克余乃辟一人。”

第三，官师不分和政教合一。老师由巫师、乐师或者政府官员充当。官吏既负行政职责，也有教学的任务。教育机构与行政机构尚未分离，教育与政事合一。政事活动本身也是学校教育的重要内容，学生在参与政事的过程中接受各种教育。

新的教育内容业已出现。除了因战事需要教以传统的武事训练（射、御）外，官学开始重视文化教育。西周大学基本形成以礼、乐为主的大艺教育。小学则学书、数等小艺基础知识，以及基本礼仪规范。此外，在天文、历法方面也多有涉及。

第二节 官 学

一、封建官学概述

（一）官学的概念

官学，是指中央朝廷直接举办和管辖，以及各级官府按照行政区划在地方所办的学校系统。① 中央官学和地方官学，共同构成了中国古代最主要的官学教育制度。

凡是官办之学，皆为官学。在这个意义上，中国的官学是在奴隶制国家起源之同时产生的。早在夏商时期，官办学校即出现，开始传授语言文字、数学、天文、历法等方面的知识。到了西周，官办学校已渐成系统。所以，广义上的官学，可上溯至奴隶制国家。春秋战国时期社会动荡，“天子失官，学在四夷”，私学兴起，奴隶制国家的官学衰落。

西汉建立太学，封建官学制度开始确立。随着封建社会的发展，官学就建制而言，从中央到地方，堪称完备。故古代系统化、规范化、制度化的官学系统的真正确立，往往以西汉为始。长达两千多年的封建教育对当今中国的教育依然存在深厚、宽泛、长久的影响，以一种教育文化传统的形式参与到各种教育活动中，并作用于教育者的具体行为，无论是积极的还是消极的，主动的还是被动的。鉴于封建官学系统的建立对于中国西汉以来的社会之教育发展有着深刻的影响，本节主要介绍西汉至清末的封建官学。②

（二）封建官学的形式

1. 中央官学

根据中央官学各自所定的文化程度、教育对象和教学内容的不同，可将封建社会的中央官学分为最高学府、专科学校和贵族学校三大类。

太学和国子监是封建国家的最高学府。

各朝根据需要也创办了各种专门学校。例如，东汉末创立的鸿都门学；南朝的史学、文学、儒学和玄学；唐、宋、明三代分别创办的书学、算学、律学、医学、画学、武学等，都是属于培养某种专业人才的专科学校。学校的教师、教材、教法、生徒及管理制度等都有比较完备的规定。

贵族学校是特别教育皇亲国戚、贵族大臣等亲贵子弟的贵胄学校。例如，东汉明帝永平九年（66）为外戚樊氏、郭氏、阴氏、马氏四姓小侯开立学校，置五经师。初期可入学的只有四姓子弟。后来，门户开放，一般贵族子弟，不分姓氏，皆可入学。其他如唐朝的弘文馆、崇文馆，宋代的宗学、诸王宫学及内小学，明朝的宗学，清代的旗学、宗学，都属于这一类型。

2. 地方学校

封建地方官学自汉代开始设立。平帝元始三年（3），始建地方学校制度并规定：

① 本节所叙述的官学仅指封建官学，不包括奴隶制官学。

② 以下“官学”如无特别说明，特指封建社会的官办之学，而不包括奴隶社会的贵族之学。

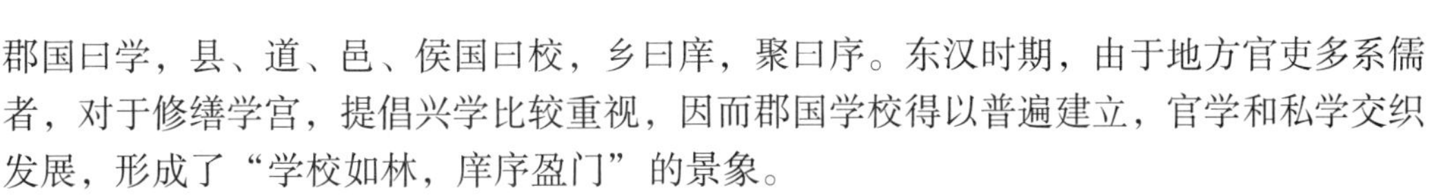

郡国曰学，县、道、邑、侯国曰校，乡曰庠，聚曰序。东汉时期，由于地方官吏多系儒者，对于修缮学宫，提倡兴学比较重视，因而郡国学校得以普遍建立，官学和私学交织发展，形成了“学校如林，庠序盈门”的景象。

魏晋南北朝时期国家分裂、战乱长达400年，地方官学或兴或废、时废时兴。隋朝立国较短，虽隋文帝、隋炀帝皆设庠序郡县之学，但实际上“空有建学之名，而无弘道之实”。唐宋是封建盛世，地方官学总体较盛。南宋以后官学即逐渐走下坡路。

元代地方官学制度比较完备，路、府、州、县四级，均有相应学校，只是并未普遍设立。明代前期是中国封建社会地方官学兴盛的时代。清代地方官学基本沿袭明制。依其地方区划设有府学、州学、县学，并于乡间置社学，各地均设专职学官。封建社会后期，官学逐步衰败，成为科举制度的附庸，名存实亡。清末由于革新大势不可逆转，地方官学废弛，而后完全被学堂和学校所代替。

（三）封建官学的特征

汉代确立的封建社会性质的官学系统与夏、商、周时期的官学有着本质区别。

第一，教育目的之转变。先秦官学培养的是贵族，教育仅仅是确认贵族的身份，以便以后更好地展现贵族风采，履行贵族行为。而汉代官学培养的是治理国家的人才，教育不再是确认一种身份，而是增长一种实用的才干。

第二，教育对象之变化。因为治国之干将，非像身份，故汉代官学不再局限于身份地位、门户出身，“唯才俊是举”，一切有才者皆有机会学习。

第三，教育内容之变化。汉代教育的内容更广泛，更具有实用性，更适合社会发展的需要。虽然笼统地说，西周教育以六艺为内容，汉代以五经为内容，五经包罗万象，犹如今日的自然科学和社会科学。西周文字尚未定型化，而西汉隶书已成熟。由于历史发展，后代治学势必更为博大精深。

第四，成熟化的教育制度之确立。西周学在官府，政教合一、吏师不分。西汉的教育已经成为一项独立的活动，官学规模更大、更规范化、更制度化。所以，现在一般把汉代的太学视为中国封建官学系统正式建立的标志。

二、封建官学的产生

（一）封建官学产生的背景

公元前221年，秦始皇灭掉六国，建立起中国历史上第一个统一的封建专制帝国。为了巩固统一，维护秦王朝的长治久安，秦始皇采取了高压专制的文教政策。

秦始皇三十四年（前213），丞相李斯提议禁止私学。他说：“今诸生不师今而学古，以非当世，惑乱黔首……私学而相与非法教，人闻令下，则各以其学议之，入则心非，出则巷议……如此弗禁，则主势降乎上，党与成乎下。禁之便。”作为禁私学的具体措施，李斯又提出“挟书”之策：“史官非秦记皆烧之；非博士官所职，天下敢有藏《诗》、《书》、百家语者，悉诣守、尉杂烧之；有敢偶语《诗》、《书》者弃市；以古非今者族。”只有医药、占卜、种植类的书不在焚烧之列。秦始皇采纳了李斯的建议，下令焚书，并禁止私学。这是秦朝为钳制异端学说、扼杀民间学术活动所采取的极端政策。第二年（前212），有儒生诽谤秦始皇后逃亡，秦始皇大肆株连搜捕，发生了坑杀

（活埋）460 个儒生的事件。

李斯在提议禁私学和焚书之后，紧接着提出“若欲有学法令，以吏为师”。秦在禁止《诗》、《书》等学派后，唯一允许学习的就是法令，法教的任务由执法的官吏来担任。单纯地实行法教，并且以执法的官吏为师，导致以法代教，失去了一般意义上的教育。

（二）封建官学的正式确立

汉惠帝四年（前 191），正式废除秦代“挟书律”，开放了民间学术活动。汉初奉行“无为而治”的黄老学说，促进了恢复生产、社会安定。汉武帝时期，社会面临着新的危机，“无为而治”已经不能适应封建统治的需要。

汉武帝建元五年（前 136），“置五经博士”。汉武帝之前，西汉初年、秦、直至战国，各家学说皆设有博士。至此，博士的职位只有被官方认可的儒家五经大师才能担任，地位日益重要，开始参与国家政策的制定，接受皇帝咨询。博士官因学识渊博，也常常以私人名义授徒讲学。元光元年（前 134），汉武帝采纳董仲舒的三大建议（罢黜百家、独尊儒术；兴太学、行教化而美习俗；重选举以选用贤才），确立“罢黜百家，独尊儒术”的大一统的教育政策。元朔五年（前 124）汉武帝采纳丞相公孙弘的建议，由朝廷为五经博士选置弟子，有固定的名额和选拔标准，并享有官方给予的待遇。这就是博士弟子制，这一制度的实行，标志着汉代太学的建立，也是封建官学系统正式确立的标志。

汉代太学初建时，只有博士弟子 50 人，五经博士分经教授，没有固定的校舍。后来，太学生不断增加，就需要修建校舍了。我国最早大规模地修建太学校舍是在平帝元始四年（4），为太学生修建了能容万人的校舍。东汉迁都洛阳，光武建武五年（29）于洛阳南门外重建太学，校内建有宽敞的讲堂，还建了博士舍。后因政治动乱，太学一度衰落。顺帝时采纳左雄等人的建议，修整太学，建造 240 套房，1 850 间室，校舍达到前所未有的规模。

（三）封建官学建立的意义

汉武帝建立官学的文教政策，本质上与秦始皇是一致的，都是要统一思想，巩固专制统治，但是手段和措施不同。秦始皇以“禁”为主，用暴力做保障，结果是将士人推向对立，丧失了统治基础。汉武帝则以“尊”为主，用功名利禄来诱导士人研习儒家经典，从而将思想统一于适应统治阶级利益的儒家学说，其手段符合社会发展潮流。

汉代的官方学校体制就是伴随“独尊儒术”而建立的。儒家的政治思想核心是以德治和礼教为本，尊儒必定推崇教育，所以，重教兴学成为汉以后历代的一项基本国策。从此，儒家经学也成为教育的主体内容。汉代流传谚语：“遗子黄金满籝，不如（教子）一经。”可见，儒与学已合为一体，儒学控制了教育事业。

三、封建最高学府

（一）最高学府的名称演变

汉武帝元朔五年（前 124），接受公孙弘的建议，为五经博士置弟子 50 人，是太学

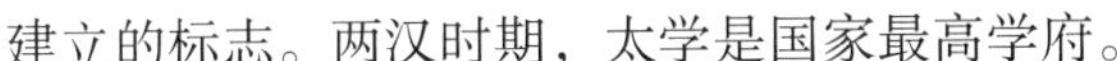

建立的标志。两汉时期，太学是国家最高学府。

西晋时期，在统治阶级内部形成一个贵族阶层——门阀世族。为了保证他们受教育的特权，晋武帝咸宁二年（276）在太学之外另立国子学，晋武帝咸宁四年（278）设置国子祭酒、博士各一人，助教15人，以教生徒。西晋国子学是我国古代于太学之外专为世族子弟设学之始，这是门阀世族享有特权在教育上的反映。此后，各朝中央官学大多是国子学与太学并立，以体现“贵族士庶皆需教”的原则。当国子学与太学并立时，在教育层次和教学内容上，两者皆是国家最高学府。而在级别设置以及招生对象上，一般国子学的行政级别要高于太学，入学对象则是贵族豪门、功勋世臣等高级统治者的子弟；而太学招收级别较低的官宦子弟以及庶人才俊。例如，西晋惠帝时规定五品官以上子弟入国子学，六品以下子弟入太学。

北齐改国子学称国子寺。隋文帝时沿用北齐称谓，在中央设立国子寺，国子寺设置祭酒作为长官，专门管理所属各学。隋朝以前，太学隶属太常管辖。隋朝设置三省六部寺监制，太常、光禄、卫尉、宗正、太仆、大理、鸿胪、司农、太府、国子、将作十一寺，国子寺与太常并列，这是我国设立专门的教育行政部门和专门教育长官的开始。隋炀帝大业三年（607）改国子寺为国子监。在国子监中设有国子学、太学、四门学、书学、算学。

唐朝在隋朝的基础上，设立国子监统领中央六学，国子监设国子祭酒1人，为最高教育行政长官，祭酒之下设司业2人，助祭酒掌邦国儒学训导之政令。设丞1人，管理六学学生的学习成绩。设主簿1人，负责文书簿籍，掌管印鉴。中央六学设有国子学、太学、四门学、书学、算学、律学，其中国子学、太学、四门学属于普通学校，学习儒家经典；书学、算学、律学属于专科学校，书学研习书法，算学学习历算，律学学习律令。

宋初承五代后周之制，设国子监，属礼部，招收七品以上官员子弟为学生。端拱二年（989）改国子监为国子学，淳化五年（994）依旧为监。后来又设立了太学。元代称之为国子学、蒙古国子学、回回国子学，也称国子监。

明清不设太学，只称国子监。1905年底，清政府效仿日本文部之成规，正式建立学部，作为中央教育行政机构。原国子监归并学部，只保留监丞一员负责孔庙管理及祭祀的有关职能。

（二）唐朝最高学府的相关制度

1. 入学资格与学习年限

唐朝国子学所招学生是三品以上官员的子孙，学额300人。太学的学生限于五品以上官员的子孙，学额500人。一般学习年限为9年。

2. 束修制

中国古代自孔子开始，学生初入学拜见教师时总要带一些礼品作为见面礼，表示对教师的尊重，这种行为叫做行束修之礼。从唐代开始，这种礼仪被朝廷明文规定下来，成为一种制度。交纳束修的多少，根据学校的等级不同而不同：国子学和太学学生每人送绢3匹，四门学学生每人送绢2匹，律学、算学学生每人送绢1匹，地方的州县学生亦送绢2匹。此外，还须赠送酒肉，数量不限。束修的分配原则是3分送给博士，2分

送给助教。这样，束修就从原来的见面礼，变质成官学教师的固定收入。

3. 教学计划

唐朝时期学校的教学计划服从于科举考试的要求。当时把儒经分大、中、小三类。大经为《礼记》、《春秋左传》；中经为《诗经》、《周礼》、《仪礼》；小经为《易》、《尚书》、《春秋公羊传》、《春秋穀梁传》。学生可以按规定选择相应的儒经来学习，标准有学究一经（五经中任选一经）、“二经”（学一大经、一小经或二中经）、“三经”（学大、中、小各一经）和“五经”（大经全学，中经选诗，小经选易、书，即《五经正义》之书目）等层次。

《孝经》、《论语》则为公共必修科目。对各经还规定了修业年限：《孝经》、《论语》共学1年；《春秋公羊传》、《春秋穀梁传》各学1年半；《易》、《诗经》、《周礼》、《仪礼》各学2年；《礼记》、《春秋左传》各学3年。

4. 教师的管理

中央官学的教师有博士、助教、直讲等。博士分经进行讲授，助教佐博士，直讲佐助教。各学师生皆有定额，如国子学博士7人，助教、直讲各5人，学生300人，师生比例为1∶25。太学、四门学师生比例则分别为1∶45和1∶72。

博士、助教既是学校教师，又为朝廷有品级的官员。如国子学博士是正五品上，助教为从七品上，其他六学的教师等级和待遇依次减等。地方府、州学的教师多为八品和九品。教师的待遇，最高收入和最低收入可相差近10倍。唐代对教师与国家其他官员一样还实行定期考核，主要考核其业务、品德及教学效果，根据考核的结果决定升迁、奖励，如由四门学助教升为太学助教等。

5. 学生的管理

唐代官学已有考核、毕业及奖惩的明确规定。考试分旬考、岁考、毕业考三种。

旬考、岁考由博士主持。

旬考考查学生十日之内所学习的课程，包括诵经1 000字，讲经2 000字，问大义1条，笔试贴经1道。获得3分为通晓，2分为及格，不及格则有罚。

岁考是考一年以内所学习的课程，口问经义10条，通8条为上等、6条为中等、5条为下等，下等为不及格，须重习（即留级）。重习后岁试仍然为下等则罚补习9年，仍不及格，则令退学。官学的学生在学期间一律享受公费，包括衣服、膳食都由朝廷和地方政府支付。学生考试成绩不佳，有“停公膳”的处罚；学业、品行俱佳者则给予奖励。凡六学学生操行过劣不堪教诲的，科考连续落第或9年在学无成的，违反假期规定不返校或作乐杂戏的，都令其退学。

毕业考由博士出题，国子祭酒监考。考试及格即取得应科举省试资格，如欲继续求学，四门学的毕业生则补入太学，太学毕业生则补入国子学。不过这种升格法并未加深其学业程度，只表示提高其地位了。

官学还有放假制度，经常性的为旬假，在每次旬考后放假一天。季节性的为田假和授衣假，田假在阴历5月农忙时，授衣假在阴历9月预备换冬装时，每次各放假一个月，准许学生回家探亲。家距学校路程较远，或家有大事，还允许酌情延长假期，但已予延长而逾期过多，则令其退学。

（三）明清最高学府的相关制度

1. 明清学府的设置

明太祖建都南京，建国学于鸡鸣山下。明成祖迁都北京，同时保留南京为陪都。将已改为北平府学的故元大都国子监又改成北京国子监，南京国子监依然存在，于是明朝国子监有南北两监之分。清代京师国子监沿袭明代北京国子监，校舍规制更加严整。原明南京国子监到清代改为江宁府学。乾隆五十年（1785）建成宏大的辟雍，成为国子监的主建筑。

明清国子监沿袭前代，又称太学，既是中央教育行政机关，也是全国最高学府，机构齐整。明国子监隶属于礼部，清代成为朝廷独立设置的机构。

国子监长官为祭酒1人、从三品，副长官为司业2人、从四品以下，在彝伦堂办公。教学管理机构为“五厅”：绳愆厅、博士厅、典籍厅、典簿厅和掌馔厅，分别设有监丞、博士、典籍、典簿和掌馔等职。“六堂”为学生编制所在和学习场所，指率性、修道、诚心、正义、崇志和广业六堂，有初、中、高三级。清代国子监祭酒、司业、监丞、博士等职，均有满、汉之分，各设1人。助教、学正、学录、典籍等职，有满、汉、蒙之分，往往并列而设。

国子学的教师，博士5人，正五品上，掌教三品以上及国公子孙、从二品以上曾孙为生。助教5人，从六品上，掌佐博士分经教授。直讲4人，掌佐博士、助教以经术讲授。

太学的教师，博士6人，正六品上；助教6人，从七品上；典学4人，掌固6人。掌教五品以上及郡县公子孙、从三品曾孙为生。

2. 学生来源

明代国子监学生通称监生，依其来源分为四类：一是会试落榜的举人，称为举监。二是地方官学生员选拔入监的，称为贡监。明初规定府、州、县学每年贡举一名。嘉靖以后，改为府学每年举2人，州学每两年举3人，县学每年举1人。三是一定级别以上的官员及功臣后代，称为荫监。四是缴纳钱物而买到的监生资格，称为例监。监生是一种社会政治身份，成为监生就意味着获得了做官的资格。监生本人，连同家属2人都可免除徭役。监内实行会馔即会餐制度，不会馔则发给相应的钱物，家属也有一份。另外，还发给冬夏服装、文具纸张及生活用品，有病由官府给予医治。

清代国子监的生源同明代的学生来源大致相同，其依据是否具有府、州、县学生员的身份，分为贡生和监生两大类，贡生的地位和待遇高于监生。这些监生、贡生入监的目的主要是为了取得太学资格，可以直接参加乡试（省试）。

3. 教学内容

国子监的教学内容以《四书》、《五经》为主。此外，明代学习《性理大全》，加读《说苑》、《大明律令》、《御制大诰》，还有习字、习射等。清代学习《圣谕广训》，以及诏、诰、表、判等公文及策论的写作。

明代国子监教学沿袭元代，实行升堂积分制。学生入学后入低级班（正义、崇志、广业堂）学习，一年半以后，文理通者升中级班（修道、诚心堂）学习，再过一年半，“经史兼通，文理俱优”者升高级班（率性堂）。监生升入率性堂，则采用“积分制”，按月考试，一年积满8分为及格，可以待补为官，不及格仍坐监肄业。后来国子监生做

官的出路越来越差，监生多走科举入仕之路，升堂积分制缺乏吸引力，逐渐名存实亡。清代国子监六堂改为分级（率性、修道为高级，诚心、正义为中级，崇志、广业为初级），升堂实际上只是熬年头、看资历了。

明洪武五年（1372），为满足当时官吏不足的需要，创立监生历事之制。历事即“历练政事”，是实习官吏的制度。凡在监十余年者，派到六部诸司实习吏事，并考察其勤惰。历练3个月，进行考核，勤谨者送吏部备案待选，仍令继续历事，遇到官缺，依次补用。表现平常的再令历练。下等的取消历练资格，送还国子监读书。清初改称拨历，监生坐监期满，即拨历各部院衙门实习吏事，每3个月考核一次，一年期满，送朝廷考察授官。康熙以后停止拨历。

4. *管理制度*

国子监对监生的管制严格，监内有繁苛的监规，绳愆厅就是专门纠察和惩治学生过错的地方。一般学校最高惩罚不过开除学籍，而明代对监生还有服劳役、戴枷镣、充军乃至枭首示众等封建时代全套的惩治手段。恩威并举，以达到彻底控制监生之目的。

第三节　私　　学

一、私学概述

（一）私学的概念

私学，是中国古代私人办理的学校，与官学相对而言。私学历时两千余年，在中国教育史上占有重要的地位。

私学办学的形式灵活多样，不受时间、地点、人员、经费等之限制。孔子周游列国，随时收徒，随地教学，这是“行万里路，读万卷书”的“旅行修学”形式。稷下学宫是政府资助的特殊的私学形式。唐代末年创设了书院制度，后来成为宋朝兴办私学的主要方式。明代高级私学有结庐授徒、讲学和官余教学三种形式。

（二）私学的分类

就私学教授的内容和弟子程度而言，有蒙学和专经研习两种。

1. *初级程度之蒙学*

蒙学始于汉代，至宋日益完备，元、明、清又有所发展。

豪门贵族可开办家族私塾，条件稍差的富户人家可请家庭教师，再差些的家庭可以送孩子到私塾教师开办的私塾就读。现存最早的启蒙读书是元帝时史游作《急就篇》。

《急就篇》为综合性教材，以识字为主，介绍各方面常识。其形式有叶韵、七言、四言、三言，包括陈说姓名，介绍丝织、植物、动物、农产品、自然常识、疾病药物、身体器官、乐舞礼器、官职名称、各种杂物品类，指导进一步学习的方向，像一部小百科全书。

基础蒙学的教学以识字、习字为主。稍微高等的蒙学还教学《孝经》、《论语》。这一阶段的教育，一方面巩固“书馆”的识字成果，另一方面为专经研习做准备，同时教学童学会做人。这一阶段学完后，可到社会谋职，也可入太学或私学专攻一经或多

经，这些传统在后来的魏晋南北朝和隋唐一直得到延续。

中国古代重视教材建设，蒙养教材按其内容可分为五类：一是综合各种常识的识字课本，如《三字经》、《百家姓》、《千字文》等最为有名。二是诗文教学的课本，可以《千家诗》、《唐诗三百首》、《古文观止》、《唐宋八大家文钞》为代表。三是历史知识教材，如晋人李瀚编纂的《蒙求》。四是博特常识教材，最为著名的是宋代方逢辰编写的《名物蒙求》。五是封建伦理道德教育教材，此类教材多为宋明理学家所编。

蒙养教育阶段，强调蒙童养成良好的道德品质与习惯。蒙养教学，概括起来是读、写、作三事。读是阅读，包括教书、背书、理书、讲书等环节；写是习写字，习字教学在蒙学中形成了一定的程序，有切实的要求，具体的指导，有持之以恒的训练；作是写作的训练。早期高级私学内容都是以诸子著作为依据的。春秋战国之际，儒家重仁重礼，以《六经》为教材，以“六艺”为课程；墨家在重武和重辩的同时对自然科学知识的学习和技能的培养也是相当重视的；法家除“以法为教”外，诉讼、兵法、耕战等一切实用知识也是兼摄并取的。

2. 高级程度之专经研习

专经研习的私学，有的设在经师家里，也有经师带领弟子在外传授的。此类私学的教学水平往往不亚于太学。有的大师名气很大，很多人慕名欲拜为师，但又难于亲往门下直接受教，于是只在大师门下著录其名，是“著录弟子”，其实就是注个册而已，但同样具有弟子的身份。亲身前往教师处受教的则称为“及门弟子”。

汉代一些著名经学大师的弟子多至万人，但同时在教师门下受教的至多不过数百人。这么多的弟子教师仍然难以遍教，于是采取先由教师教给先来的高足弟子，再由高足弟子分头去教其他弟子的方式，可以二传、三传乃至更多，这就叫次相授受，或转相传授。董仲舒就是最早采用这种方法的大师，比英国贝尔·兰卡斯特创立的导生制要早近两千年。次相授受使一个教师可以通过逐次相传的方式教授众多弟子，扩展了教育范围和成效，缺点是弟子难以直接得到教师教诲，有的弟子甚至长期见不到教师一面，转相传授的过程中也难免走样。

高级私学的教学方法比较自由、活泼。例如，稷下学宫的期会与书院的讲会制度。期会，是定期举行的论辩会，它是不同学术论点的坦诚交锋，不仅吸引了稷下师生的踊跃参加，而且吸引四方游士驻足聆听参加辩论。所谓讲会，是书院与书院或精舍之间举行的学术论辩会，它往往事先约定时间、地点、宗旨、规约和论辩的主题，由书院或精舍师生共同参加，并吸引社会贤达与会。讲会制始创于南宋淳熙二年（1175），时由吕祖谦在江西信州主持，邀约朱熹与陆九渊、陆九龄、刘清之等前往辩驳，使之成为学术界的盛事，史称“鹅湖之会”。讲会制度的确立，不仅可以丰富教学内容，活跃学术氛围，而且还有利于扩大巩固书院的社会影响和地位。

（三）私学的特点

私学和官学作为相互补充、相互对立的对立统一体，在教学内容、教学目的、性质方面有许多相似之处，但是也有明显的区别。相对而言，私学主要有以下特征：

第一，私学由私人办学。私学是个人设立，社会发展至“学在四夷、学术下移”的结果。而官学由国家政权机关主办，实行“学在官府、学术官守”的办学方针。

第二，私学的经费来源多样化。私学的经费以自筹为主，如有的要求学生兑资入学，有的酌收束修，有的是民间捐资或集资兴建、维持。孔子招收学生最为简单，“自行束修以上，吾未尝无诲焉”。但是私学办学也不排斥其他经费来源，如官方扶持。战国以后的历代政府（除秦、前清）都对私学采取了扶植、进而利用的政策，如汉代对著名学者的礼遇，宋代对书院的划拨经费，或者赠赐“学田”。

第三，私学实行政教分设、官师分离。教育不再是政治的一部分，教育场所也不再是官府的分支机构，教育也不再是以维护当权统治者为最高的唯一目的，教师开始成为一种相对独立的社会职业，不再是官员身份，可以在民间办学，自由讲学。

第四，有教无类。私学的受教无身份限制，自由入学。私学的“有教无类”冲破了种族、地域和阶级界限，平民布衣受教育的机会显著增加。例如，孔门弟子三千，不分老少（颜路小孔子 6 岁，公孙龙小孔子 47 岁），不分智愚（“柴也愚，参也鲁，师也辟，由也喭”）、不分勤惰（“颜回者好学”，“宰予昼寝”）。

第五，内容多样、思想自由。私学的教学内容比较丰富完备，各种学说、各种流派都会出现，体现出一定的思想自由，不像官学的教学内容，往往因为统治者的需要而加以限制、规范。

第六，办学形式灵活。私学不一定有固定的场所，以教师为中心，可以流动，且设备简单。

第七，师资来源多样化。私学师资主要来源于具有知识技能的平民学者。有入仕做官兼领官职或短期为官者，但为师的资格不以入仕与否为先决条件。唐宋以后，随着科举制的强化和读书人的增加，许多科举落第者选择教书谋生，这是私学特别是蒙学教育师资的主要来源。

第八，注重素质培养。由于私学教师大多是平民出身，可以坚持独立的学术追求，受到官府的限制较少，且急功近利情绪相对淡漠，有利于私学以多种目标、多种规格培养人才，以适应当时社会发展的多方面需要。当然，这一特征与私学教师的个人品格息息相关。例如，孔子，为实现“修身、齐家、治国、平天下”的培养目标，“学道不倦，诲人不厌，发愤忘忧。不知老之将至矣”。又如，墨子，为培养急公好义、济世利民和勇于献身的“兼士”或“贤士”，主张“贵义兴利”、“食力节用”、“耻过谤非”。

第九，竞争出现。私学教师既可以自由讲学，学生也可以自由择师。求学和择生的竞争是私学区别于官学垄断的重要特征。

（四）私学的意义

儒家经学的发展历史就是中国古代私学发展的历史。私学的兴盛对于中国文化的发展繁荣意义甚大。例如，唐代佛教极盛，每一个寺庙实即一个佛教学校，其原因之一包括唐朝私学之兴盛。

综观封建社会各朝各代，除个别朝代（秦、前清）、个别皇帝（北魏武帝）禁止私学外，大多朝代官学与私学齐头并进，竞争发展。而在乱世，官学废弛，教育多赖私学维持。所以私学对中国教育发展具有十分重要的作用。例如，战国时代齐国的强盛，与稷下学宫的兴盛不无关系。稷下学宫为齐国造就了大量的济世之才，齐方成为东方强国。又如，南宋作为偏安一隅的地方王朝，其对后代的巨大影响，不是在于政治功绩，

而是在于私学繁荣创造了成熟的理学。

二、私学的起源

（一）社会背景

周平王东迁（前770）后，周王室丧失了“普天之下莫非王土，率土之滨莫非王臣”的政治独尊和经济统控、封建诸侯的能力。大国称霸、兼并战争此起彼伏，各国内部的政治斗争也十分激烈。旧有的统治秩序被彻底打乱，经济、政治和社会文化都在发生深刻变革。

首先，因为时局动乱，官学衰废。春秋时期，诸国之间、诸国内部，称霸夺权的战争连年不断，统治者无暇亦无力顾及国学或者乡学，教育日趋衰废。

其次，旧有的教育失去了价值。传统的礼制制度受到破坏，以维护周朝固有制度的教育内容无法适应社会需要，缺少实用价值。天子的辟雍、诸侯的泮宫、地方的乡校，由于人们失去学习的兴趣和动力，只能消亡。

再次，新兴的士阶层的出现，迫切需要新的教育制度满足培养人才的社会需求。春秋时期，一批旧贵族成为士。他们受过良好的教育，熟悉各种典章制度，具备司礼持仪的技能，将学术文化带到民间。一些平民遂有条件接触到学术文化，而上升为士。士脱离一般生产劳动，凭借掌握的学术文化及政治、军事、外交等方面的专长为权贵服务。他们的主要活动是做官从政、从事教学和学术研究，从政是主要目标，从事教学和学术研究则是打好基础，以提高学术水平和社会知名度。而要想成为一个士人，也必须从拜师学艺开始，士阶层的壮大，为私学的发展提供了师资条件。

最后，学术文化的扩散与下移。春秋时代出现“天子失官，学在四夷”的局面。西周后期，越来越多的贵族因为各种原因流散民间，知识开始在下层社会扩散传播。例如，周惠王、周襄王之间争夺王位的内讧，使世代掌管周史的太史离周去晋。周景王死后，王子朝争夺王位失败，率领一批贵族及百工，携带王室所藏文献典籍逃到楚国。这些人胸藏学术，文化底蕴深厚，理所当然成为民间教育活动的“师者”。

（二）产生标志

鲁昭公二十四年（前518）孟懿子和南宫敬叔学礼于孔子。这是记载所知的孔子较早教授的学生。孔子，被认为是中国历史上第一个私学教师，其聚徒讲学被认为是中国私学产生的标志。

孔子创办私学，开始了中国教育史上划时代的革命。教育活动突破了官府的垄断，扩大了教育对象的范围，在中国历史上第一次使教育与贵族相分离，第一次使文化与政治相分离，为启蒙民智、普及教育、提升文明作出了贡献。

私学兴起是教育制度上一次历史性的大变革，自由办学、自由就学、自由讲学、自由竞争的教育之风，符合历史潮流，开辟了中国教育史的新纪元。

三、书院

（一）书院的起源

唐代书院的出现是中国私学历史上重要的事件。书院，是中国古代特有的教育组织

形式。它以私人创办和组织为主，将图书的收藏、校对与教学、研究合为一体，是相对独立于官学之外的民间性学术研究和教育机构，其丰富的教学经验和灵活多变的办学方式，为历代教育家所借鉴。

书院之名，肇始于唐代，当时只是官方修书、藏书的机构，如唐代的集贤书院、丽正书院，其性质相当于皇家图书馆。唐末五代战乱频繁、仕途险恶，一些学者不愿做官，隐居山林或乡间闾巷读书讲学，吸引了一些士子前来求学，书院开始具有讲学授徒的功能，如白鹿洞书院和应天府书院。但唐末五代的书院数量少，规模不大，影响有限，而到北宋时期，书院一度成为学术教育的中心，对中国文化发展作了重要贡献。

作为一种新的教育组织形式，同官学相比，书院的教学组织形式更加灵活多样，而少有衙门气。课程设置也有较大的自主性，而较少受科举支配。某一学派的著述、思想及相关的知识在书院教学中占有很大的比重，往往为某一学派思想的研究中心。书院向一切求学者开放，并不限定入学条件。书院山长、教师一般也不纳入官员系列。书院的管理侧重于启发学生的上进心和自觉性，少有禁戒惩治的规章。同一般师徒授受的私学相比，书院规模大，有教学组织机构，通常都拥有自己的学田、院产、藏书、供祀、教学设施，条件比一般私学优越而正规。

书院的产生，在中国古代教育史上具有十分深远的意义。书院扩大了中国古代学校教育的类型，起到了弥补官学不足的作用。书院提倡自由讲学，注重讨论式，学术风气浓厚，开辟了新的学风，成为推动教育和学术发展的重要动力。书院在办学和管理领域也创造了许多行之有效的措施，成为中国封建社会中后期一种重要的教育组织形式。

（二）书院的发展

北宋初期，书院兴旺，规模和数量大幅度扩展，成为宋初教育的重要组成部分。

北宋书院兴盛的原因是多方面的：其一，北宋科举取士规模日益扩大，而宋初官学长期处于低迷不振的状态，书院填补了官学的空白。其二，朝廷提倡文治，又无力大量兴办官学，故鼓励民间创建书院。如白鹿洞书院、岳麓书院、应天府书院、嵩阳书院都得到朝廷赐书、赐匾、赐学田和奖励办学者等不同形式的支持。其三，佛教丛林制度的影响。佛教选择环境僻静优美的山林建立寺庙，佛教丛林集藏经、讲经、研经于一体，这对书院教学产生了明显的影响。五代及宋初的书院大多建于山林名胜之中；书院的讲会制度就是借鉴了佛教僧讲和俗讲的讲经方式；书院教学的讲义和语录等形式也是来源于佛教丛林制度。其四，印刷术的应用。书籍不再是手写制作而印刷便利，不再是珍藏品而是公众都可以买阅，使书院拥有丰富的藏书成为面向社会的教学研究场所。

书院的规章制度更加完备，在资金、教育及管理等方面形成了自己的特色：其一，书院的经费来源多样化。既有官府的资助，也依靠民间筹集，一般主要靠学田供给。其二，书院实行山长负责制，管理体制日趋完备。宋代书院的最高管理者称为山长、洞主或洞长。山长既是主要的教学者，又是最高的管理者，由著名的学者来担任。北宋书院除了山长之外，其他教学管理辅助人员的设置很少，到了南宋，随着办学规模的扩大和书院内部设施的增多，书院管理人员也相应增加。其三，书院实行开放式的教学和研究。讲会是书院的重大教学研究活动，既有本院教师讲学，也聘请社会名流到本院宣讲。听讲求学者不受地域、学派的限制均可前来聆听、求教。其四，书院的教学注重启

发引导，提倡切磋讨论，讲究身心涵养。书院教学除参加学术活动和教师必要的讲授外，主要是学生自学，所以书院都重视对学生的读书指导。以朱熹的读书法六条（循序渐进、熟读精思、虚心涵泳、切己体察、着紧用力、居敬持志）为代表。

（三）明清书院的兴衰

明初，官学昌达，士人热衷于正统学业，书院受到冷落。明中叶后，科举僵化，官学有名无实，一些理学家为救治时弊，多立书院，授徒讲学，书院遂复兴。最为著名的是理学大师湛若水和王阳明。然而，书院的自由讲学与统治者的文化专制不相容，儒家士大夫猛烈批评明朝日趋腐败的政治，双方矛盾加深。所以，从嘉靖、万历以后，朝廷先后四次下令禁毁书院。因书院有广泛的社会基础和强大的生命力，很快又得以恢复。

明代最著名的书院是位于江苏无锡的东林书院。原为宋代学者杨时讲学的场所。明正德年间，乡人邵宝继承杨时讲学之志，重建书院，谓之“东林”，王阳明为之作序。万历三十二年（1604），被明政府革职的顾宪成和高攀龙等复建东林书院，扩大规模，聚徒讲学，并订立《东林会约》。顾宪成为书院题对：“风声雨声读书声，声声入耳；家事国事天下事，事事关心。”书院以追求“为圣为贤”的“实学”为务，常议论朝政得失，在江南形成一个著名的学派——东林学派，影响蔓延到全国。东林党人甚至在京师也办起了首善书院，打破了都门不敢讲学的戒律。东林学派与以魏忠贤为首的宦官集团尖锐对立，于是再一次招致“尽毁天下书院”的迫害行动。东林书院被毁废，东林党人被逮捕、杀害。

清代初年，统治者推崇科举和官学，对书院采取抑制的态度。顺治九年（1652），明令教官、生儒务将平日所学经书义理躬行实践，不许别创书院群聚徒党，空谈废业。但是一些思想家和教育家仍坚持书院的讲学活动。南有黄宗羲讲学于海昌、姚江等书院，北有颜元主讲于直隶漳南书院，西有李颙主讲于陕西关中书院。在这种禁而不止的形势下，清政府感到抑制书院的政策不行，便加以提倡，使之为我所用。雍正十一年（1733）诏谕在各省设立书院，同时采取了一系列措施，加强对书院的管理和控制。书院的生徒，由各州县选拔；对山长、教师的考核、惩罚、提调，也由地方当局办理；政府为书院拨经费或置学田，使其经费有所保障。

另外，由于官学的教学容量有限，所以需要兴办书院作为官学教育的补充，特别是向生员提供学习场所。这类书院实际上可以看作是官学的分校或官学的读书场所。在教学内容上，以科举文字的训练为主。其数量占到清代书院总数的90%以上，如北京的金台书院，就是由顺天府主办，供国子监贡监生、京师生员在此修业，也招收部分童生，官方给予生活津贴（称为膏火）。

清中叶后，书院基本上都染上了官学的沉疴，“山长以疲癃（老病）充数，士子以儇薄（轻薄）相高，其所日夕伊吾（读书）者，无过时之帖括（八股文）”。因此，清末着手改革旧教育时，首先就是书院。书院经过整顿、改良实际上已经演变为新式学堂。至此，延续千年之久的中国古代书院即告结束，以后虽仍有以书院命名的，但已无传统书院之实，乃属于新教育范畴。

（四）北宋著名书院

宋初，一部分书院在发展过程中以其丰富的教学内容和卓有成效的教学模式，代表

了宋初书院教育的最高水平，在中国书院教育史上也独树一帜，占有重要的地位。

1. 白鹿洞书院

白鹿洞书院位于今江西省庐山。初为私人读书养性之所，唐代贞元年间（785—804），李勃与其兄李涉在庐山读书，曾养白鹿以自娱，因以得名。进入北宋以后，朝廷赐监本《九经》，并重加修缮，书院生徒达数百人。由于得到朝廷的大力资助，白鹿洞书院进入了鼎盛时期。北宋中期以后，书院渐趋衰微。

2. 岳麓书院

岳麓书院位于今湖南省长沙岳麓山，北宋开宝九年（976）由潭州太守朱洞创建。书院山长在真宗朝正式由朝廷委官任职，书院山长周式兼任国子学主簿，并得到朝廷赐匾、赐书，书院也得到扩建，学生达60余人，从此书院名声大振，但随后不久便开始衰落，两宋之际毁于兵火。由于岳麓书院是由官府创建，书院山长又兼任官职，故岳麓书院具有一定的官学性质。

3. 应天府书院

应天府书院又名睢阳书院，位于河南商丘县西北。北宋大中祥符二年（1009），府民曹诚捐款在宋初名儒戚同文故居扩建而成，朝廷赐匾“应天府书院”。在这里任职的地方长官如晏殊、蔡襄等人，对书院都是大力扶持。著名的学者韦不伐、范仲淹、石曼卿、王洙等先后主持书院教席，四方学者辐辏其门，为国家培养了大批人才，在当时产生了很大的影响，故范仲淹称“天下庠序由兹始”。景佑二年（1035），以应天府书院为府学，书院被纳入官学系列。

4. 嵩阳书院

嵩阳书院位于河南登封县太室山麓。北魏时始建嵩阳寺；五代后唐时，进士庞式在此聚徒讲学；后周改设“太乙书院”；宋太宗于至道二年（996）赐额“太室书院”，并赐监本《九经》；仁宗景佑二年（1035）奉敕修葺扩建，更名嵩阳书院，并给田一顷。书院最盛时，生徒数百人。

5. 石鼓书院

石鼓书院位于湖南衡阳北二里鼓山迴雁峰下。书院之名最早见于唐代，初为唐代士人李宽私人读书之处。宋至道三年（997），郡人李士真于请求郡守“即故址设书院，居衡之学者”。石鼓书院创建不久便改为州学，遂废而不修。

6. 茅山书院

茅山书院位于浙江江宁府三茅山后。约在北宋大中祥符年间，处士侯遗在此聚徒讲学。天圣二年（1024）王随知江宁府，上奏朝廷，请赐学田。书院在王随死后不久，就衰落下去，生徒散落，其地也为寺院所占。

此外，如江西奉新的华林书院、浔阳的东佳书院，则为家族创办，私学性质最为突出，反映了唐末五代至宋初的浓厚的家族文化渊源。

第四节　科举制度

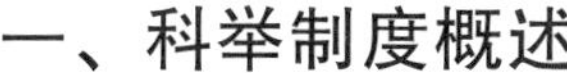

一、科举制度概述

（一）科举的概念

科举是封建社会通过考试选拔官员人才的一种选官制度。“科”乃科目、等第之含义；“举”意为推荐、选用、任命。科举就是以分科目的形式进行考试，根据考试等第选用人才，授予相应官职。

（二）科举制度的产生

1. 科举制度以前的选官制度概述

夏、商、周时期，官职任命主要依靠血缘世袭制度，所谓“世卿世禄，永不罔替”。天子、诸侯、卿、士等分级负责，秩序分明。殷商统治者在理政治民上不得人心，使得周初统治者调整统治策略，提出“敬德保民”、“德政礼教”的治国方针。因此周朝除了世袭制外，还建立了其他的选士制度，主要有官学选才制、乡兴贤能制、贡士制。

春秋战国时代，“客卿”、“食客”等士阶层以知识、智谋和武功为国君服务，开始破冰世袭制度。“唯才是举”，“评军功授爵”成为动乱时局国家发展强盛的政治取向。统治者网罗人才、竞相纳士，士人顺应时势、竞展弄潮身手，选官制度多种多样。既有重金招聘、设计求贤，也有贤者荐贤、献策自荐。德行道艺兼求，是先秦选士制度的总体特点，这一特点奠定了察举制的基本格局与方向，成为察举选士的重要标准。

察举制是汉代至隋代的一种选官制度。它主要是由公卿、王侯、地方郡守在辖区内随时考察、选取人才并推荐给上级或中央，经过试用考核再任命官职。察举制以封建伦理道德为中心，注重声名取士，是中国古代产生的第一个系统的选官制度。其考试方式对隋唐科举制度的形成有很大影响。察举与科举在考试方面最大的不同是，察举以荐举为主，考试为辅，推荐与考试相辅而行。这与后世以考试为主、以推荐为辅的科举制截然不同。

从西汉到东汉初，察举实行连坐制度，程序比较严格。至东汉时，为纠正察举荐人之滥，在推荐基础上加强考试，形成察举与考试相重的选士制度。这是汉代察举制后期发展的新特点。

曹操把握汉末政权，遂改革选官标准——“唯才是举”。220 年，曹丕即位，为了求得世家大族的支持，缓和中央政府与世家大族的矛盾与世家大族达成妥协，又防备世家大族势力的膨胀，在尚书陈群的建议下，设立了九品中正制。六朝时沿用此制。

九品中正制是察举制的改良，主要分别是将察举之权由地方官改由中央任命的中正官负责。但是这一制度始终是由地方官选拔人才。魏晋初设该制度时，定品原则上依据的是行状，家世只作参考。但晋以后完全以家世来定品级，便形成了当时“上品无寒门，下品无士族”的局面，一直持续到隋朝文帝用分科考试来选举人才止。

2. 科举制度的产生

隋文帝即位废除九品中正制，开皇七年（587）设立“志行修谨”和“清平干济”两科，开科举士。科举制度开始出现。炀帝大业三年（607）置进士科取士，考核参选者对时事的看法，按考试成绩选拔人才。我国科举制度正式诞生。

（三）科举制度的发展

科举制度诞生于隋，定型于唐，发展于宋。

唐代科举只是为寒门子弟打开仕途的一条门缝而已，取士名额少，取中的还要通过吏部考核才能做官。而宋代，科举及第的进士不仅享有荣誉，而且立即授官、升迁较快，尤其是高第者。如此一来，科举成为做官的正途。

宋代科举经过改革，建立了比较完备的制度，有利于维护科举的公正性、客观性，防止权贵操纵取士。主要改进措施如下：

第一，废止门生称谓及公荐制。门生称谓和公荐是唐代科举的旧习，助长了科举的徇私舞弊和官场的拉帮结派，加剧了统治阶级内部的矛盾和纷争，也不利于政权的巩固。宋太祖即位后不久，废止权臣向考官推荐考生的特权，并诏令考生今后不得再呼考官为恩门、师门及自称门生，所有考中的进士，都算是天子的门生。

第二，实行殿试制度。殿试是由皇帝亲自主持的最终决定性考试。将选士大权直接掌握在皇帝的手中。宋代开宝六年（973）正式实行殿试，并作为一项制度确定下来。

第三，改善考官任用制度。唐代科举考试主考官基本是固定由礼部侍郎担任，这不仅造成了礼部权力的专擅，而且易造成营私舞弊。宋代实行权知制度，主考官不再由固定的官员担任，而是临时委派，考官在受命之后，要立即进驻贡院，隔绝与外间的联系，称为锁院，这样防止了串通作弊。除主考官之外，还要另行委派若干副考官，称为同知，以加强对考官的监督和相互制约。

第四，回避制度。对与考官有亲属或其他亲近关系的考生实行别头试，即另行开场考试，考官与考题也另行安排。目的在于制约和排除人情影响。

第五，对试卷实行弥封（糊名）、誊录制度。考生交卷后，先由弥封人员将考生的姓名密封起来，再由誊录人员将试卷内容原封不动地誊录出来，将誊录的试卷交给阅卷人评阅。这样，阅卷人就无从知道试卷是何人所作，判卷也就比较客观了。

第六，考试内容的改革。鉴于唐代科举的帖经、墨义完全是死记硬背儒经，而诗赋考试又与治国实际关系不大，北宋范仲淹、王安石等人都提出改革科举制度的要求。熙宁四年（1071），朝廷颁布改革科举制度的法令，罢诗赋、明经、帖经、墨义，以经义论策取士。要求士子通晓经书的义理和经世致用的时事、政治、经济、武事、律令，并且必须联系当时实际。这就把科举的立足点放在选拔具有经纶济世之志和真才实学的人才上，又扩大了考选名额，使一大批新进之士跻身政坛。

通过上述调整、改革，科举考试制度更加成熟健全，在一定程度上限制了权贵子弟徇私舞弊，朝中权臣把持科场的特权。庶族与平民子弟通过科举跨入仕途的机会增加，在统治阶层中逐步形成了一个庶族官僚集团，为宋代政治和文化教育的运行注入了生机。但是滥取的现象也随之发生，并不可避免地导致教育受到科举的操纵。

（四）科举制度的废除

蒙古窝阔台汗时（1237）曾开过一次科举，此后科举长期停开。直到元仁宗皇庆二年（1313），才重开科举。

元代科举不仅开得晚，而且时开时停。掌权的蒙古贵族对士人是蔑视加戒备的。

明清时期，科举的地位空前提高，规定科举考生必须由学校出身，这意味着不成为官学的生员就没有资格参加科举，科举考试制度也相当健全。但是随着清末政府内外交困局面的出现，新学制的制定和旧科举的废除同时提上议事日程。1905 年，张之洞、袁世凯等六名地方督抚联名上奏，要求立即停止科举，以促进学校的广泛发展。清政府便规定从 1906 年起，所有乡试、会试一律停止。于是科举考试退出了历史的舞台。

（五）实行科举制度的意义

科举制度是近代文官考试制度之滥觞，是选官制度发展到高级程度的表现，纠正了察举制和九品中正制机会不均、主观随意性大、易营私舞弊以及选士大权旁落等弊病。

科举制的实行，对中国封建政治、文化教育的作用和影响是十分重大的。其一，科举制面向全体士人公开招考，给每个人提供公平的竞争机会。其二，通过严格的考试，以统一的标准选拔人才。考试是选拔人才的唯一标准，不再为入仕设置先决条件，杜绝察举制的主观性与不确定性。其三，科举制的创立和实施，为加强中央集权、巩固封建国家统治发挥了重大作用。选士任官大权由朝廷掌握，加强了中央集权制；科举制向平民士人开放了入仕的门径，有效地笼络了广大知识分子，加强了统治基础；规范了广大士人学习和修养的内容，促进了思想的统一。其四，科举制的实行，调动了士人学习的积极性和社会兴学设教的热情，但是也使教育沦落为科举的附庸。

二、明清两朝的科举制度

（一）科举考试之流程简述

明清两朝科举的基本制度和考试程序大体是一致的，其中以进士科考试最为重要，三年一次。进士科考试共分乡试、会试、殿试三级，这三级考试被称为功名考试。在功名考试之前，还要经过县试、府试、院试三级资格性考试。县试、府试、院试也称为童试。

县试是清朝最低等级的资格考试，由各县县官主持，试期多在二月。一般考五场，各场分别考八股文、试贴诗、经论、律赋等。

府试在管辖本县的府进行，由知府主持，试期多在四月，连考三场。通过县试、府试的考生称为童生，参加由各省学政或学道主持的院试。

院试也称章试。清朝的院试是每三年举行两次，辰、戌、丑、未年的院试称为岁试；寅、申、巳、亥年的院试称为科试，由皇帝任命的提督学政主持。录取者为生员，送入府、县学宫，称入学，受教官的月课与考校。院试得到第一名的称为案首。通过院试的童生称为生员，俗称秀才或相公。秀才分三等，成绩最好的称廪生，其次称增生和附生。

乡试每逢农历子、卯、午、酉年在各省省城贡院举行，乡试由各省提学学政主持。考期在秋八月，考生为府、州、县学生员，每人在一间号舍里进行全封闭式考试。乡试

取士有固定名额，京师最多，各省依人口多少和文化发达程度而定。取中（及第）者统称举人，第一名为解元。举人有参加会试的资格，以获得进一步的功名，也可以就任小京官、州县属官或教官。

会试是由礼部主持的全国考试，于乡试的第二年春季在京师贡院举行。这时，各地举人汇集京师应进士考试。会试取士名额每届由皇帝确定，按南方和北方两大区域确定比例。考中者称为贡士，第一名称为会元。

殿试由皇帝亲自主持，考期在会试一个月以后，由取中的贡士参加，一般只考一场对策。通过考试把应试者（即贡士）分为三甲（即三等）：一甲只有三名，由皇帝确定，赐“进士及第”，第一名为状元，第二名为榜眼，第三名为探花；二甲赐“进士出身”；三甲赐“同进士出身”。不过所有取中者都通称进士。一甲进士放榜后通常立即授予官职，状元授予翰林院修撰，榜眼、探花授予翰林院编修。其余二甲、三甲进士授予翰林院庶吉士、京官、省府官、知县等。

（二）八股文

1. 八股文简介

八股文就是明清科举考试的一种文体，也称制艺、制义、时艺、时文、八比文。八股文专讲形式，没有内容，文章的每个段落都有固定的格式，连字数都有一定的限制。

八股文是明清科举考试的主项，源于宋代王安石改革科举制度所采用的经义。八股文的正式称谓是制义或制艺，题目只能出自《四书》、《五经》的文字，是阐述命题义理的作文，又简称《四书》（《五经》）义或文。八股文的写作宗旨是“代圣贤立言”，即必须以圣人的口气训释，而不得以作者的身份去发挥。因此作者必须“依经按传”，用“古人语气”。

八股文全篇共分为八个部分，故称为八股。第一部分是“破题”，用两句散行文字将题目字面意义破释；第二部分是承题，需用四五句散行文字将破题中紧要之意承接而下，引申而言，使之晓畅；第三部分是起讲，又称小讲、原起，用散行文字浑写题意，笼罩全局；以下再分“起股”、“中股”、“后股”和“束股”四个段落，而每个段落中，必须涵括至少两股对偶的文字；最后以“大结”为全文的结束语。

2. 八股文的影响

明代八股文能兴盛于一时，既属时代的召唤，也得之于文化的积淀。黎锦熙的《国语运动史纲》指出：“明初八股文渐盛，这却在文坛上放一异彩，本是说理的古体散文，乃能与骈体诗赋合流，能融入诗词的丽语，能袭来戏曲的神情，实为最高稀有的文体。”

在有明三百年中，八股文名家辈出，如王鏊、钱福、唐顺之、归有光、金声、章世纯、罗万藻、陈际泰，都是其中的佼佼者。俞长城的《百二十名家稿》言：“制义之有王守溪（王鏊），犹史之有龙门（司马迁），诗之有少陵（杜甫），书法之有右军（王羲之），更百世而莫并者也。”王鏊的作品对后世影响很大，明、清士人无不奉之为圭臬。这些历届科举考试的范文，时人称为“程墨”、“房稿”。

但是由于八股文内容和形式的规范化、标准化发展到极端地步，加上它又是关系到士人前途命运的考试作文，也就完全死板僵化了，特别是不准谈个人的思想观点，成为束缚士人思想的专制工具。

第八章　科学技术

第一节　中国古代科学技术的特点和发展的限制

一、中国古代科学技术的特点

中国古代科学技术成果是中华民族灿烂文化的重要组成部分，中国古代科学技术成果不仅对于中华民族几千年来屹立于世界民族之林作出了重大贡献，而且对东方各国乃至西方各国科技的发展都产生了重要影响。中国古代科学技术自成体系，源于中国人自我的创造。这种独创的科技成就经过长期发展、历代继承，形成了中国古代的科学技术体系。

（一）连续性与阶段性

古代科学技术的发展，特别是科学思想的发展，既有连续性，又显示出阶段性高潮的特点。

古代社会从五帝、夏、商、周、春秋战国直至清末，使我国古代科学技术的发展得以世代相传、连续积累，并在这个基础上走向自己的巅峰。

春秋战国、两汉（尤其是东汉）、隋唐、宋元时期和明清时期，基于政治、经济、文化、社会等方面的内外因素，中国古代科学技术的发展又显示出阶段性的高潮。

春秋战国是我国古代科学技术的全面奠基时期，也是第一次大发展的时代。科技在经过了春秋战国的长期酝酿、积累和实践后，到了两汉时期得到了一个质的飞跃，使我国古代科学技术发展进入一个高潮期。隋唐和宋元时代是我国古代科学技术达到高度发展阶段的辉煌时期，堪称中国古代科技发展的黄金时代，在众多领域均取得高度发达的成就。而明清时期是封建社会的衰落时期，与世界科学技术的发展相比，已经走下坡路，但明末清初中西科学成就交融与会通的起步，以及传统科技仍然缓慢推进也是清晰可见的。

（二）实用科学技术尤为突出

从封建社会全面确立的秦汉时期开始考察，中国古代科学技术致力于建立与巩固新的社会秩序，科学技术不仅必须符合政治统治的需要，更要直接为发展生产服务，因而带有浓厚的实用性色彩。

实用科学把研究的落脚点放在应用上，注重工艺过程、工艺方法和实际操作的效益，而思考起点和研究方法则注重生产实践和直接经验，具有实际经验的工匠、文人、医生对实用科学作出了巨大贡献。例如，天文学的研究建立在观测的基础上，是为修订

历法、军事服务；数学体系以计算见长，以解决实际问题为主。封建社会绵延两千多年，中国古代科技的这种特色进一步固定化，形成一种前后继承的固有模式。

（三）与农业关系密切的学科发展水平高

我国自古以来是农业国家，封建国家又采取重农抑商的政策，因此，与农业关系密切的学科，如天文学、农学、地学、医学等在古代得到较大的发展。

以农为本、不违农时、授民以时是历代大一统王朝首要确立的基本政策。古代历法与农业息息相关，因此对历法的记录早已有之。例如，殷代甲骨文中就有关于天气实况的记录，《卜辞》里表达出人们预知天气状况的渴求。

水利工程与水文知识的发展同农业灌溉、防止旱涝侵袭、保障皇粮军粮运输等需求紧密相连，由此便有了都江堰、郑国渠、龙首渠、黄河大堤、海塘、京杭大运河等一批闻名世界的水利工程。

而一些与手工业生产密切相关的学科，如力学、物理学等，因与农业关系并非十分亲密，学科既不发达，也未能自成体系。

（四）儒学化明显

科技是在文化背景中发展起来的，必然受到文化的深刻影响。儒家文化对中国古代科技发展的深刻影响表现在：一是儒家文化对科学家的影响。古代科学家成长于儒家文化的氛围中，他们的人格素质、价值观、学识受到了儒家思想的熏陶。二是儒家文化对科学研究的影响。其主要体现在儒家文化影响了科学家的科研动机、知识基础和研究方法等。儒家文化这种深刻影响的结果，使中国古代科技具有明显的儒学化特征。

（五）有机宇宙观、元气论是指导中国古代科学技术发展的主流思想

李约瑟曾指出："当希腊人和印度人很早就仔细地考虑形式逻辑的时候，中国人则一直倾向于发展辩证逻辑。与此相应，在希腊人和印度人发展机械原子论的时候，中国人则发展了有机宇宙的哲学。"①

中国传统的学术思想着重研究整体性和自发性，研究协调与和谐，把自然界看作是一个有机整体，立足从整体来把握事物及其规律，强调把握事物之间的关系。自发的观点是中国传统哲学的中心思想，基于人类社会与自然的关系的深刻理解，强调人与自然、自然与社会的联系。

（六）官办为主

中国古代的天象记录、历法编制，大型天文仪器的研制，大规模的天体测量，水利工程的兴建，地理志的编纂，大型药典的修撰等，大多数是由统治者组织人力、物力来完成的。而当时社会的最尖端技术也大都掌握在官办企业及其人员手中，如《考工记》、《武备志》、《营造法式》等技术著作的编修就有官办背景。

一些著名的科学家或技术专家多数出身于官僚世家，或者本人是现任高官。由于各个朝代的作坊为国家所有，国家垄断一些重要性质的先进行业，如西汉盐业及炼铁业

---

① 李约瑟：《中国科学技术史》，第三卷，337页，北京，科学技术出版社；上海，上海古籍出版社，1975。

等，导致文化更低的技师和工匠也具有官僚性质。

二、中国古代科学技术发展的限制

（一）商业经济的落后制约了科学技术的传递

在社会生产力不发达的情况下，政治需求甚至统治者的个人好恶都可以促进或者影响科学技术的发展。囿于传统农业经济自给自足的状态，中国古代科技转化为生产力的商品经济交换的社会环境终未能建立。

在官学、官方研究之下，科研经费的投入长期得不到社会商品交换条件下的投资回收，大一统的政治结构又制约了民间的科研活动，最终限制了科研成果的持续发展以及社会普及度。

（二）科技创新促进法律制度的缺乏

在古代社会里，长期受“诸法合一”、“民刑不分”、“以刑为主”立法模式的影响，国家的法律制度集中在刑事立法上，对于民事关系的调整多依靠宗族长老的威望和讲究民间风俗习惯时，科技创新成果的确权、维权均缺乏制度性的保障。

（三）社会“重有形而轻无形”思想盛行

在“万般皆下品，唯有读书高”的思想氛围下，人们崇尚“学而优则仕”，而忽视科学研究和科学技术的发展。另外，重视经验而忽视理论抽象的传统在很大程度上限制了中国古代科技向高级形态的发展。

第二节　我国的四大发明

一、指南针

指南针，是用以判别方位的仪器。磁针在地磁场作用下永远指向地理的南北两极，利用这一性能就可以辨别方向。指南针常用于航海、大地测量、旅行及军事等方面。

指南针的前身是春秋战国时期的司南。春秋战国时期，采矿业、冶炼业发展较快，人们在利用磁铁矿的过程中，不仅发现了磁石的吸铁性，还发现了磁石的指向性。在长期的生产实践中，人们经过多方面的实验和研究，终于发明了用天然磁体做成的司南。东汉王充在《论衡》中描述过“司南”的具体形制。

“指南”是张衡在《东京赋》中第一次提出来的，经过了魏晋、南北朝、隋、唐，直到宋代一千多年的发展。宋代科学家沈括在《梦溪笔谈》中对指南针作了详尽的论述。沈括总结了劳动人民在实践中创造的四种指南针的装置方法，即水浮法、指甲旋定法、碗唇旋定法、缕旋法。他还记载了人工授磁方法，即“以磁石磨针锋，则能指南”，这种用人工制成的磁体，是一个巨大的进步。沈括在研究指南针的过程中，发现了地磁有偏角的存在，即“常微偏东，不全南也”，这是我国对地磁学作出的重要贡献。

南宋人的指南针原理，仍认为“指南针之所指，即阳气之所在”，只是围绕磁偏角现象，立论依据更多转向地理方位的坐标系统。直到明万历年间（1573—1620），传教

士来华，中国学者开始从新的视角探讨指南针理论问题，阴阳五行的作用不断淡化，力学角度的分析不断增加。

北宋末期，中国的指南针通过阿拉伯商人传入欧洲，后来被改造为“罗盘”。罗盘在世界航海事业上的广泛应用，促进了十五六世纪欧洲人的世界地理大发现。

二、造纸术

（一）造纸术前的文字载体

商朝中后期以及西周早期，文字的载体主要是龟甲和兽骨。西周铭文的发展、完善，金属器、皿逐渐成为文字的主要载体。早期文字刻在甲骨和钟鼎上，难以广泛传播，这一切直到竹简的出现才得以改变。

竹简是春秋战国至魏晋时代的书写材料。多用竹节、木片制成，每片写字一行，将一篇文章的所有竹片编联起来，称为简牍。竹简是造纸术发明之前我国最主要的书写材料，也是最早的书籍形式。除此以外，锦帛、绢绸等丝织物也曾经是中国文字的载体，但是这种书写材料的成本较高。

（二）纸张的发明

纸，是用以书写、印刷、绘画或包装等的片状纤维制品。一般由经过制浆处理的植物纤维的水悬浮液，在网上交错组合，初步脱水，再经压缩、烘干而成。

中国是世界上最早发明纸的国家。西汉时期，我国已经有了麻质纤维纸，但是其质地粗糙，且数量少、成本高。最早出土的西汉古纸是1933年在新疆罗布淖尔古烽燧亭中发现的。

西汉时期的造纸术尚处于初期阶段，工艺简陋，所造出的纸张质地粗糙，夹带着较多未松散开的纤维束，表面不平滑，还不适宜于书写，一般只用于包装。造纸原料主要是树皮和破布。

东汉元兴元年（105），蔡伦改进了造纸术，以树皮、麻头及敝布、渔网等为原料，经过挫、捣、抄、烘等工艺，改进了造纸工艺，这是现代纸的渊源。

造纸术发明之后，纸张迅速进入社会文化生活之中，逐步在中国大地传播开来，以后又传到世界各地。造纸术的发明和推广，对于世界科学、文化的传播产生深刻的影响，对于社会的进步和发展起着重大的推动作用。

（三）中国宣纸

宣纸因原产于宣州府（今安徽宣城）而得名，现主要产于安徽泾县。宣纸自唐代以来历代相沿。到宋代时期，徽州、池州、宣州等地的造纸业逐渐转移集中于泾县，而当时这些地区均属宣州府管辖，所以这里生产的纸被称为宣纸，也有人称泾县纸。

宣纸的闻名始于唐代，唐书画评论家张彦远所著之《历代名画记》云：“好事家宜置宣纸百幅，用法蜡之，以备摹写。”这说明唐代已把宣纸用于书画了。南唐后主李煜，曾亲自监制的“澄心堂”纸为宣纸中的珍品，其“肤如卵膜，坚洁如玉，细薄光润，冠于一时”。

宣纸具有“韧而能润、光而不滑、洁白稠密、纹理纯净、搓折无损、润墨性强”

等特点，写字则骨神兼备，作画则神采飞扬，成为最能体现中国艺术风格的书画纸。所谓“墨分五色”，即一笔落成，深浅浓淡，纹理可见，墨韵清晰，层次分明，这是书画家利用宣纸的润墨性，控制了水墨比例，运笔疾徐有致而达到的一种艺术效果。加上宣纸的耐老化、不变色，少虫蛀、寿命长，故有“纸中之王，千年寿纸”的誉称。

19 世纪，宣纸在巴拿马国际纸张比赛会上获得金牌。宣纸除了题诗作画外，还是书写外交照会、保存高级档案和史料的最佳用纸。我国流传至今的大量古籍珍本、名家书画墨迹，大都使用宣纸。

三、火药

（一）火药的发展历史

1．炼丹阶段

炼丹术产生于战国到西汉这段时期，萌芽于炼丹方士炼制丹药的实验中。炼丹家对于硫磺（又称硫黄）、砒霜等具有猛毒的金石药，在使用之前，常用烧灼的办法“伏”一下，以使其毒性失去或减低，这种做法称为伏火。在炼丹伏火过程中，炼丹家发现了两个现象：一是硫磺的可燃性非常高，二是硝石具有化金石的功能。硫磺和硝石都是制造火药的重要原料，正是这两项发现，为将来火药的发明奠定了基础。

唐代初期，著名医学家孙思邈于《诸家神品丹方》卷五“丹经内伏硫磺法”一节记载了配制火药的方法，这是迄今发现的关于火药的最早记载。

公元 808 年，唐朝炼丹家清虚子撰写《太上圣祖金丹秘诀·伏火矾法》记载的伏火方子都含有木炭，伏硫磺要加硝石，伏硝石要加硫磺。这说明唐代的炼丹者已经掌握了一个很重要的经验，就是硫、硝、木炭三种物质可以构成一种极易燃烧的药，这种药被称为“着火的药”，即火药。这是世界上最早的文字记载的火药配方。但是这时候的火药多为燃烧，而没有强大的爆炸杀伤力。

2．军事用途之黑火药的产生

火药，又称黑火药，是一种黑色或棕色的炸药，由硝酸钾、木炭和硫磺机械混合而成，最初均制成粉末状，后来一般制成大小不同的颗粒状，可供不同用途之需，在采用无烟火药以前一直用作军用发射药。

据《九国志·郑璠传》记载，火药在唐朝末年已被用于军事。唐昭宗天佑元年（904）杨行密的军队围攻豫章，部将郑璠“以所部发机飞火，烧龙沙门，带领壮士突火先登入城，焦灼被体”，“发机飞火”，就是史载最早用火药制造的燃烧性武器。那时的火药还在初级阶段，爆炸威力不强，只是注重燃烧功能。

3．新式火药武器的问世

随着工艺的改进，火药爆炸性能越来越强，新型火药武器也层出不穷。而宋代战争接连不断，更是促进火药武器的加速发展。

北宋政府建立了火药作坊，先后制造了火药箭、火炮等以燃烧性能为主的武器和霹雳炮、震天雷等爆炸性较强的武器。开宝八年（975），宋朝在攻灭南唐时使用了“火炮”和“火箭”。靖康元年（1126），李纲用霹雳炮击退金兵，“夜发霹雳炮以击贼，军皆惊呼”。这是人类历史在战场上大规模使用火箭、火炮武器的较早记载。

南宋时期，新式的管形火器问世。1259 年，南宋造出了以巨竹为筒，内装火药的“突火枪”。宋末元初，管形火器开始用铜和铁等材料铸制，这种铜铸火器，称为“铜将军”。大的叫火铳，小的叫手铳。

到了明朝，中国火箭的发展进入了一个比较重要的时期，除了单级火箭，还发展了各种集束火箭和原始的多级火箭。“百虎齐奔”是一种大规模杀伤性火箭武器，明代《武备志》有详细记载。

这些以火药的爆炸性为推动力的武器，在战争中显示了前所未有的威力。火药以及火药武器的发明，加速了战争历史的演变进程。

（二）火药的传播

早在八九世纪，硝和医药、炼丹术的知识就由中国传到阿拉伯，阿拉伯人称它为“中国雪”，波斯人称它为“中国盐”。当时他们仅知道用硝来治病、冶金和做玻璃。

一般认为，在十三四世纪，火药武器通过战争由中国传到阿拉伯国家。阿拉伯兵书记载着蒙古兵的武器“铁瓶”，还有契丹火枪和契丹火箭两种火器，也就是我国发明的火枪和火箭。1260 年，元世祖的军队在叙利亚被击溃，阿拉伯人缴获了火箭、毒火罐、火炮、震天雷等，逐渐学会使用火药兵器，后来在进攻西班牙的八沙城时就曾使用火药兵器。在与阿拉伯国家的战争中，欧洲人也掌握了制造火药和火药兵器的技术。此外，有些欧洲人翻译阿拉伯文书籍也学到了关于火药的知识，如希腊人。

四、印刷术

（一）印刷术的发展历史

1．印刷术的起源

顾名思义，印刷术的“印”字，本身就含有印章和印刷两种意思；“刷”字，是拓碑施墨这道工序的名称。印章和拓碑是活字印刷术的两个渊源。

先秦时代就有印章，一般只有几个字，表示姓名、官职或机构。印文均刻成反体，有阴文、阳文之别。在纸没有出现之前，公文或书信都写在简牍上，写好之后，用绳扎好，在结扎处放黏性泥封结，将印章盖在泥上，称为泥封，泥封就是在泥上印刷，这是当时保密的一种手段。纸张出现之后，泥封演变为纸封，在几张公文纸的接缝处或公文纸袋的封口处盖印。

碑石拓印技术对雕版印刷技术的发明很有启发作用。刻石的发明，历史很早。初唐在今陕西凤翔发现了十个石鼓，它是公元前 8 世纪春秋时秦国的石刻。东汉以后，石碑盛行。汉灵帝四年（175）蔡邕建议朝廷在太学门前树立《诗经》、《尚书》、《周易》、《礼记》、《春秋》、《公羊传》、《论语》七部儒家经典的石碑，碑的正反面皆刻字。

拓片是印刷技术产生的重要条件之一。古人发现在石碑上盖一张微微湿润的纸，用软槌轻打，使纸陷入碑面文字凹下处，待纸干后再用布包上棉花，蘸上墨汁，在纸上轻轻拍打，纸面上就会留下跟石碑一模一样的字迹。这样的方法比手抄简便、可靠。于是拓印就出现了。魏晋六朝时，有人用纸将太学门前的经文拓印下来自用或出售，结果使其广为流传。

印染技术对雕版印刷也有很大的启示作用，印染是在木板上刻出花纹图案，用染料印在布上。中国的印花板有凸纹板和镂空板两种。1972 年，湖南长沙马王堆一号汉墓出土的两件印花纱就是用凸纹板印的。这种技术可能早于秦汉，而上溯至战国。纸发明后，这种技术就用于印刷，只要把布改成纸，把染料改成墨，印出来的东西就成为雕版印刷品。在敦煌石室中就有唐代凸板和镂空板纸印的佛像。

印章、拓印、印染技术三者相互启发，相互融合，再加上我国人民的经验和智慧，雕版印刷技术就应运而生了。

晋代著名炼丹家葛洪在《抱朴子》中提到道家已用了四寸见方（约 13.5 厘米×13.5 厘米）有 120 个字的大木印了。这已经是一块小型的雕版了。在北齐时（550—577），有人把用于公文纸盖印的印章做得很大，很像一块小小的雕刻版。

2. *唐朝的雕版印刷术*

雕版印刷的起源时间在隋朝至唐初（590—640）。1900 年，在敦煌千佛洞里发现一本印刷精美的“金刚经”，末尾题有“咸同九年四月十五日”等字样，这是目前世界上最早的有明确日期记载的印刷品。早期印刷活动主要在民间进行，多用于印刷佛像、经咒、发愿文以及历书等。唐初，玄奘曾用回锋纸印普贤像，施给僧尼信众。佛教徒为了使佛经更加生动，常把佛像印在佛经的卷首，这种手工木印比手绘省事得多。唐穆宗长庆四年（824），诗人元稹为白居易的《长庆集》作序中有“牛童马走之口无不道，至于缮写模勒，炫卖于市井”。“模勒”就是模刻，“炫卖”就是叫卖。这说明白居易诗的传播，除了手抄本之外，已有印本。沈括在《梦溪笔谈》中说，雕版印刷唐代尚未盛行，五代时期开始印制大部儒家书籍，冯道始印“五经”。以后，经典皆为版刻本。

宋代，雕版印刷已发展到全盛时代，较好的雕版材料多用梨木、枣木。因此，对刻印无价值的书，有以“灾及梨枣”的成语来讽刺。可见当时刻书风行一时。

868 年，我国印制的《金刚经》，是现存世界上最早、有确切日期的雕版印刷品。宋初太祖开宝四年（971）在成都开始版印全部的《大藏经》计 1 076 部、5 048 卷，历时 12 年雕印完工，雕版 13 万块。

雕版印刷既继承了印章、拓印、印染等的技术，又有创新技术。雕版印刷开始只有单色印刷，五代时有人在插图墨印轮廓线内用笔添上不同的颜色，以增加视觉效果。天津杨柳青版画现在仍然采用这种方法生产。将几种不同的色料，同时涂在一块板上的不同部位，一次印于纸上，印出彩色印张，这种方法称为单版复色印刷。用这种方法，宋代曾印过“会子”（当时发行的纸币）。单版复色印刷色料容易混杂渗透，而且色块界限分明，显得呆板。人们在实际探索中，发现了分板着色，分次印刷的方法，这就是用大小相同的几块印刷板分别载上不同的色料，再分次印于同一张纸上，这种方法称为多版复色印刷，又称套版印刷。多版复色印刷发明的时间不晚于元代，当时，中兴路（今湖北江陵县）所刻的《金刚经注》就是用朱墨两色套印的，这是现存最早的套色印本。多版复色印刷在明代获得较大的发展。明清两代，南京和北京是雕版中心。明代设立经厂，永乐的北藏，正统的道藏都是由经厂刻板。清代英武殿本及雍正的龙藏，都是在北京刻板。明初，南藏和许多官刻书都是在南京刻板。嘉靖以后，到 16 世纪中叶，南京成了彩色套印中心。

3. 毕昇的活字印刷术

北宋时期，毕昇发明活字印刷术——这是印刷业的一次革命，对中国、欧洲乃至世界文化发展有着深远影响，特别是传入欧洲后，有力地推动了文艺复兴和宗教改革。

雕版印刷一版能印几百部甚至几千部书，对文化的传播起了很大的作用，但是刻板费时费工，大部头的书往往要花费几年的时间，存放版片又要占用很大的地方，而且常会因变形、虫蛀、腐蚀而损坏。印量少而不需要重印的书，版片就成了废物。此外，雕版发现错别字，改起来很困难，常需整块版重新雕刻。活字制版正好避免了雕版的不足，只要事先准备好足够的单个活字，就可随时拼版，加快了制版时间。活字版印完后，可以拆版，活字可重复使用，且活字比雕版占有的空间小，容易存储和保管。

关于活字印刷的记载首见于宋代著名科学家沈括的《梦溪笔谈》。1041 年至 1048 年，平民出身的毕昇用胶泥制字，一个字为一个印，用火烧硬，使之成为陶质。这些胶泥制字不仅可以重复使用，而且易于存放，使印刷效率提高了。

毕昇发明活字印刷，并未受到当时统治者和社会的重视。他死后，活字印刷术仍然没有得到推广，他创造的胶泥活字也没有保留下来。但是他发明的活字印刷技术却流传下去了。1965 年，在浙江温州白象塔内发现的刊本《佛说观无量寿佛经》，经鉴定为北宋元符至崇宁年（1100—1103）活字本。这是毕昇活字印刷技术的最早历史见证。

（二）印刷术的影响和意义

印刷术促使了知识的传播，打破了学术的垄断。印本的大量生产，使书籍留存的机会增加，减少手写本因有限的收藏而遭受绝灭的可能性；印刷使版本统一，避免了手抄本产生的讹误（印刷术本身不能保证文字无误，但是在印刷前的校对及印刷后的勘误表，使得后出的印本更趋完善）；通过印刷工作者进行的先期编辑，使得书籍的形式日渐统一，而不是像从前手抄者的各随所好，凡此种种，皆有利于印本的广泛传播及读者数量的增加，打破知识和学术的垄断。

印刷术对欧洲宗教改革产生了重要影响。1517 年，马丁·路德曾称印刷术为“上帝至高无上的恩赐，使得福音更能传扬”。人们用本国的民族语言印刷圣经，使宗教改革的条件日趋成熟。福音真理不再是少数人所专有，而为普通百姓所能学习和理解，从而帮助一些出身低微的人们提高了社会地位。

（三）印刷术的传播

朝鲜是最先接受中国印刷术的国家。7 世纪时，新罗统一了朝鲜半岛，派留学生从唐朝学习了印刷技术。日本学者秃氏佑祥博士指出：“印刷术是通过公元 754 年东渡日本的中国人鉴真（687—763）大和尚一行人传授的。”据日本古书《三国传记》载，鉴真和尚在日本主持过三部律典的印刷。印刷术传入朝鲜、日本之后，陆续向其他国家传播。

中国印刷术很早就经新疆传到中亚、伊朗一带。13 世纪时，波斯成为东西文化交流的通道。当时波斯在蒙古人伊儿汗国统治下，其首都大不列士（现译为大不里士）聚集了欧洲人、蒙古人、中国人以及中近东许多国家的人，大不列士是伊斯兰世界里有明白记录雕版印刷的唯一地方。波斯熟知中国印刷术，曾模仿中国印刷术印造纸币。1294 年，大不列士曾发行一种上面印有汉文和阿拉伯文的纸币。

雕版印刷传入欧洲以前，印刷业在亚洲，特别是东亚已相当盛行。但位于采用印刷的远东和还不知道印刷的欧洲之间的阿拉伯世界，却拒绝将他们的文献付诸印刷，成了印刷术传播的障碍。在蒙古帝国和紧跟其后的年代里，中国的雕版印刷是通过在华的欧洲人，通过波斯、埃及或者中亚、中国西北的路线传入欧洲的。1450 年，德国人谷腾堡发明了铅合金活字印刷术。最后，印刷术通过欧洲传到美洲、澳大利亚以及世界更多的地方。

第三节　历　　法

一、历法概述

（一）历法的概念

历法，是天文学的分支学科，主要用于推算年、月、日的时间长度以及它们之间的关系，制定时间序列。历法科学地安排年、月、日，能使人类确定每一日在无限时间中的确切位置，日以上的时间系统计量属于历法范畴。历法中包含其他时间元素（单位），还有节气、世纪和年代等。

历法是根据与人类关系最密切的三个天体——太阳、地球、月亮的运转周期的比例计算出来的。习惯上，人们把四季更迭的周期定为年，把月亮盈亏变化的周期定为月，把昼夜交替的周期定为日；而在天文学上，年就是指地球绕太阳公转一周，月指月亮绕地球公转一周，日指地球自转一周。一回归年为 365. 242 199 日，一朔望月为 29. 530 6 日，而一恒星日是 23 小时 56 分 4 秒，回归年、朔望月、恒星日不是小时的整数倍，这样使用起来很不方便。因此人们就硬性规定历法中的日是 24 小时，历法中的年是 12 个月，365 日（或者 366 日，或者 360 日），这种整数年、整数月和整数日，就是历年、历月和历日。

太阳、地球、月亮这三个天体运转周期并非恒定不变，而且相互的比例不是整数，由于它们相互不能整除，历法要想得到整数年、整数月和整数日，就要经过很复杂的计算，所以历法是一门很复杂的学问。故可言，历法是计算太阳、地球、月亮运转周期之比例的学问，是以这三个天体的运转比例为研究对象的。用不同的方法来计算这种比例关系，就是不同的历法。

（二）历法的种类

一个民族有一个民族的历法，一个时代有一个时代的历法。时代愈近，科学愈发达，测试手段愈先进，历法就愈科学。仅中国从古到今使用过的历法，就有一百多种。概括说来，历法可以分为三大系统：阳历、阴历、阴阳合历。阳历系统计算时间以地球绕太阳公转的周期为基础；阴历系统以月亮绕地球公转的周期为基础；二者周期加以调和则属于阴阳合历系统。

1. 阳历

阳历亦即太阳历，简称阳历，是以地球绕太阳公转的周期为计算基础的。

阳历要求历法年同回归年（地球绕太阳公转一周）基本符合。它的要点是定一阳

历年为365日，机械地分为12个月，每月30日或31日（近代的公历还有29日或28日为一个月者，如每年的2月），这种“月”同月亮运转周期毫不相干。但是回归年的长度并不是365整日，而是365日5时48分46秒余。阳历年365日，比回归年少了0.242 199日。为了补足这个差数，所以历法规定每四年中有一年再另加1日，为366日，叫闰年，实际是闰一日。即使这样，同实际还有差距，因为0.242 199日不等于四分之一日，每4年闰1日又比回归年多出约0.007 8日。所以，阳历历法又补充规定每400年从100个闰日中减去3个闰日。这样，400阳历年闰97日，共得146 097日，只比400回归年的总长度多2小时53分22.5秒，这就大体上符合了。

这种历法的优点是地球上的季节固定，冬夏分明，便于人们安排生活，进行生产。缺点是历法月同月亮的运转规律毫无关系，月中之夜可以是天暗星明，两月之交又往往满月当空，对于沿海人民计算潮汐很不方便。现代国际通用的公历（格里历）即为太阳历的一种，亦叫公历。

2. 阴历

阴历亦称月亮历，或称太阴历，其历月是一个朔望月，历年为12个朔望月，其大月30天，小月29天，是以月亮绕地球公转的周期为计算的基础的。

阴历要求历法月同朔望月（月亮绕地球公转一周）基本符合。朔望月的长度是29日12小时44分2.8秒，两个朔望月大约相当于地球自转59周，所以阴历规定每个月中一个大月30日，一个小月29日，12个月为一年，共354日。由于两个朔望月比一大一小两个阴历月约长0.061日（大约88分钟），一年要多出8个多小时，三年要多出26个多小时。为了补足这个差距，所以规定每三年中有一年安排7个大月、5个小月。这样，阴历每三年19个大月、17个小月，共1 063日，同36个朔望月的1 063.100 8日，只相差约2小时25分9.1秒。阴历年同地球绕太阳公转毫无关系。由于它的一年只有354日或355日，比回归年短11日左右，所以阴历的新年，有时是冰天雪地的寒冬，有时是烈日炎炎的盛夏。而今一些阿拉伯国家用的回历，即伊斯兰历就是阴历的一种。

3. 阴阳合历

阴阳合历也称阴阳历，平均历年为一个回归年，历月为朔望月，因为12个朔望月与回归年相差太大，阴阳历中设置闰月，因此这种历法与月相相符，也与地球绕太阳周期运动相符合。

由于阴阳历是调和太阳、地球、月亮的运转周期的历法。它既要求历法月同朔望月基本相符，又要求历法年同回归年基本相符，是一种综合阴历和阳历的优点、调合阴历和阳历矛盾的历法。我国古代的各种历法和今天使用的农历，都是这种阴阳合历。

4. 中国农历

中国农历是阴阳合历的一种，这种农历的历法在我国北方农业生产和传统节日中运用十分广泛。

农历的历月长度是以朔望月为准的，大月30天，小月29天，大月和小月相互弥补，使历月的平均长度接近朔望月。农历固定地把朔的时刻所在日子作为月的第一天——初一日。所谓“朔”，从天文学上讲，它有一个确定的时刻，也就是月亮黄经和

太阳黄经相同的那一瞬间。至于定农历日历中月份名称的根据，则是由“中气”来决定的，即以含“雨水”的月份为一月；以含“春分”的月份为二月；以含“谷雨”的月份为三月；以含“小满”的月份为四月；以含“夏至”的月份为五月；以含“大暑”的月份为六月；以含“处暑”的月份为七月；以含“秋分”的月份为八月；以含“霜降”的月份为九月；以含“小雪”的月份为十月；以含“冬至”的月份为十一月；以含“大雪”的月份为十二月（没有包含中气的月份作为上月的闰月）。

农历的历年长度是以回归年为准的，但一个回归年比12个朔望月的日数多，而比13个朔望月短，古代天文学家在编制农历时，为使一个月中任何一天都含有月相的意义，即初一是无月的夜晚，十五左右都是圆月，就以朔望月为主，同时兼顾季节时令，采用“十九年七闰”的方法，即在农历19年中，有12个平年，为一平年12个月；有7个闰年，每一闰年13个月。

为什么有的月份会没有中气呢？这就是俗语说的“闰月不闰中气”。节气与节气或中气与中气相隔时间平均是30.436 8日（即一回归年排365.242 2日平分12等分），而一个朔望月平均是29.530 6日，所以节气或中气在农历的月份中的日期逐月推迟。到一定时候，中气不在月中，而移到月末，下一个中气移到另一个月的月初，这样中间这个月就没有中气，而只剩一个节气了。

二、节气

（一）节气的概念

节气是指二十四时节和气候，是中国古代订立的一种用来指导农事的补充历法。由于中国农历是一种阴阳合历，即根据太阳也根据月亮的运行制定的，因此不能完全反映太阳运行周期。但中国又是一个农业社会，农业需要严格了解太阳运行情况，农事完全根据太阳进行，所以在历法中又加入了单独反映太阳运行周期的“二十四节气”，用作确定闰月的标准。中国正统二十四节气以河南为本。

节气有两种含义：第一种泛指二十四节气，小寒、大寒、立春、雨水、惊蛰、春分、清明、谷雨、立夏、小满、芒种、夏至、大暑、小暑、立秋、处暑、白露、秋分、寒露、霜降、立冬、小雪、大雪、冬至。第二种特指二十四节气中的一类。二十四节气又分为十二节气（节）与十二中气（气），每月有一“节”与一“气”，“节”为月之始，“气”的最后一日为月之终。从小寒起，太阳黄经每增加30°为另一个节气，即小寒、立春、惊蛰、清明、立夏、芒种、小暑、立秋、白露、寒露、立冬、大雪，称十二节气。雨水、春分、谷雨、小满、夏至、大暑、处暑、秋分、霜降、小雪、冬至、大寒，为十二中气。

（二）节气的起源

春秋时代，我国历法就定出仲春、仲夏、仲秋和仲冬四个节气。秦汉年间，二十四节气完全确立。

公元前104年，由邓平等制定的《太初历》，正式把二十四节气订于历法，明确了二十四节气的天文位置。太阳从黄经零度起，沿黄经每运行15°所经历的时日称为“一个节气”。每年运行360°，共经历24个节气，每月两个。其中，每月第一个节气为

"节气"，即立春、惊蛰、清明、立夏、芒种、小暑、立秋、白露、寒露、立冬、大雪和小寒；每月的第二个节气为"中气"，即雨水、春分、谷雨、小满、夏至、大暑、处暑、秋分、霜降、小雪、冬至和大寒。"节气"和"中气"交替出现，各历时15天，现在人们已经把"节气"和"中气"统称为"节气"。

二十四节气反映了太阳的周年运动，所以在现行的公历中日期基本固定。人们编制歌诀曰："春雨惊春清谷天，夏满芒夏暑相连，秋处露秋寒霜降，冬雪雪冬小大寒。每月两天日期定，最多相差一两天，上半年来六廿一，下半年是八廿三。"

（三）节气的分类

二十四节气共分成四季变化、温度变化、天气变化、物候现象四大类。

1. 四季变化类

四季变化有立春、春分、立夏、夏至、立秋、秋分、立冬、冬至八个节气。其中立春、立夏、立秋、立冬齐称"四立"，表示四季开始的意思。

以北半球来讲，太阳直射在北纬23.5°时，天文上就称为夏至；太阳直射在南纬23.5°时称为冬至；夏至和冬至即指已经到了夏、冬两季的中间了。一年中太阳两次直射在赤道上时，就分别为春分和秋分，这也就到了春、秋两季的中间，这两天白昼和黑夜一样长。"两分两至"日的存在是由于地球的公转和自转存在着黄赤交角。由于地球旋转的轨道面同赤道面不是一致的，而是保持一定的倾斜，所以一年四季太阳光直射到地球的位置是不同的，产生了四季的变化。

2. 温度变化类

温度变化有小暑、大暑、处暑、小寒、大寒五个节气。

每年7月7日或8日视太阳到达黄经105°时为小暑。我国古代将小暑分为三候："一候温风至；二候蟋蟀居宇；三候鹰始鸷。"小暑时节大地上便不再有一丝凉风，而是所有的风中都带着热浪。

大暑在7月23日或24日，表示天气酷热，最炎热时期的到来。《月令七十二候集解》："六月中……暑，热也，就热之中分为大小，月初为小，月中为大，今则热气犹大也。"这时正值"中伏"前后，是一年中最热的时期，气温最高，农作物生长最快，大部分地区的旱、涝、风灾也最为频繁。我国古代将大暑分为三候："一候腐草为萤；二候土润溽暑；三候大雨时行。"

处暑节气在每年8月23日左右，此时太阳到达黄经150°。《月令七十二候集解》："处，去也，暑气至此而止矣。"虽然，处暑前后我国北京、太原、西安、成都和贵阳一线以东及以南的广大地区和新疆塔里木盆地地区日平均气温仍在22 ℃以上，处于夏季，但是这时冷空气南下次数增多，气温下降逐渐明显。我国古代将处暑分为三候："一候鹰乃祭鸟；二候天地始肃；三候禾乃登。"

小寒在1月5日至7日，太阳位于黄经285°。《月令七十二候集解》："十二月节，月初寒尚小，故云。月半则大矣。"我国大部分地区小寒和大寒期间一般都是最冷的时期。我国古代将小寒分为三候："一候雁北乡，二候鹊始巢，三候雉始鸲。"

大寒是每年1月20日前后，太阳到达黄经300°。《授时通考·天时》引《三礼义宗》："大寒为中者，上形于小寒，故谓之大……寒气之逆极，故谓大寒。"这时寒潮南

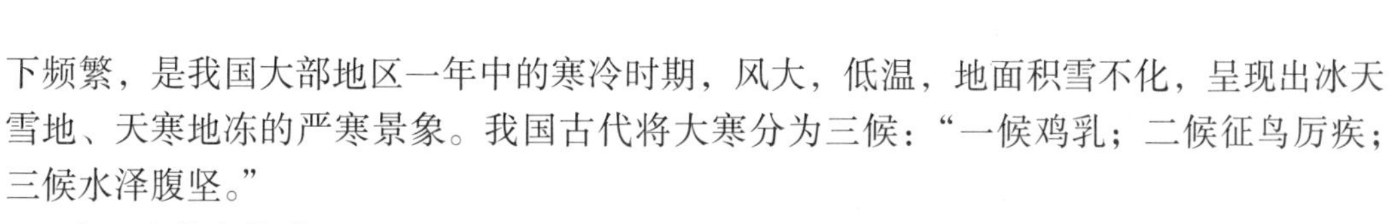

下频繁，是我国大部地区一年中的寒冷时期，风大，低温，地面积雪不化，呈现出冰天雪地、天寒地冻的严寒景象。我国古代将大寒分为三候：“一候鸡乳；二候征鸟厉疾；三候水泽腹坚。”

3. 天气变化类

天气变化即反映天气现象，有雨水、谷雨、白露、寒露、霜降、小雪、大雪七个节气。

雨水表示两层意思：一是天气回暖，降水量逐渐增多了，二是在降水形式上，雪渐少了，雨渐多了。每年 2 月 18 日前后，此时太阳到达黄经 330°，为交“雨水”节气。《月令七十二候集解》：“正月中，天一生水。春始属木，然生木者必水也，故立春后继之雨水。且东风既解冻，则散而为雨矣。”我国古代将雨水分为三候：“一候獭祭鱼；二候鸿雁来；三候草木萌动。”

谷雨，顾名思义，播谷降雨是也，同时也是播种移苗、埯瓜点豆的最佳时节。每年 4 月 19 日至 21 日视太阳到达黄经 30°时为谷雨。谷雨时雨水增多，有利于谷类农作物的生长。《月令七十二候集解》：“三月中，自雨水后，土膏脉动，今又雨其谷于水也。雨读作去声，如雨我公田之雨。盖谷以此时播种，自上而下也。”我国古代将谷雨分为三候：“第一候萍始生；第二候鸣鸠拂其羽；第三候为戴胜降于桑。”

白露在每年 9 月 7 日前后，此时气温开始下降，早晨草木上有了露水，是天气转凉的象征。我国古代将白露分为三候：“一候鸿雁来；二候玄鸟归；三候群鸟养羞。”白露时白天的温度虽然仍达 30 ℃以上，可是夜晚之后，就下降到 20 ℃左右，两者之间的温度差较大。阳气是在夏至达到顶点，到了白露，阴气逐渐加重，清晨的露水随之日益加厚，凝结成一层白白的水滴。俗语云：“处暑十八盆，白露勿露身。”“白露白迷迷，秋分稻秀齐。”

寒露在每年 10 月 8 日或 9 日，视太阳到达黄经 195°时。《月令七十二候集解》说：“九月节，露气寒冷，将凝结也。”《通纬·孝经援神契》：“秋分后十五日，斗指辛，为寒露。言露冷寒而将欲凝结也。”寒露时节，南岭及以北的广大地区均已进入秋季，东北和西北地区已进入或即将进入冬季，而且东北和新疆北部地区已开始降雪。我国古代将寒露分为三候：“一候鸿雁来宾；二候雀入大水为蛤；三候菊有黄华。”

霜降是每年 10 月 23 日前后，太阳到达黄经 210°时。《月令七十二候集解》：“九月中，气肃而凝，露结为霜矣。”霜降表示天气更冷了，露水凝结成霜，此时，我国黄河流域已出现白霜。《二十四节气解》：“气肃而霜降，阴始凝也。”在气象学上，一般把秋季出现的第一次霜叫做“早霜”或“初霜”，而把春季出现的最后一次霜称为“晚霜”或“终霜”。从终霜到初霜的间隔时期，就是无霜期。我国古代将霜降分为三候：“一候豺乃祭兽；二候草木黄落；三候蛰虫咸俯。”

小雪在每年 11 月 23 日前后，视太阳到达黄经 240°时。《月令七十二候集解》：“10 月中，雨下而为寒气所薄，故凝而为雪。小者未盛之辞。”《群芳谱》：“小雪气寒而将雪矣，地寒未甚而雪未大也。”由于天气寒冷，降水形式由雨变为雪，但雪量还不大。这种雪常常是半冰半融状态，或落到地面后立即融化了，气象学上称之为“湿雪”；有时还会雨雪同降，叫做“雨夹雪”；还有时降如同米粒一样大小的白色冰粒，称为“米雪”。我国古代将小雪分为三候：“一候虹藏不见；二候天气上升地气下降；三候闭塞

而成冬。”

大雪在每年的 12 月 7 日或 8 日，其时视太阳到达黄经 255°。《月令七十二候集解》：“大者，盛也，至此而雪盛也。”大雪时节，雪往往下得大、范围也广。这时我国大部分地区的最低温度都降到了 0 ℃或以下，往往在强冷空气前沿冷暖空气交锋的地区，会降大雪，甚至暴雪。我国古代将大雪分为三候：“一候鹖鴠不鸣；二候虎始交；三候荔挺出。”人们常说，“瑞雪兆丰年。”严冬积雪覆盖大地，可保持地面及作物周围的温度不会因寒流侵袭而降得很低，为冬作物创造了良好的越冬环境。积雪融化时又增加了土壤水分含量，可供作物春季生长的需要。另外，雪水中氮化物的含量是普通雨水的 5 倍，还有一定的肥田作用。所以有“今年麦盖三层被，来年枕着馒头睡”的农谚。

4. 物候现象类

物候现象即反映物候现象，有惊蛰、清明、小满、芒种四个节气。

惊蛰为每年 3 月 5 日或 6 日，太阳到达黄经 345°时。《月令七十二候集解》：“二月节，万物出乎震，震为雷，故曰惊蛰。是蛰虫惊而出走矣。”晋代诗人陶渊明有诗曰：“促春遘时雨，始雷发东隅。众蛰各潜骇，草木纵横舒。”我国各地春雷始鸣的时间各不相同，就多年平均而言，云南南部在 1 月底前后即可闻雷，而北京的初雷日却在 4 月下旬。我国古代将惊蛰分为三候：“一候桃始华；二候仓庚（黄鹂）鸣；三候鹰化为鸠。”

清明的时间是视太阳位于黄经 15°，在每年 4 月 4 日至 6 日交节。《月令七十二候集解》：“清明叁月节，按《国语》曰：‘时有八风，历独指清明风为叁月节此风，属巽故也。万物齐乎巽，物至此时，皆以洁齐而清明矣。’桐始华，桐木名有叁种：华而不实者曰白桐，《尔雅》所谓荣桐木是也。皮青而结实者曰梧桐，一曰青桐，《淮南子》曰梧桐断角是也。生于山冈子大而有油者曰油桐，《毛诗》所谓梧桐不生山冈者是也。今始华者乃白桐耳。按《埤雅》：‘桐木知日月闰年，每一枝生十二叶。闰则十叁叶与天地合气者也。’今造琴瑟者以花桐木是知桐为白桐也，田鼠化为鴽。”《历书》：“春分后十五日，斗指丁，为清明，时万物皆洁齐而清明，盖时当因此得名。”清明所属三候为：“一候桐始华；二候田鼠化为鹌；三候虹始见。”

小满在每年 5 月 21 日或 22 日，视太阳到黄经 60°的时间。《月令七十二候集解》：“四月中，小满者，物致于此小得盈满。”这时全国北方地区麦类等夏熟作物籽粒已开始饱满，但还没有成熟，约相当乳熟后期，所以叫小满。南方地区的农谚赋予小满以新的寓意：“小满不满，干断思坎”；“小满不满，芒种不管”。把“满”用来形容雨水的盈缺，指出小满时田里如果蓄不满水，就可能造成田坎干裂，甚至芒种时也无法栽插水稻。小满三候分别指：“第一候苦菜秀，第二候靡草死，第三候小暑至。”

芒种在 6 月 6 日前后，视太阳到达黄经 75°之时。《月令七十二候集解》：“五月节，谓有芒之种谷可稼种矣。”春争日，夏争时，“争时”即指这个时节的收种农忙。人们常说“三夏”大忙季节，即指忙于夏收、夏种和春播作物的夏管。所以，“芒种”也称为“忙种”，是农民朋友抢收、播种最繁忙的季节。此时中国长江中下游地区将进入多雨的黄梅时节。我国古代将芒种分为三候：“一候螳螂生；二候鹏始鸣；三候反舌无声。”

三、干支

（一）字词诠释

干者，树干也；支者，同“枝”，树枝也。古代以“天”为尊，与“干”相配，以“地”为卑，与“支”相合，始有“天干地支”之名，简称“干支”。

古代历法有十天干、十二地支。十天干是甲、乙、丙、丁、戊、己、庚、辛、壬、癸；十二地支指子、丑、寅、卯、辰、巳、午、未、申、酉、戌、亥。十干和十二支依次相配，组成60个基本单位，顺序轮流，即为干支纪法。干支纪法在我国古代可用于纪时、纪日，纪月、纪年。

（二）干支的起源

关于干支的起源，多为传说故事，无可考证。

《世本》是战国末年依据各国史官长期积累的材料编成的史书，记载：“容成作历，大桡作甲子”，“二人皆黄帝之臣，盖自黄帝以来，始用甲子纪日，每六十日而甲子一周”。还说，大挠“采五行之情，占斗机所建，始作甲乙以名日，谓之干；作子丑以名月，谓之枝，有事于天则用日，有事于地则用月，阴阳之别，故有枝干名也”。此为天干地支由来之传说。

清代经学家廖平认为，干支的起源与古代河图、洛书有关。现代一些学者根据夏代帝王世系和商代汤王以下的一些帝王将十天干用于名号这一特有现象，大多认为干支至少在夏朝就产生了。

（三）十二地支、十二生肖与十二时辰

民间关于十二生肖有各种传说。例如，明代李长卿所撰《松霞馆赘言》就对十二地支和十二生肖的关系做了说明。但是，十二地支和生肖的对应排定，决非一朝一夕所能完成的，而是经过改造、发展、定型，一直传至今日。

至少从汉代开始，根据太阳升起的时间，将一昼夜区分为十二个时辰，并采用十二地支计时法来记录这十二时辰。每个时辰相当于两个小时，这样一昼夜便是现在所称的二十四小时。于是时辰、地支、生肖三者形成一一对应的关系，一般认为：夜晚十一时至凌晨一时是子时；凌晨一时至三时是丑时；凌晨三时至五时是寅时；清晨五时至七时为卯时；上午七时至九时为辰时；上午九时至十一时为巳时；上午十一时至下午一时为午时；下午一时至三时是未时；下午三时至五时为申时；下午五时至七时为酉时；晚上七时至九时为戌时；晚上九时至十一时为亥时。

（四）干支纪法

1. 干支纪年

干支纪年萌芽于西汉，始行于王莽，通行于东汉后期。汉章帝元和二年（85），朝廷下令在全国推行干支纪年。

干支纪年一个周期的第一年为“甲子”，第二年为“乙丑”，依此类推，60年一个周期；一个周期完了重复使用，周而复始，循环下去。例如，1644年为农历甲申年，60年后的1704年同为农历甲申年，300年后的1944年仍为农历甲申年。

干支纪年是以立春作为一年的岁首，即岁次的开始，不是以农历正月初一作为一年的开始。

2. 干支纪月

干支纪月时，每个干支对应十二节，以交节时间决定起始的一个月期间，不是农历某月初一至月底。许多历书注明某农历月对应某干支，只是近似而非全等对应。如遇甲或己的年份，正月大致是丙寅；遇上乙或庚之年，正月大致为戊寅；丙或辛之年正月大致为庚寅，丁或壬之年正月大致为壬寅，戊或癸之年正月大致为甲寅。如有歌诀言："甲己之年丙作首，乙庚之岁戊为头；丙辛必定寻庚起，丁壬壬位顺行流；更有戊癸何方觅，甲寅之上好追求。"依照正月之干支，其余月份按干支推算。60 个月合 5 年一个周期。例如，东汉光武帝建武二十九年癸丑年（53）冬至月就是"甲子月"。

3. 天干地支纪日

干支纪日为 60 日大致合 2 个月一个周期。传说夏朝开始便用干支纪月，但是现有文献显示干支纪日始于鲁隐公三年夏历二月己巳日（公元前 720 年二月初十）。

儒略历的平年有 365 日，闰年有 366 日。每 80 年干支纪日对应的儒略历日期会反复一次循环。

格里历的平年有 365 日，而每 4 年一次闰年，但是如果遇上整百年，公元年能被 400 整除才能认定为闰年。每 80 年干支纪日对应的格里历日期若没有遇到能被 100 但非 400 整除的公元年，会反复一次循环。

干支记日比起记载某月某日，其优势是非常容易计算历史事件的日期间隔，以及是否有闰月存在。因为农历每个月 29 天或 30 天不定（而且有没有闰月也不知道），故如果日期跨月，则计算将会非常困难。至于某月某日和干支的对应，则可以查万年历。

4. 天干地支纪时

干支纪时，60 时辰合 5 日一个周期。但子时分为零时至一时的早子时和二十三时至二十四时的晚子时，所以遇到甲或己之日，零时至一时是甲子时，但二十三时至二十四时是丙子时。晚子时又称子夜或夜子。干支纪时亦有歌诀言："甲己还加甲，乙庚丙作初；丙辛从戊起，丁壬庚子居；戊癸何方发，壬子是真途。"

第四节　科学仪器及"算经十书"

一、科学仪器

（一）地动仪

地动仪是汉代科学家张衡所制作。东汉时代，地震频繁。据《后汉书·五行志》记载，自和帝永元四年（92）到安帝延光四年（125），共发生了 26 次大的地震。张衡经过长年研究，终于在阳嘉元年（132）发明了候风地动仪，这是世界上第一架地动仪。

据《后汉书·张衡传》记载，候风地动仪"以精铜铸成，圆径八尺"，"形似酒樽"，四围刻铸着八条龙，龙头向八个方向伸着，龙头和内部通道中的发动机关相连，

每个龙头嘴里都衔有一个小铜球。龙头下面，蹲了一个铜制的蛤蟆，对准龙嘴张着嘴。哪个方向发生了地震，朝着那个方向的龙嘴就会自动张开来，把铜球吐出，铜球掉在蛤蟆的嘴里，发出响亮的声音，就发出地震发生方向的警报。

（二）浑天仪

浑天仪是浑仪和浑象的总称。浑仪是测量天体球面坐标的一种仪器，而浑象是古代用来演示天象的仪表。均为张衡所制。

浑仪模仿肉眼所见的天球形状，把仪器制成多个同心圆环，整体看犹如一个圆球，然后通过可绕中心旋转的窥管观测天体。

张衡创制的水运浑象仪用精铜铸成，主体是一个球体模型，代表天球。球体可以绕天轴转动。天球的表面画有二十八宿和各种恒星，还有赤道圈、黄道圈及二十四节气等。天球外面有两个圆环，一个是地平圈，一个是子午圈。天轴支架在子午圈上，和地平斜交成36°，就是说北极高出地平36°，这是洛阳地区的北极仰角，也是洛阳地区的地理纬度。天球半露于地平圈之上，半隐于地平圈之下。这些设计与浑天说理论是完全一致的。张衡又利用当时已得到发展的机械方面的技术，巧妙地把计量时间用的漏壶与浑象仪联系起来，即以漏水为原动力，并利用漏壶的等时性，通过齿轮系的传动，使浑象仪每日均匀地绕轴旋转一周。这样，浑象仪就能自动地、近似正确地把天象演示出来，并使浑象仪上的天象出没与实际天象相吻合，几乎达到逼真的程度。水运浑象仪是世界上有明确记载的第一台用水力推动的天文仪器。通过它的演示，形象地表达了浑天说思想，从而使浑天说宇宙论得以传播和推广，并得到了社会的广泛承认。

二、"算经十书"

"算经十书"是指汉、唐一千多年间的十部著名的数学著作（《周髀算经》、《九章算术》、《五曹算经》、《夏侯阳算经》、《张邱建算经》、《海岛算经》、《缉古算经》、《五经算术》、《数术记遗》、《缀术》），曾经是隋唐时代国子监算学馆规定的教科书。

（一）《周髀算经》

十部算书，以《周髀算经》为最早，具体作者不明。据考证，其成书的年代不晚于西汉后期（公元前一世纪）。

《周髀算经》不仅是数学著作，更确切地说，它是讲述当时的一派天文学学说——"盖天说"的天文著作。就其中的数学内容来说，书中记载了用勾股定理来进行的天文计算，还有比较复杂的分数计算。

（二）《九章算术》

《九章算术》是中国古代第一部数学专著，是"算经十书"中最重要的一种。该书内容十分丰富，系统总结了战国、秦、汉时期的数学成果。它对以后中国古代数学发展所产生的影响，正像古希腊欧几里得（约前330—前275）《几何原本》对西方数学所产生的影响一样，是非常深刻的。在中国，它在一千多年间一直是数学教育的教科书，并且影响到国外，朝鲜和日本也曾以之作教科书。

《九章算术》首先记录了盈不足的问题，"方程"章还在世界数学史上首次阐述了

负数及其加减运算法则。

刘徽对《九章算术》进行了注释工作。一般地说，可以把这些注释看成是《九章算术》中若干算法的数学证明。刘徽注中的“割圆术”开创了中国古代圆周率计算方面的重要方法，他还首次把极限概念应用于解决数学问题。

（三）《五曹算经》

《五曹算经》是一部为地方行政人员所写的应用算术书，著者和年代都不详，据传是甄鸾著。全书分为田曹、兵曹、集曹、仓曹、金曹五个项目，所讲问题的解法都浅显易懂，数字计算都尽可能地避免分数。全书共收 67 个问题。

（四）《夏侯阳算经》

《夏侯阳算经》原书已失传无考。北宋元丰九年（1084）所刻《夏侯阳算经》是唐中叶的一部算书。引用当时流传的乘除捷法，解答日常生活中的应用问题，保存了很多数学史料。

（五）《张邱建算经》

《张邱建算经》的作者是张邱建，大约作于 5 世纪后期，里面有对最大公约数、最小公倍数的应用问题，还有等差数列问题，最著名的是提出了不定方程组——“百鸡问题”，但是没有具体说明其解法。

“百鸡问题”是：“今有鸡翁一，值钱五；鸡母一，值钱三；鸡雏三，值钱一。凡百钱买鸡百只，问鸡翁母雏各几何。”自张邱建以后，中国数学家对“百鸡问题”的研究不断深入，“百鸡问题”就成了不定方程的代名词，从宋代到清代围绕“百鸡问题”的数学研究取得了很好的成就。

（六）《海岛算经》

《海岛算经》是三国时期刘徽（约 225—约 295）所作。这部书中讲述的是利用标杆进行两次、三次、四次测量来解决各种测量数学的问题。这些测量数学是中国古代非常先进的地图学的数学基础。

（七）《缉古算经》

唐武德八年（625）五月，王孝通撰《缉古算经》在长安成书，这是中国现存最早解三次方程的著作。唐代立于学官的十部算经中，王孝通的《缉古算经》是唯一由唐代学者撰写的。

《缉古算术》被奉为数学经典，全书一卷①，共 20 题。第一题为推求月球赤纬度数，属于天文历法方面的计算问题；第二题至十四题是修造观象台、修筑堤坝、开挖沟渠，以及建造仓廪和地窖等土木工程和水利工程的施工计算问题；第十五至二十题是勾股问题。这些问题反映了当时开凿运河、修筑长城和大规模城市建设等土木和水利工程施工计算的实际需要。

---

① 新、旧《唐书》称四卷，但由于一卷的题数与王孝通自述相符，因此可能在卷次分法上有所不同。

（八）《五经算术》

《五经算术》由北周甄鸾所著，共两卷。书中对《易经》、《诗经》、《尚书》、《周礼》、《仪礼》、《礼记》、《论语》、《左传》等儒家经典及其古注中与数字有关的地方详加注释，对研究经学的人有一定的帮助，但就数学的内容而论，其价值有限。现传本系抄自《永乐大典》。

（九）《数术记遗》

《数术记遗》是徐岳（？—220）著，以与刘洪问答的形式，介绍了 14 种计算方法。有人评价其为："未满百言，而骨削质奥，思纬淹通，依然东京风骨。"

在世界数学史上，《数术记遗》对算盘样式做了记载，并第一次以"珠算"定名。

《数术记遗》第一次著录了十四种古算法。第一种叫"积算"，就是当时通用的筹算。还有太乙算、两仪算、三才算、五行算、八卦算、九宫算、运筹算、了知算、成数算、把头算、龟算、珠算、计数。

（十）《缀术》

《缀术》是南北朝时期著名数学家祖冲之的著作。这部书在唐宋之际失传。宋人刊刻"算经十书"的时候就用当时找到的另一部算书《数术记遗》来充数。祖冲之关于圆周率的计算就记载在《隋书·律历志》中。

"算经十书"较完备地体现了中国古代数学各方面的内容。书中用过的数学名词，如分子、分母、开平方、开立方、正、负、方程等，一直沿用至今。

第五节　中医药文化

一、中医

中医又称汉医，是中国传统医学研究人体生理、病理，以及疾病的诊断和防治的一门学科。中国其他传统医学，如藏医、蒙医、苗医等则被称为民族医学。日本的汉方医学、韩国的韩医学、朝鲜的高丽医学、越南的东医学都是以中医为基础发展起来的。在现今世界的医疗体系中，中医学被归类为替代医学中的一支。

中医产生于原始社会，春秋战国中医理论已经基本形成，出现了解剖和医学分科，已经采用"四诊法"（望、闻、问、切），治疗法有砭石、针刺、汤药、艾灸、导引、布气、祝由等。西汉时期，开始用阴阳五行解释人体生理，出现了"医工"、金针、铜钥匙等。东汉著名医学家张仲景已经对"八纲"（阴阳、表里、虚实、寒热）有所认识，总结了"八法"。华佗则以精通外科手术和麻醉闻名天下，还创立了健身体操"五禽戏"。唐代孙思邈总结前人的理论和自己的经验，收集 5 000 多个药方，并采用辨证治疗，被人尊为"药王"。

中医在研究方法上，以整体观、相似观为主导思想，以脏腑经络的生理、病理为基础，以辨证论治为诊疗依据，具有朴素的系统论、控制论、分形论和信息论内容。

中医学以阴阳五行作为理论基础，将人体看成是气、形、神的统一体，通过"四

诊法”，探求病因、病性、病位，分析病机及人体内五脏六腑、经络关节、气血津液的变化，判断邪正消长，进而得出病名，归纳出症型，以辨证论治原则，制定“汗、吐、下、和、温、清、补、消”等治法，使用中药、针灸、推拿、按摩、拔罐、气功、食疗等多种治疗手段，使人体达到阴阳调和而康复。

唐朝以后，中国医学理论和著作大量外传到高丽、日本、中亚、西亚等地。两宋时期，宋政府设立翰林医学院，医学分科接近完备，并且统一了中国针灸由于传抄引起的穴位紊乱，出版《图经》。金元以后，中医开始没落。明清以后，出现了温病派、时方派，逐步取代了经方派中医。

二、中药

中药即中医用药，为中国传统医学所特有的药物。中药按加工工艺分为中成药、中药材。中药按照属性可分为植物药（根、茎、叶、果）、动物药（内脏、皮、骨、器官等）和矿物药组。因植物药占中药的大多数，所以中药也称中草药。经过几千年的研究，形成了一门独立的科学——本草学。

经过勘察统计，现已知中药资源总数有 12 807 种，其中药用植物 11 146 种，药用动物 1 581 种，药用矿物 80 种。此外，一些进口药材的开发利用也取得了显著成绩，如萝芙木、安息香、沉香等已在国内生产；中药资源保护、植物药异地引种、药用动物和药用动物的驯化及中药的综合利用也颇见成效。

中药的现代研究取得了瞩目进展：一是中药的基本理论得到了系统、全面整理，对药性、归经、十八反等做了大量研究。但这方面的研究难度依然较大，有不少问题亟待解决。二是中药鉴定学的发展。在中药鉴定方面除一般来源、性状鉴定外，还普遍采用显微、理化等手段。而且鉴定技术已向用少量检品达到迅速、准确的方向发展。三是中药炮制学得到了较大的发展。通过中药炮制技术与原理的现代研究，对许多中药的炮制做了改进和规范，采用了先进的设备与技术，提高了饮片质量。四是建立了中药化学。对中药的化学成分进行了广泛的研究。五是建立了中药药理学。对多数常用中药的药理进行了系统研究；对抗菌、抗病毒、抗肿瘤、解热、利尿、降压等方面进行了药物筛选。过去不被注意的多糖类、鞣质、氨基酸、多肽等，现已发现有多种生物活性，这在阐明中药功效方面发挥了重要作用。

随着中药制剂的发展，新剂型的增多，以及质量检测控制手段的提高，中成药生产已走向现代化。

三、中药书籍

我国劳动人民在与疾病作斗争的过程中，逐渐积累了丰富的医药知识。太古时期文字未兴，这些知识只能依靠师承口授，后来有了文字，便慢慢记录下来，出现了医药书籍。这些书籍总结了前人经验并推广了中医知识的传播。

现知最早的本草著作称为《神农本草经》，著者不详。《神农本草经》全书共三卷，收载药物包括动物、植物、矿物三类，共 365 种，每药项下载有性味、功能与主治，另有序例简要地记述了用药的基本理论，如有毒无毒、四气五味、配伍法度、服药方法及

丸、散、膏、酒等剂型，可说是汉以前我国药物知识的总结，并为以后的药学发展奠定了基础。

南朝梁代的陶弘景（452—536）将《神农本草经》整理补充，著成《本草经集注》一书，其中增加了汉魏以来名医所用药物365种，称为《名医别录》。每药之下不但对原有的性味、功能与主治有所补充，并增加了产地、采集时间和加工方法等，丰富了《神农本草经》的内容。

到了唐代，政府指派李绩、苏敬等人主持增修陶氏所注本草经，增药114种，于显庆四年（659）颁行，称为《唐本草》或《新修本草》。《唐本草》是我国历史上最早由官方主持修订的一部药典。这部药典分为《本草》、《药图》、《图经》三部分，载药共844种，开创了我国本草著作图文对照的先例。

明代的伟大医药学家李时珍（1518—1593），在《证类本草》[①] 的基础上进行修订，“岁历三十稔，书考八百余家，稿凡三易”，编成了符合时代发展需要的本草巨著——《本草纲目》，该书于李时珍死后三年（1596）在金陵（今南京）首次刊行。《本草纲目》载药1 892种，附方11 000多个。

1935年，陈存仁编著的《中国药学大辞典》，收药目4 300条，每药分别介绍命名、古籍别名、基本、产地、形态、性质、成分、效能、主治、历代记述考证、辨伪、近人学说、配合应用、用量、施用宜忌、参考资料等21项。该书是当代影响最大的一本中药书籍。

第六节　传统工艺品

一、中国瓷器

瓷器是一种由瓷石、高岭土等组成，外表施有釉或彩绘的物器。瓷器的成形要在窑内经过高温（1 280 ℃ ~1 400 ℃）烧制，瓷器表面的釉色会因为温度的不同而发生各种化学变化。烧结的瓷器胎一般仅含3%以下的铁元素，且不透水，因其较为低廉的成本和耐磨不透水的特性而广为世界各地的民众所使用。

中国是瓷器的故乡，多姿多彩的瓷器发明是中华民族对世界文明的伟大贡献，在英文中“瓷器（china）”与中国（China）同为一词，充分说明了中国瓷器可以作为中国的代表。

中国瓷器是从陶器发展演变而成的，原始瓷器起源于3 000多年前。大约在公元前16世纪的商代中期，中国就出现了早期的瓷器。因为其无论在胎体上，还是在釉层的烧制工艺上都尚显粗糙，烧制温度也较低，表现出原始性和过渡性，所以一般称其为“原始瓷”。

到了宋代，名瓷名窑已遍及大半个中国，是瓷业最为繁荣的时期。当时的汝窑、官窑、哥窑、钧窑和定窑并称为宋代五大名窑。被称为“瓷都”的江西景德镇在元代出

① 《证类本草》是北宋药物学集大成之著，其全称《经史证类备急本草》，共31卷，收药1 748种。

产的青花瓷已成为瓷器的代表。与青花瓷共同并称“四大名瓷”的还有青花玲珑瓷、粉彩瓷和颜色釉瓷。

二、中国丝绸

在古代，丝绸就是蚕丝（以桑蚕丝为主，也包括少量的柞蚕丝和木薯蚕丝）织造的纺织品。现代由于纺织品原料的扩展，凡是经线采用了人造或天然长丝纤维织造的纺织品，都可以称为广义上的丝绸。而纯桑蚕丝所织造的丝绸，又特别称为“真丝绸”，以区别其他纤维的广义丝绸。

我国是世界上最早饲养家蚕和缫丝织绸的国家，被称为三大名锦的古代四川蜀锦、苏州宋锦、南京云锦是丝织品中的优秀代表，至今在世界上仍享有很高声誉。

据考古学的发现推测，在距今五六千年前的新石器时期中期，中国便开始了养蚕、取丝、织绸了。到了商代，丝绸生产已经初具规模，具有较高的工艺水平，有了复杂的织机和织造手艺。丝绸的产地主要在浙江、江苏、四川、山东、广西。苏州是丝绸的故乡，太湖流域留存有新、旧石器时代的遗址，见证着丝绸历史的悠久。据《史记》载，周敬王元年（前519），吴楚两国因争夺边界桑田，曾发生大规模的“争桑之战”，说明了蚕桑之利在当时经济上的重要地位。

唐朝是丝绸生产的鼎盛时期，无论产量、质量和品种都达到了前所未有的水平。丝绸的生产组织分为宫廷手工业、农村副业和独立手工业三种，规模较前代有较大的扩充。同时，丝绸的对外贸易也得到发展，不但“丝绸之路”的通道增加到了三条，而且贸易的频繁程度也空前高涨。丝绸是中国古老文化的象征，中国古老的丝绸业为中华民族文化织绣了光辉的篇章，对促进世界人类文明的发展作出了不可磨灭的贡献。中国丝绸以其卓越的品质、精美的花色和丰富的文化内涵闻名于世。

三、唐三彩

唐三彩是一种盛行于唐代以黄、白、绿为基本釉色的陶器。唐三彩已有1 300多年的历史，它吸取了中国国画、雕塑等工艺美术的特点，采用堆贴、刻画等形式的装饰图案，线条粗犷有力。三彩釉陶始于南北朝，盛于唐朝，它以造型生动逼真、色泽艳丽和富有生活气息而著称，因为常用三种基本色，又在唐代形成特点，所以被后人称为“唐三彩”。唐三彩主要分布在长安和洛阳两地，在长安的称西窑，在洛阳的则称东窑。

唐三彩的特点可以归纳为：一是造型丰富多彩，一般可以分为动物、生活用具和人物三大类，而其中尤以动物居多。二在一件器物上同时使用三种釉色，并将这三种釉色交错、间错地使用，釉色又浇融流溜形成独特的流窜工艺，出窑以后，三彩就变成了很多的色彩，它有原色、有复色、有兼色，人们能够看到的就是斑驳淋漓的多种彩色。

唐三彩早在唐初就输出国外，深受异国人民的喜爱。据考古挖掘，在丝绸之路、地中海沿岸和西亚的一些国家都曾经挖掘出唐三彩的器物碎片。

四、景泰蓝

景泰蓝又名珐琅、“铜胎掐丝珐琅”，是一种以紫铜作坯，制成各种造型，再用金

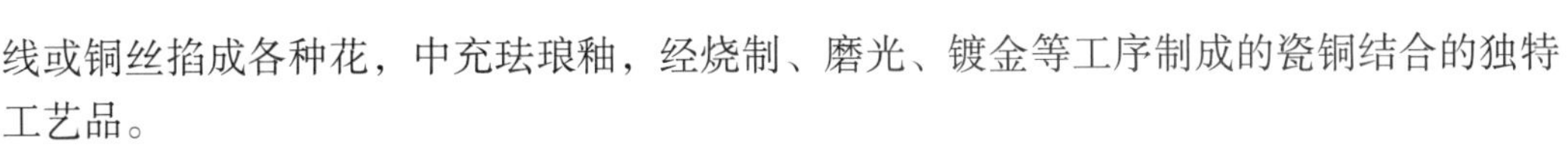

线或铜丝掐成各种花，中充珐琅釉，经烧制、磨光、镀金等工序制成的瓷铜结合的独特工艺品。

景泰蓝起源于元朝时的古老京都，盛行于明朝景泰年间（1450—1456），因其釉料颜色主要以蓝色（孔雀蓝和宝石蓝）为主，故得名为景泰蓝。景泰蓝造型特异，制作精美，图案庄重，色彩富丽，具有鲜明的民族特色，是我国著名的传统出口工艺品。

景泰蓝是由金银铜贵重金属，集掐丝、烧焊、点蓝、烧蓝、磨光、镀金等十余道工艺精制而成。景泰蓝的制作既运用了青铜和瓷器工艺，又融入了传统手工绘画和雕刻技艺。珐琅厂生产的京珐牌景泰蓝以其上乘的质量和浓厚的文化品位享誉国内外市场，它制作讲究，技艺精湛，继承了明清两代优秀的传统技艺。清末，景泰蓝工艺品在国际市场渐负盛名，在 1904 年美国芝加哥世界博览会、1915 年巴拿马万国博览会上两次获奖。

景泰蓝与雕漆、玉器、象牙雕被称为北京工艺品的“四大名旦”。

五、中国牙雕

中国象牙雕刻历史可追溯到 7 000 多年前。新石器时代，先民们就已经懂得使用阴刻、镂雕，甚至圆雕等技法来创作，后又出现透雕和镶嵌。

象牙有“有机宝石”的美誉，牙雕工艺兴于商，衰于秦，后又复兴于唐宋而盛于明清。

商代牙料丰富，象牙雕刻盛行，作品风格华美细腻。匠人们采用镂刻、彩绘、染色，加之镶嵌等技法，使作品色彩艳丽、对比强烈，其婀娜多姿与典雅庄重的青铜工艺相映生辉。

西周牙雕沿袭商代，凝厚结实简朴典重又区别于商代的华丽繁密。它的圆雕器物注重立体感，浮雕器物层次变化比较复杂。周代的牙雕主要作为饰品装饰在战车、家具、王室贵族的乘舆以及精美的文房用具上。

汉代海上贸易频繁，象牙来源除东南亚、印度之外，还来自非洲。汉代牙雕以线刻、浅浮雕为主，但也有个别作品采用深浮雕、镂雕手法，造型别致生动，刀法质朴。

唐继隋后，与周边国家的交流促进了牙雕艺术的繁荣和题材的开拓。到宋时皇家有手工作坊——文思院，其下专设象牙作坊，每年大量进口象牙，牙雕规模空前。因城市经济和海外贸易的发展，宋元之后的象牙雕刻开始进入寻常百姓家。

明清牙雕工艺枝叶繁茂，以广州和北京为代表的南北两派工匠锻造了中国牙雕史上辉煌的篇章。广州为南派代表，以镂空技法独步天下。镂雕象牙球为其一绝。象牙球又称“鬼工球”，整块牙料镂空成多层，每层厚薄均匀，转动自如。另一绝艺是象牙编织，就是在特定溶液中软化象牙后劈成薄片，再打磨编制，其品种有象牙席、宫扇等。北京为北派典范，以宫廷牙雕为主，题材则多为古装仕女、人物、山水、花鸟，做工细腻，具绘画笔意，装饰精细琐碎，着色填彩均有章法，在康熙、乾隆两朝达到顶峰。制作上流于炫耀技巧，精细繁复。至道光、咸丰后，因国势衰微，渐见消亡。

六、中国刺绣

中国刺绣，又称针绣、丝绣，俗称“绣花”，是指是在已经加工好的织物上，以针引线，按照设计要求进行穿刺，通过运针将绣线组织成各种图案和色彩的一种技艺之总称。

刺绣，作为中国优秀的民族传统工艺之一，伴随着中国丝绸业的发展至少已有两三千年的历史。中国刺绣主要有苏绣、湘绣、蜀绣和粤绣四大门类。刺绣的技法有：错针绣、乱针绣、网绣、满地绣、锁丝、纳丝、纳锦、平金、影金、盘金、铺绒、刮绒、戳纱、洒线、挑花等等，刺绣的用途主要包括生活和艺术装饰，如服装、床上用品、台布、舞台、艺术品装饰。

最近，在“双面绣”的基础上，能工巧匠们又发展创研出“双面全异绣”，即在同一面料上正反两面能绣出画面、针法、色彩完全不同的绣品，令世人惊叹：“堪称世界绝技”。

第九章　文学与艺术

第一节　先秦文学

一、先秦文学的特点

先秦文学是中国文学发生和发展的最初阶段，是中国文学的源头，它包括秦代以前各个历史时期的文学，如上古歌谣和神话、《诗经》、先秦散文、楚辞等。创始性、综合性、实用性、自由性彼此联系，相辅相成，共同构成了先秦文学的基本特点。

（一）创始性

从文学艺术的起源、文学体裁的产生、思想体系的形成、艺术手法的探索、文学流派的开创等各个方面来看，先秦文学都具有创始性的意义。这种创始性充分体现了先秦时代的作家所特有的开拓精神和丰富的想象力，注重独立思考，勇于标新立异。

从文学体裁上说，先秦文学中诗歌、散文、辞赋等文学形式一应俱全。散文中史传散文、诸子散文和应用散文已有明确的分界。史传散文的记言记事由分离到融合，产生了文诰、编年、国别、谱牒等多种体例。诸子散文由简短的语录体发展为论辩文，进而形成专题论文，完成了论说文的体制。应用散文包括典、谟、训、诰、誓、命以及书信、盟誓、祝文、祝辞、箴、诔、铭文等各种文体。

从思想体系的形成说，先秦诸子多元化的思想各成体系，彼此渗透，形成中国古代思想史以百家争鸣为开端的特点，并辐射到各种文体形式之中。

从艺术手法上说，先秦散文的记言、叙事、写人以及议论、抒情等，由自然到自觉，手法逐渐成熟。诗歌开中国抒情诗之端，《诗经》和《楚辞》分别开创了中国文学的现实主义和浪漫主义两大主要流派，产生了极其深远的影响。

从学术流派的角度来说，先秦时代是出产“元典”的时代，儒、道及其他各种思想流派的原始经典都出自这一时代。

（二）综合性

先秦时代文、史、哲不分离，诗、乐、舞相融合。在先秦文献中，史传散文记史解经，却不乏哲理思辨，故事情节曲折，人物形象生动；诸子散文传经布道，客观上反映了当时的历史，议论说理多具象化，采用寓言、比喻、白描、夸张、铺排等多种文学手法。《诗经》和《楚辞》本是文学创作，却具有一定程度的史料价值和思辨色彩。这些文献对于研究先秦时代的政治、军事、经济、文化和文学等都具有同样重要的价值。

先秦时代的诗歌、音乐和舞蹈密不可分，从原始歌谣到《诗经》、《楚辞》都是如此。《吕氏春秋·古乐》中记载的“葛天氏之乐”，有舞蹈道具和动作的描述，乐章的

章名概括了诗歌的内容，显然是诗、乐、舞的综合表演。《诗经》作品大多重章叠句，原本是为了适应音乐和舞蹈反复表演的需要。《墨子·公孟》言："儒者歌《诗三百》，舞《诗三百》，弦《诗三百》，诵《诗三百》。"可以歌唱、舞蹈、弦奏、吟诵，正说明《诗经》具有综合艺术的特征。《楚辞·离骚》的末节、《九章》中的《涉江》、《哀郢》、《抽思》、《怀沙》等篇以及《招魂》的末节都有"乱曰"，"乱"既是内容的总结，也是标识音乐的末章。《九歌》是屈原在民间祭神巫歌基础上的创作，祭神巫歌是表演巫舞所唱的歌，其中每篇并无"乱曰"，但末篇《礼魂》就是《九歌》前十篇通用的乱辞。由此可见，楚辞也具有诗、乐、舞相融合的特点。明确综合性的特点，研读文学便要紧密结合时代文化背景。

（三）实用性

春秋战国时期社会出现大动荡、大变革、大改组的形势，文学普遍具有实用性，或为具体社会问题而发，如《诗经》中的民歌："饥者歌其食，劳者歌其事"；或总结历史的经验教训，判断历史人物的是非曲直，为现实社会提供借鉴，如史传散文的定是非，决嫌疑；或旨在揭示和解决实际社会问题，如诸子百家为拯救社会而各陈己见；或自怨而生，抨击现实政治，如屈原之作《离骚》。

（四）自由性

文字产生以前的原始歌谣和神话传说自然是尽人脑所能想，尽人口所能言。产生文字的殷商时代也无所束缚，尽管对天神无限崇拜，还是有武乙之辈敢于射天。周代崇尚礼制，思想有所束缚，然而《诗经》中的民歌用朴实的语言抒发真实的情感，饥者歌食，劳者歌事，对大人君子作无情的嘲讽，对男女爱情作坦率的表白。东周时代，天子的权威日益下降，逐渐名存实亡，诸侯异政，百家异说，分裂的政治局面为思想的活跃和言论的自由创造了客观条件。儒家有传播仁义道德的自由，道家就有蔑弃仁义道德的自由，纵横家也有以利害关系取代仁义道德的自由。面对旧制度的日益式微，旧秩序的日益破坏，兼并战争的日益频繁，诸子百家的治世良方形成各种独立的思想体系。为了更有效地传播自己的思想理念，人们竞相探寻最为合适的表达方式和最为美妙的语言技巧，从而形成各自特有的审美情趣。

二、先秦文学的发展阶段

（一）原始社会与夏朝——口头文学阶段

原始社会与夏朝产生了原始性的诗歌和神话，这是中国历史上最早的文学萌芽。"原始性"有两重含义：一为绝对年代上的久远，二为形态上的古朴。歌谣和神话传说均是集体创作、口耳相传，属于口头文学，被保存在后世的著述之中。

原始诗歌具有诗、乐、舞三位一体的特征。从内容方面而言，原始诗歌最重要、最大量的题材是劳动、战争和宗教。在社会生产力极其低下的原始社会，人类对整个世界的认识，处于蒙昧状态，他们常常从自身出发，用类比方法去理解外部世界，把自己同外部世界混同起来，于是便产生了对自然界人格化的过程。这既是原始宗教崇拜的雏形，也为原始神话的萌芽打下了基础。正如马克思所说的："任何神话都是用想象和借

助于想象以征服自然力，支配自然力，把自然力加以形象化。”换言之，原始神话是原始先民通过自发的幻想方式对自然现象和社会生活所作的形象描述和解释，是在远古先民生产力和认识水平极其低下的条件下口头创作的，具有集体性、直观性，充满情感、富于想象力等特征。春秋战国以后，这些神话故事才被陆续记录下来，散见于《山海经》、《淮南子》、《列子》、《庄子》、《楚辞》等古代文献，其中以《山海经》中保存的原始神话资料最为丰富。比较著名的原始神话有《女娲补天》、《后羿射日》、《鲧禹治水》、《精卫填海》、《夸父逐日》、《黄帝擒蚩尤》、《共工触山》等，其想象奔放神奇，夸张大胆，情节曲折动人，是我国浪漫主义文学传统的源头。

原始神话和原始诗歌虽然在流传的过程中多有篡改，或加上了流传时代的烙印，但就其内容的本质而言，依然带着原始、质朴的特征，是中国文学的萌芽。

（二）商和西周阶段——书面文学的开端

殷商甲骨卜辞、西周铜器铭文、《周易》古经等都是早期书面散文的萌芽，蕴涵着一定的文学因素。

甲骨卜辞是刻在龟甲兽骨上的文字，主要是商王盘庚迁都于殷到商纣王覆亡共273年之间的遗物，甲骨文字已有成熟的系统，中国古代的书面文学肇始于殷商时代。这些龟甲兽骨片的文字，其中不乏文学的胚胎萌芽，有些卜辞文学特征相当明显。

钟鼎铭文也称金文，是指铸刻在殷周青铜器上的铭文。钟鼎铭文发现很早，西汉就有出土，东汉许慎的《说文解字叙》中说：“郡国亦往往于山川得鼎彝，其铭即前代之古文。”宋代记载古器物刻辞的著述中已有不少“三代古器”。殷商时代的钟鼎铭文字数极少，西周的钟鼎铭文字数渐多，最长的接近500字，并形成一定的结构模式，可以说是“文章”了。

（三）春秋时期——古代文学的第一座高峰

西周至春秋时期，文献增多，最重要的是儒家的原始经典“六艺”。《史记·滑稽列传》引孔子之语曰：“六艺于治一也。《礼》以节人，《乐》以发和，《书》以道事，《诗》以达意，《易》以神化，《春秋》以道义。”这些著述被视为以伦理道德为基础的治国方略。其中《礼经》除《仪礼》外，还包括《周礼》和《礼记》，实际成书于战国以后。《乐经》不传，一般认为它就是《诗经》的曲谱。产生最早的当推《尚书》和《周易》，其次当属《诗经》、《春秋》。

《周易》卦爻辞或韵或散，保存有不少古代的原始歌谣、神话传说和历史故事，在原始文学中具有重要的地位。

《尚书》是一部跨时代的档案文件汇编，开辟了散文创作的先河，讲究章法结构，条理清晰，并出现不少成熟的辞格，为历代散文家所重视。

《诗经》产生于西周初年到春秋中叶，是中国最早的一部诗歌总集，也是先秦时期最重要的文学作品。《诗经》属于集体创作，有庙堂乐歌、民族史诗和政治讽刺诗，也有大量的民歌。《诗经》中民歌的内容和形式丰富多彩，开创了中国诗歌现实主义的源头，在中国文史上产生了极其深远的影响。

《春秋》是中国现存最早的一部编年简史，文字简练似流水账簿，未能构成散文篇章，但其微言大义，暗寓褒贬。其体例对后世散文影响极深。

（四）战国时期——百家争鸣、百花齐放

1．散文

（1）历史散文。

先秦散文在春秋时期正式出现，战国时期得到发展，成为一种成熟的文体。先秦时代的散文主要有历史散文和诸子散文两大类别。

历史散文是在史官文化传统的基础上渐渐产生并成熟起来的。历史散文的发展大体上可分为三个阶段：

第一阶段“以史为经”，《尚书》和《春秋》是代表。先秦时代的史书概念还不够明确，这时史书只是作为儒家经典而存在。历史著作的重要作用就是证明儒家历史观，即被人赋予“经”的形式。《尚书》和《春秋》二书体现了早期历史散文的特征。此外，《逸周书》也是一部类似《尚书》的史籍。

第二阶段以史为传，《左传》和《国语》是代表。《左传》是我国第一部记事详备的编年体史书，也是先秦历史散文中思想性和艺术性最为突出的著作。《国语》是我国最早的一部国别体史书，是由各国的史料汇集而成。

第三阶段以《战国策》为代表。《战国策》是一部国别体史书，是先秦历史散文成就最高、影响最大的著作之一。全书按东周、西周、秦国、齐国、楚国、赵国、魏国、韩国、燕国、宋国、卫国、中山国依次分国编写，分为12策，共33卷、497篇。《战国策》是我国古代记载战国时期政治斗争的一部最完整的著作，因而具有重要的史料价值。该书文辞优美，语言生动，富于雄辩与运筹的机智，描写人物绘声绘色，常用寓言阐述道理，在我国古典文学史上亦占有重要地位。

（2）诸子散文。

诸子散文是在先秦理性精神觉醒的背景下和百家争鸣的学术氛围中形成并繁荣起来的。诸子散文的发展大体上经历了三个阶段：

第一阶段为春秋战国之交，以《论语》、《墨子》、《老子》为代表。《论语》以语录体的形式记述了孔子及其弟子的言行，比较集中地反映了早期儒家的思想和活动，其文学成就主要体现在高超的语言描写上。《墨子》是一部墨子及其后学的著作的汇编，反映的是墨家学派所代表的小生产者的思想，其艺术特点是文质意显，富于逻辑性。《老子》基本上是道家创始人老子的著作，它以玄深的哲理思辨和精妙的诗一般的语言相结合，显示着独特的艺术风格。

第二阶段为战国中期，以《孟子》、《庄子》为代表。《孟子》是孟子及其弟子的著作，反映了战国中期儒家思想的面貌，其散文体现着语录体向专题性论文的过渡。《庄子》是庄周及其后学的著作，亦是道家的又一部经典之作，其文章以独特的艺术造诣、奇妙的构思、汪洋恣肆的语言、浪漫的风格，体现了在诸子散文中的独特地位和辉煌的文学成就。《庄子》中的对话体有所突破，开始向专题性论文过渡。

第三阶段为战国末期，以《荀子》、《韩非子》、《吕氏春秋》为代表。《荀子》一书多为荀子自作，其思想体系博大精深，是儒学的进一步发展，其文章多为结构严谨、论说周详的专题性论文，标志着先秦说理散文进入了完全成熟的阶段。《韩非子》是法家思想的集大成之作，其文章峭拔锋锐、质朴无华。《吕氏春秋》是吕不韦集门客的集

体创作，体系宏大、内容博杂、兼收并蓄，是先秦学术思想的一次大规模的总结，也具有较强的文学性。

2. 诗歌

春秋时期，原来口头流传的诗歌经过人们收集、整理、润色，逐渐从口头形式演变成书面形式，在北方文化中产生了《诗经》。这时的诗歌是集体创作的成果。

战国时期，士人开始自觉创造诗歌，以抒发遭遇、感怀，在南方楚文化中孕育了个人创作的楚辞。屈原的《离骚》是楚辞体裁个人创作的杰出代表。以屈原为代表的南楚作家群，揭开了文人诗歌创作的新篇章。楚辞的浪漫精神、自由的形式、华美的词语以及艺术表现技巧，对后世文学也产生了经久的影响，也是中国浪漫主义文学精神的源头之一。

第二节　汉　　赋

一、汉赋概述

（一）汉赋的概念

汉赋是在汉代涌现出的一种有韵的散文。它的特点是散韵结合，专事铺叙。从赋的形式上看，在于“铺采摛文”；从赋的内容上说，侧重“体物写志”。

汉赋的内容可分为五类：一是渲染宫殿城市；二是描写帝王游猎；三是叙述旅行经历；四是抒发不遇之情；五是杂谈禽兽草木。

汉赋在流传过程中多有散逸，现存作品包括某些残篇在内，共200多篇，分别收录于《史记》、《汉书》、《后汉书》、《文选》等。

（二）汉赋的起源

赋，作为文体名称，渊源于荀子的《赋》；作为文学体制，它直接受到屈宋楚辞和战国恣肆之文风的影响。由于汉帝国经济发达，国力强盛，为汉赋的新兴提供了雄厚的物质基础；而统治者对赋的喜爱和提倡，使文人士大夫争相以写赋为能事，汉赋遂成为汉代文人创作的主要文学样式。

最早写作赋体作品并以赋名篇的是荀子。据《汉书·艺文志》载，荀子有赋十篇（现存《礼》、《知》、《云》、《蚕》、《箴》五篇），是用通俗“隐语”铺写五种事物。从现存荀赋来看，这时赋体还属萌芽状态。

赋体的进一步发展，当受到战国后期纵横家的散文和新兴文体楚辞的影响。赋体的主要特点，是铺陈写物，“不歌而颂”，接近于散文，但在发展中它吸收了楚辞使用华丽辞藻、夸张手法等特点，因而丰富了自己的体制。正由于赋体的发展与楚辞有着密切关系，所以汉代往往把辞赋连称，西汉初年的“骚体赋”与楚辞相当接近。

（三）汉赋的结构

汉赋在结构上，一般都有三部分，即序、本文和被称作“乱”或“讯”的结尾。

汉赋在写法上大多以丰辞缛藻、穷极声貌来大肆铺陈，为汉帝国的强大或统治者的

文治武功高唱赞歌，只在结尾处略带几笔，微露讽谏之意。

（四）汉赋的类别

汉赋分为大赋和小赋。

大赋又称散体大赋，规模巨大、结构恢宏、气势磅礴、语汇华丽，往往是鸿篇巨制。西汉时的贾谊、枚乘、司马相如、扬雄，东汉时的班固、张衡等，都是大赋的行家。

小赋扬弃了大赋篇幅冗长、辞藻堆砌、舍本逐末、缺乏情感的缺陷，在保留汉赋基本文采的基础上，创造出篇幅较小、文采清丽、讥讽时事、抒情咏物的短篇小赋。赵壹、蔡邕、祢衡等都是写作小赋的代表。

（五）赋在文学史上的地位和影响

赋是继《诗经》、《楚辞》之后，在中国文坛上兴起的一种新的文体。在汉末文人五言诗出现之前，它是两汉文人创作的主要文学样式。

从文学发展史上看，两汉辞赋的繁兴对中国文学观念的形成起到一定的促进作用。中国的韵文从《诗经》、《楚辞》开始，经西汉以来辞赋的发展，到东汉开始初步把文学与一般学术区分开来。《汉书·艺文志》中除《诸子略》以外，还专门设立了《诗赋略》，除了所谓儒术、经学以外，又出现了“文章”的概念。至魏晋则出现了“诗赋欲丽”（曹丕《典论·论文》），“诗缘情而绮靡，赋体物而浏亮”（陆机《文赋》）等对文学基本理论的探讨和认识，文学观念日益走向明晰化。

二、汉赋的发展阶段

汉赋的形成和发展可以分为三个阶段。汉初的赋家，继承楚辞的余绪，这时流行的主要是“骚体赋”，其后逐渐演变为有独立特征的散体大赋，这是汉赋的主体，也是汉赋最兴盛的阶段；东汉中叶以后，散体大赋逐渐衰微，抒情、言志的小赋开始兴起。汉赋的这种发展变化过程，与汉代社会状况的变化有着密切的关系。

（一）汉赋发展的第一阶段

自汉高祖初年至武帝初年，“大汉初定，日不暇给”，封建统治者在思想文化上禁锢不严，儒家思想尚未占据统治地位。当时诸王纳士，著书立说，文化思想比较活跃。这一时期的辞赋，主要仍是继承《楚辞》的传统，内容多是抒发作者的政治见解和身世感慨之作，在形式上初步有所转变。这时较有成就和代表性的作家是贾谊、淮南小山和枚乘等人。

（二）汉赋发展的第二阶段

西汉武帝初年至东汉中叶，是汉赋发展的鼎盛期。据《汉书·艺文志》著录汉赋900余篇，作者60余人，大部分是这一时期的作品。从流传下来的作品看，其内容大部分是描写汉帝国威震四邦的国势，新兴都邑的繁荣，水陆产品的丰饶，宫室苑囿的富丽以及皇室贵族田猎、歌舞时的壮丽场面等。

这一时期的赋作基本上同《诗经》的雅、颂一样，是一种宫廷文学，是为封建统治阶级“润色鸿业”服务的。也有一些作家对自己的地位感到不满，因而写作了一些感慨身世和以讽喻为主的作品；另有一些文人对皇室大量挥霍资财和迷于奢侈享乐的生

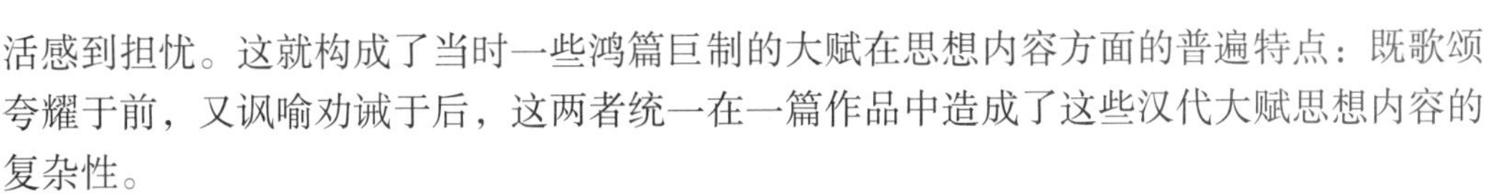

活感到担忧。这就构成了当时一些鸿篇巨制的大赋在思想内容方面的普遍特点：既歌颂夸耀于前，又讽喻劝诫于后，这两者统一在一篇作品中造成了这些汉代大赋思想内容的复杂性。

司马相如是汉代大赋的奠基者和成就最高的代表作家。《文选》所载《子虚》、《上林》两赋是他的著名的代表作。扬雄说：“如孔氏之门用赋也，则贾谊升堂，相如入室矣。”（《法言·吾子》）

汉武帝、宣帝年间著名的赋作家还有东方朔、枚皋、王褒等人。《汉书·艺文志》著录他们的赋作颇多，但传世甚少。西汉末年至东汉中叶，《子虚》、《上林》两赋成为这一时期众多作家创作的共同模式，他们的作品失去了创造力，只有扬雄和班固的赋作尚有自己的特点，是这一时期的代表作家。《甘泉》、《河东》、《羽猎》、《长杨》四赋是扬雄的代表作，其赋中的讽谏成分明显增加，在艺术水平上也有了进一步的提高，后世常将他与司马相如并称为“扬马”。班固的代表作是《两都赋》，由于萧统编纂《文选》时将《两都赋》列于卷首，因而受到人们的普遍重视。

（三）汉赋发展的第三阶段

东汉中叶至东汉末年，这一时期汉赋的思想内容、体制和风格都开始有所转变，歌颂国势声威、美化皇帝功业，专以铺采摛文为能事的大赋逐渐减少，而反映社会黑暗现实，讥讽时事，抒情咏物的短篇小赋开始兴起。

东汉中叶以后，宦官外戚争权，政治腐败，帝王贵族奢侈成风，横征暴敛，社会动乱频繁，民生凋敝。文人们失去了奋发扬厉的精神，失望、悲愤，乃至忧国忧民的情绪成为他们思想的基调，这就促使赋的题材有所扩大，赋的风格也有所转变。这种赋作的出现始于张衡。

张衡的代表性赋作是《二京赋》和《归田赋》。《二京赋》是他早年有感于“天下承平日久，自王侯以下莫不逾侈”而创作的，基本上是模拟司马相如的《子虚》、《上林》和班固的《两都赋》。但他对统治阶级荒淫享乐生活的指责比较强烈和真切，警告统治者天险不可恃而民怨实可畏，要懂得“水所以载舟亦所以覆舟”的道理。《归田赋》以清新的语言，描写了自然风光，抒发了作者不肯同流合污、自甘淡泊的品格。这在汉赋的发展史上是一个很大的转机。

继张衡而起的是赵壹和蔡邕。赵壹的《刺世嫉邪赋》对东汉末年是非颠倒“情伪万方”的黑暗现象进行了揭露和抨击，表现了作者疾恶如仇的反抗精神。蔡邕的《述行赋》是他在桓帝时被当权宦官强征赴都，在途中有感而作，表现了作者的爱憎感情，语言平实，格调冷峻，颇具感染力。稍后，祢衡的《鹦鹉赋》是一篇寓意深刻的咏物赋，借写鹦鹉抒发了作者生于末世屡遭迫害的感慨。这些作品完全突破了旧的赋颂传统，尽管数量不多，却为建安以至南北朝抒情言志、写景咏物赋的发展开拓了道路。

第三节　魏晋骈文

一、魏晋骈文概述

（一）魏晋骈文的概念

骈文也称“骈体文”、“骈俪文”或“骈偶文”；全篇以双句（俪句、偶句）为主，因其常用四字、六字句，故也称“四六文”或“骈四俪六”，其讲究对仗的工整和声律的铿锵。骈文是魏晋以后产生的一种文体，南北朝是骈体文的全盛时期。

中国的散文从汉代到六朝，出现了“文”、“笔”的对立。所谓“文”，就是专尚辞藻华丽，受字句和声律约束的骈文。所谓“笔”，就是专以达意明快为主，不受字句和声律约束的散文。“文”、“笔”分裂后，骈文就成为和散文相对应的一种文体。骈文盛行于六朝，代表作家有徐陵、庾信。唐以后，骈文的形式日趋完善，出现了通篇四句、六句式的骈文，所以宋代一般又称骈文为四六文。中唐古文运动以后，骈文稍告衰落。在元明两代成为绝响。至清初，作者接踵而起，以清末王闿运为最后一个作家。

（二）骈文的特征

在句式上，骈文主要特点是以四六句式为主，讲究对仗，因句式两两相对，犹如两马并驾齐驱，故被称为骈体；在声韵上，则讲究运用平仄，韵律和谐；修辞上注重藻饰和用典。

由于骈文注重形式技巧，故内容的表达往往受到束缚，但运用得当，也能增强文章的艺术效果。南北朝时期，亦不乏内容深刻的作品，如庾信的《哀江南赋》，他一方面描写了自己身世之悲，一方面则谴责了梁朝君臣的昏庸，表达了对故国的怀念之情。

二、关于骈文的争论

（一）提倡“骈文为文之正宗”

20 世纪初的文坛，骈文仍是十分流行的样式，在公文和其他场合中，骈文存在的语境并未消失。

刘师培的理论著作《文说》仍用骈体写作，承继清代后期仪征文派阮元的“文笔论”观点，力倡韵偶之文，强调以“藻饰”、“对偶”、“声律”为“文”之标准，有感于桐城派古文之离文之真源日远，力倡骈体为正宗，“明代以降，士学空疏，以六朝之前为骈体，以昌黎诸辈为古文，文之体例莫复辨，而文之制作不复睹矣。近代文学之士，谓天下文章，莫大乎桐城，于方、姚之文，奉为文章之正轨；由斯而上，则以经为文，以子史为文。由斯以降，则枵腹蔑古之徒，亦得以文章自耀，而文章之真源失矣”。

孙德谦的《六朝丽指》是清末民初时期重要的骈文理论著作。孙德谦提出“文源六经”，提高骈文地位，并指出六朝骈文的“经世”作用。其论骈文以六朝为典范，提倡骈散合一的骈文理论，主张在写作骈文时，要讲求骈体与散体兼行，骈散合一才是骈文正格。孙德谦标举“气韵”，以为评价骈文好坏与否，不是看其文辞藻采的运用，而

是要看骈文的“气韵”。[①]

钱基博的《骈文通义》亦是用骈文的形式写成的著作。全书共分“原文”、“骈散”、“流变”、“典型”、“漫话”五个部分。作者多综合历代之论述加以辨析，“原文”部分讨论文与骈之关系，指出：“骈文一体，实为文体之正宗。”“所以原文之必出于骈，非骈则不成文也。”“原文”意在为骈文的地位立论，在“骈散”部分中则讨论了骈与散之关系，指出：“夫一阴一阳之谓道，用偶用奇以成文。”

《六朝丽指》和《骈文通义》作为骈文的集大成之作，成为评点式的骈文专著，也是走向现代学术的开端，它的骈文学思想在骈文学研究史上有承前启后的重要作用。

（二）反对“骈文为文之正宗”

先秦“文学”的独立观念尚未确立，尤其是关于“文”的概念，与今天的“文”概念相去甚远——凡属经、史、子著述的文本记载，率称为“文”。晋代始有文笔之分。当时颜延之提出言、笔、文三分法，不讲文采的经书是言，当指《尚书》、《春秋》；有文采的散文是笔，如《左传》、《礼记》；有文采的韵文是文，如《诗经》。萧统在《文选序》里提出了两分法，以有文采的韵文为文，如此一来，骈文自然成为文之正宗，而经、子、史却被排斥在文外，但史书中的“赞论之综辑辞采，序述之错比文华”也作为文而入选。这实质上反映了文学概念的独立、细化趋向。[②]

章太炎在《文学总略》中对上述观点作了历史性反思，指出，“文学者，以有文字著于竹帛，故谓之文；论其法式，谓之文学。凡文理、文字、文辞皆言文。言其采色发扬，谓之彣。以作乐有阕，施之笔札，谓之章。”强调魏、晋以前无文笔之别，自晋以后虽有文笔之分，但萧统的《文选》并非不易之论，并对阮元以来的以声偶为文之说进行了辩驳，认为“夫有韵为文，无韵为笔，则骈散诸体，皆是笔而非文”，坚持“韵文藕语，并得称辞，无文、辞之别”的观念，认为“文、辞之分，反覆自陷，可谓大惑不解者矣”。

（三）“骈文为文之正宗”的折中说

田北湖在《论文章源流》中云：“古之作者，择言以对待，援义以比例。虽在约举，罔不昭灼。是以奇偶必称，单复必齐。俯承其仰，断者自续，两两间合，节节递转，顿挫抑扬，犹省虚字，未有单词只义可以为句者，亦未有一语孤立可以为章者。文生于联珠之字，成于骈峙之体。舍兹排偶，是谓不文，岂其属思之精，实由用字之当，盖因形定声造字之巧也。”他肯定骈文的存在价值，视其为文章简洁的必然，又反对将骈与散对立起来，认为“强分门户，析名骈散”会造成对立。

而罗敦融在《文学源流》的《总论》中也指出：“文学由简而趋繁，由疏而趋密，由朴而趋华，自然之理也。”他肯定了骈文形成与发展的合理性，并对骈文的发展阶段作了划分：“周秦逮于汉初，骈散不分之时代也；西汉衍乎东汉，骈散角出之代也；魏、晋历六朝而迄唐，骈文极盛之代也；古文挺起于中唐，策论靡然于赵宋，散文兴而

① 丁姗姗：《〈六朝丽指〉骈文理论研究》，江西师范大学2007年文艺学硕士论文，1页。

② 沈家庄：《章太炎文学思想论略》，载《漳州师院学报》，1999（1），10页。

骈文蹶之代也；宋四六，骈文之余波也；元明二代，骈散并衰，而散力终胜于骈，明末逮乎国朝，散骈并兴而骈势差强于散，综其分合，推迁可迹。”

（四）现代骈文的状况

20 世纪初，在《国粹学报》上展开的骈文争论，具有对骈文近两千年历史总结的性质，预示着它即将成为历史的终结。

关于骈文的研究在 20 世纪 70 年代末、80 年代初逐渐受到重视。但是骈文作为一种文体，已经无法再流行。

第四节　唐　诗

一、唐诗概述

唐代是我国古典诗歌发展的全盛时期。唐诗是我国优秀的文学遗产之一，也是全世界文学宝库中的一颗灿烂的明珠。

唐诗的题材非常广泛。有的从侧面反映当时社会的阶级状况和阶级矛盾，揭露了封建社会的黑暗；有的歌颂正义战争，抒发爱国思想；有的描绘祖国河山的秀丽多娇；此外，还有抒写个人抱负和遭遇的，有表达儿女爱慕之情的，有诉说朋友交情、人生悲欢的，等等。总之，从自然现象、政治动态、劳动生活、社会风习，直到个人感受，都逃不过诗人敏锐的目光，成为他们写作的题材。

唐诗的创作方法既有现实主义的流派，也有浪漫主义的流派。而许多伟大的作品，则又是这两种创作方法相结合的典范，形成了我国古典诗歌的优秀传统。

二、唐诗的形式

唐诗的形式和风格是丰富多彩、推陈出新的。不仅继承了汉魏民歌、乐府传统，并且发展了歌行体的样式；不仅丰富了前代的五言、七言古诗，还创造了风格特别优美整齐的近体诗。

（一）古体诗

古体诗又称古诗或古风。这个概念和通常说的“古代诗歌”不同，其主要是指唐代以前流行并在唐代继续流行的一种诗体，和唐代形成的近体诗相对存在。

古体诗的特点是：每篇句数不限，每句字数不限，可押韵也可不押韵，押韵也可换韵，句与句间没有平仄对应和用词对仗的要求。古体诗在格律上比较自由，同近体诗在格律上有极严格的要求不同。古体诗分两大类：五言古诗和七言古诗（或简称“五古”和“七古”）。此外还有句式长短不齐的古诗，一般归入七古。有的古体诗句数、字数和律诗相同，但用韵、平仄和对仗都不同于律诗的要求，所以仍是古诗，如《古诗十九首》和曹操、曹丕、曹子建、谢灵运、陶渊明等人的诗都是古诗。

（二）近体诗

近体诗又称今体诗，讲求严格的格律。近体诗有四项基本要求：一是句数、字数有

规定；二是按规定的韵部押韵；三是上句和下句各字之间要求平仄对立和相粘；四是规定某些句子之间用词要对仗，即名词对名词，动词对动词，形容词对形容词等。

近体诗分两大类：一是律诗，由八句组成，五字句的称五言律诗，七字句的称七言律诗。二是绝句，由四句组成，五字句的称五言绝句，七字句的称七言绝句。

律诗中还有一种“排律”，即把律诗延长至十句以上乃至百句，除首、尾两联外，中间所有出句与对句全要对仗。排律通常为五言。唐代诗歌的样式，在初唐时期已经齐备，到盛唐时期就出现了诗歌创作的高峰。

三、唐诗的分期

（一）初唐时期

初唐时期是唐诗繁荣的准备时期，主要的诗人代表有“初唐四杰”（王勃、杨炯、卢照邻、骆宾王），以及陈子昂、沈佺期、宋之问等。

唐朝初期的诗歌仍沿着南朝诗歌的惯性发展，柔靡纤弱，毫无生气。“初唐四杰”的出现开始转变了这种风气。他们才气横溢，不满现状，通过自己的诗作抒发愤激不平之情和壮烈的怀抱，拓宽了诗歌题材。如杨炯的《从军行》，这种激扬豪迈的格调，为唐初诗坛吹进一股新风。

继“初唐四杰”而起的陈子昂从理论上对南朝以来衰弱的诗风提出批评，认为这类诗专门玩弄华丽的辞藻，内容空虚，抛弃了《诗经》重视思想性的传统。对此他提倡学习“汉魏风骨”，恢复建安时代的诗风。韩愈评价他时说：“国朝盛文章，子昂始高蹈。”

沈佺期、宋之问的贡献主要在诗歌格律方面。他们总结了“永明体”以来诗人们探索诗歌格律的成果，以自己的诗作，促进了近体诗的发展。

（二）盛唐时期

盛唐时期，社会经济繁荣，国力强盛，唐诗发展至顶峰时期，题材广阔，流派众多，出现边塞诗派与田园诗派等。伟大的浪漫主义诗人李白和伟大的现实主义诗人杜甫即是这一时期最杰出的代表。他们的诗雄视千古，为一代之冠，他们的诗歌创作都达到很高的艺术境界，正如韩愈所说：“李杜文章在，光焰万丈长。”

（三）中唐和晚唐

唐代中后期，王朝的鼎盛期已过，但诗歌创作仍未衰歇，先后出现了韩愈、柳宗元、张籍、李贺、白居易、元稹、刘禹锡、杜牧、李商隐、温庭筠、杜荀鹤等风格不一的杰出诗人。他们的诗从不同角度反映了唐帝国走向衰落过程中的危机和民间苦难，艺术成就很高，对后世影响也很大。中唐时期成绩最卓著的要数白居易，他提出“文章合为时而著，歌诗合为事而作”的进步理论主张，并组织开展了新乐府运动。

晚唐诗人的代表是温庭筠、李商隐、杜牧、韦庄等。例如，杜牧的清新明丽的抒情小诗，广为人知。李商隐擅长律绝诗，常以歌咏历史题材来讽喻现实。

第五节 宋 词

一、宋词概述

（一）宋词的称谓和风格流派

宋词是继唐诗之后的又一种文学体裁，是宋代最有特色的文学样式，兼有文学与音乐两方面的特点。每首词都有一个调名，叫做词牌，依调填词叫依声。

宋词风格基本分为：婉约派、豪放派和花间派。婉约派的代表人物是柳永、李清照、秦观、晏殊、晏几道、周邦彦、姜夔等；豪放派的代表人物是辛弃疾、苏轼、岳飞、陈亮、陆游、欧阳修等；花间派的代表人物是温庭筠等。

（二）词的类别

宋词有以下五种分类方式：

第一，按长短规模分。词大致可分小令（58 字以内）、中调（59 ~ 90 字以内）和长调（91 字以上，最长的词达 240 字）。一首词，有的只有一段，称为单调；有的分两段，称双调；有的分三段或四段，称三叠或四叠。

第二，按音乐性质分。词可分为令、引、慢、三台、序子、法曲、大曲、缠令、诸宫调九种。

第三，按拍节分。常见有四种：令，也称小令，拍节较短；引，以小令微而引长之；近，以音调相近，从而引长；慢，引而愈长。

第四，按创作风格分。大致可以分为婉约派和豪放派。

第五，按词牌来源分。关于词牌的来源有三种情况：一是乐曲的名称；二是摘取一首词中的几个字作为词牌；三是本身即为词的题目。

二、宋词的发展阶段

（一）宋词的起源

词起源于唐朝晚期。唐代从西域传入的各民族的音乐与中原旧乐渐次融合，并以胡乐为主产生了燕乐。原来整齐的五言、七言诗已不适应，于是产生了字句不等、形式更为活泼的词。最先在民间和少数文人中间流行，后来，文人依照乐谱声律节拍而写新词，叫做填词或依声。从此，词与音乐分离，形成一种句子长短不齐的格律诗。五言、七言诗句匀称对偶，表现出整齐美；而词以长短句为主，呈现出参差美。

词的初期极尽艳丽浮华，流行于市井酒肆之间，是一种通俗的艺术形式，五代时期的《花间集》就很明显地展露了词美丽绚烂的文采，但是这期间的词题材还仅限于描写闺情花柳、笙歌饮宴等方面。宋代初期的词开始也是沿袭这种词风，追求华丽辞藻和对细腻情感的描写。当时的词被认为是一种民间艺术。

（二）宋词的发展

随着词的内涵的不断充实和提高，词在宋代的文学中占据越来越重要的地位。“人

不寐，将军白发征夫泪”，奠定了边塞词在宋词中的地位，使只闻歌筵酒席、宫廷豪门、都市风情、脂粉相思之类的世人耳目一新。到苏轼词首开豪放词风，宋词已经不仅限于文人士大夫寄情娱乐和表达儿女之情的玩物，更寄托了当时的士大夫对时代、对人生乃至对社会政治等各方面的感悟和思考。北宋中期，词彻底跳出了歌舞艳情的窠臼，升华为一种代表了时代精神的文化形式。

宋词的发展共分为三个阶段。第一个阶段，晏殊、张先、晏几道、欧阳修等承袭“花间”余绪，为由唐入宋的过渡；第二个阶段，柳永、苏轼在形式与内容上所进行的新的开拓以及秦观、赵令畤、贺铸等人的艺术创造，促进宋词出现多种风格竞相发展的繁荣局面；第三个阶段，周邦彦在艺术创作上的集大成，体现了宋词的深化与成熟。这三个阶段在时间上并非截然分开，而是互相交错在一起的；就其发展演变的实际情况看，继承与创新也不是相互脱节的。

（三）宋词发展的高峰期

由于词在晚唐、五代、宋初多是酒席宴前娱宾遣兴之作，故有“词为小道、艳科”、“诗庄词媚”之说。随着词的发展，经柳永、苏轼等人的创作，逐渐扩大了词的题材，至南宋的辛弃疾达到高峰，成为和诗歌同等地位的文学体裁。

第六节　元　　曲

一、元曲的内涵

元曲即元代戏曲，包括元杂剧和散曲，两者都采用北曲为演唱形式。散曲是元代文学主体，有人以元曲单指散曲。但是，元杂剧的成就和影响超过散曲，故也有人以元曲单指杂剧。

元曲来自所谓的“蕃曲”、“胡乐”，首先在民间流传，被称为“街市小令”或“村坊小调”。随着元灭宋入主中原，元曲先后在大都（今北京）和临安（今杭州）为中心的南北广袤地区流传开来。元代是元曲的鼎盛时期，关汉卿、马致远、郑光祖、白朴号称元曲四大家。

二、元曲的分类和特征

元曲的组成包括两类文体：一是包括小令、带过曲和套数的散曲；二是由套数组成的曲文，间杂以宾白和科范，专为舞台上演出的杂剧。元曲的三要素包括唱（唱词）、科（动作）、白（对白），代表作是关汉卿的《窦娥冤》。

散曲是和剧曲相对存在的。散曲则只是用作清唱的歌词；剧曲是用于表演的剧本，写各种角色的唱词、道白、动作等。

从形式上看，散曲和词很相近，不过在语言上，词要典雅含蓄，而散曲要通俗活泼；在格律上，词要求严格，而散曲就更自由些。

从体式上，散曲分两类：小令和散套。小令又称叶儿，体制短小，通常只是一支独立的曲子。散套则由多支曲子组成，而且要求始终用一个韵。

元曲有严密的格律定式，每一曲牌的句式、字数、平仄等都有固定的格式要求。散曲的曲牌也有各式各样的名称，如《叨叨令》、《刮地风》、《喜春来》、《山坡羊》、《红绣鞋》之类，这些名称多数很俚俗，这也说明散曲比词更接近民歌。元曲虽有定格，但是也允许在定格中加衬字，部分曲牌还可增句，押韵上允许平仄通押，与律诗绝句和宋词相比，有较大的灵活性。所以，同一首“曲牌”的两首有时字数不一样（同一曲牌中，字数最少的一首为标准定格）。

三、元曲的兴起和发展

1. 元曲的兴起

元曲的兴起有着复杂的原因。首先，元代的社会现实是元曲兴起的基础，元朝疆域辽阔，城市经济繁荣，宏大的剧场、活跃的书会为元曲的兴起奠定了基础；其次，元代各民族文化相互交流和融化，促进元曲的形成；最后，元曲是诗歌本身的内在规律及文学传统继承、发展的必然结果。

2. 元曲的发展

元曲的发展，可以分为三个时期。

（1）初期。

元朝立国到灭南宋。这一时期元曲刚从民间的通俗俚语进入诗坛，有鲜明的通俗化、口语化的特点和犷放爽朗、质朴自然的情致。作者多为北方人，其中关汉卿、马致远、王实甫、王小军、白朴等人的成就最高，如关汉卿的杂剧写态摹世，曲尽其妙，风格多变，小令活泼深切，晶莹婉丽，套数豪辣灏烂，痛快淋漓。马致远创作题材宽广，意境高远，形象鲜明，语言优美，音韵和谐，被誉为元散曲中的第一大家“曲状元”和“秋思之祖”。

（2）中期。

从元世祖至元顺帝间，这一时期的元曲创作开始向文化人、专业化全面过渡，散曲成为诗坛的主要体裁。主要代表作家有郑光祖、睢景臣、乔吉、张可久等。

（3）末期。

从元成宗至元末，此时的散曲作家以弄曲为专业，他们讲究格律辞藻，艺术上刻意求工，崇尚婉约细腻、典雅秀丽，代表作家有张养浩、徐再思等。

四、元曲的历史意义

元曲是中华民族灿烂文化宝库中的一朵奇葩，它在思想内容和艺术成就上都体现了独有的特色，和唐诗、宋词鼎足并举，成为我国文学史上三座重要的里程碑。

元曲之所以具有独特的魅力：一方面，元曲继承了诗词的清丽婉转；另一方面，元曲直斥不良的世风，敢于揭示社会的黑暗。另外，元曲中描写爱情的作品也比历代诗词来得泼辣、大胆。

总之，元曲作为“一代之文学”，其题材丰富多样，创作视野宽广，反映生活鲜明生动，人物形象丰满感人，语言通俗易懂，是我国古代文化宝库中不可缺少的宝贵遗产。

第七节　明清小说

一、古代“小说”的含义

“小说”一词最早见于《庄子·外物》：“夫揭竿累，趣灌渎，守鲵鲋，其于得大鱼难矣；饰小说以干县令，其于大达亦远矣。”庄子在文章和言辞中设譬取喻、征引史事、巧借神话、多用寓言等此类修饰性言论皆微不足道，谓之“小说”。

东汉桓谭著《新论》云：“若其小说家，合丛残小语，近取譬论，以作短书，治身理家，有可观之辞。”小说指“治身理家”的短书，而不是为政化民的“大道”。

东汉班固撰《汉书·艺文志》：“小说家者流，盖出于稗官。街谈巷语，道听途说者之所造也。孔子曰：‘虽小道，必有可观者焉，致远恐泥，是以君子弗为也。’然亦弗灭也。闾里小知者之所及，亦使缀而不忘。如或一言可采，此亦刍荛狂夫之议也。”指出了小说讲求虚构，根植于生活的特点。

长孙无极编《隋书·经籍志》：“小说者，街谈巷语之说也，《传》载舆人之颂，《诗》美询于刍荛，古者圣人在上，史为书，瞽为诗，工诵箴谏，大夫规诲，士传言而庶人谤；孟春，徇木铎以求歌谣，巡省，观人诗以知风俗，过则正之，失则改之，道听途说，靡不毕纪，周官诵训掌道方志以诏观事，道方慝以诏避忌，而职方氏掌道四方之政事与其上下之志，诵四方之传道而观其衣物是也。”

由上可以看出，古人认为，小说源于街谈巷议、稗官野史，反映下层劳动人民的心声、生活和情趣，与“大道”（思安国治民、考宇宙人生谓之大道）相对应，故谓之名。

二、古典小说的发展

中国的古典小说萌芽于先秦、两汉，发端于魏晋南北朝，形成于唐代，繁荣于宋元，鼎盛于明清。

先秦两汉时期，当时社会出现的神话传说、寓言故事、史传文学成为古典小说叙事的源头。神话传说已经具备人物和情节两个基本因素，散见于诸子百家书中的寓言典故提供了借鉴经验，历史著作有比较完整的结构、人物形象和历史背景。

魏晋南北朝时期出现了志怪志人小说以及文人笔记。从严格意义上说，这仍然算不上是小说，只能算是小说的雏形。《世说新语》是这个时期的优秀作品，里面收集了许多短小精悍的小故事。

唐朝时期，古代小说趋于成熟，形成了独立的文学形式——传奇体小说。由此我国的小说脱离历史领域而成为文学创作。唐代三大爱情传奇（白行简《李娃传》、元稹《莺莺传》、蒋防《霍小玉传》）是此时期的标志性作品。

宋元时期，商品经济的发展和市井文化的兴起，给小说创作积淀了深厚的土壤。话本经过文人加工形成许多话本小说和演义小说。

从明朝开始，小说开始走上了文人独立创作之路，小说作家主体意识增强，从而使

小说充分显示出其社会作用和文学价值，打破了正统诗文的垄断，在文学史上，取得与唐诗、宋词、元曲并列的地位。代表性著作有明代“四大奇书”（《西游记》、《水浒传》、《三国演义》、《金瓶梅》）、“三言二拍”（《醒世恒言》、《警世通言》、《喻世明言》、《初刻拍案惊奇》、《二刻拍案惊奇》）。

清代是中国古典小说盛极而衰并向近现代小说转变的时期。《红楼梦》的出现把中国古代小说的发展推向了高峰，达到前所未有的成就。许多经典之作流传于世。

三、明清小说的分类

明清文人创作的小说主要有短篇小说和长篇小说两大类。按题材和思想内容又可分为历史演义小说、英雄传奇小说、神魔小说、世情小说和公案小说五类。除“四大奇书”外，较著名的还有熊大木的《北宋志传》、郭勋的《皇明英烈传》、许仲琳（或曰陆长庚）的《封神演义》、董说的《西游补》、西周生的《醒世姻缘传》等，均在中国文学史上占据一定的地位。

1．历史演义小说

述史小说也称历史演义小说，是由宋元说话艺术中的讲史一类发展而来的。历史演义以一朝一代的历史事实作基础，吸取野史杂说和民间传说的内容，敷衍扩大而成。“七分事实，三分虚构”是其特点。元末明初罗贯中的《三国演义》是最典型的历史演义小说，也是中国的第一部历史演义小说，代表了历史演义小说的辉煌成就。在它的影响下，历史演义小说大量出现，内容差不多从远古传说时代到汉晋唐宋都有所作。较著名的有《列国志传》、《全汉志传》、《唐书志传通俗演义》等，其中以冯梦龙改编的《新列国志》成就较高，影响也较大。

2．英雄传奇小说

英雄传奇小说是在宋元述史的基础上发展起来的，与历史演义小说的不同之处在于它不拘泥于一朝一代的历史事件的演变，而是以描写理想化的传奇式的英雄人物为主，虚构的成分较多。明初施耐庵所著的《水浒传》为代表作品，标志着中国古典小说现实主义艺术趋于成熟。《水浒传》的情节曲折，故事性强，善于在叙事中刻画人物，李逵、武松、林冲、鲁智深等成为妇孺皆知的文学形象。《水浒传》是中国第一部用通俗口语写成的长篇小说，在文学史和汉语史上都有很高价值。

3．神魔小说

神魔小说受到宗教不同程度的影响，内容涉及鬼神魔怪，充满奇异的幻想。吴承恩的《西游记》是神魔小说中最优秀的一部。《西游记》也是在宋元说话艺术和民间传说的基础上由文人作家加工创作而成的。此外，许仲琳所著的《封神演义》是影响较大的一部。罗懋登的《三宝太监西洋记通俗演义》、董说的《西游补》等也流传较广。

4．世情小说

世情小说是以社会现实生活，尤其是家庭生活为题材，刻画种种世态人情的小说。以《红楼梦》为代表。《红楼梦》是中国现实主义文学的经典之作，其情节缜密，细节真实，语言优美。作者曹雪芹善于刻画人物，塑造出许多富有典型性格的艺术形象，如贾宝玉、林黛玉、薛宝钗、王熙凤、晴雯等。《红楼梦》的作者曹雪芹只写完前八十

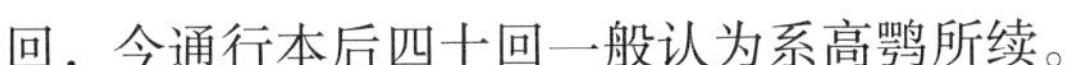
回，今通行本后四十回一般认为系高鹗所续。

5．公案小说

明后期描写冤狱诉讼的公案小说兴起，反映了当时社会的黑暗、政治的腐败。较著名的公案小说有李春芳的《海刚峰先生居官公案传》和无名氏的《包孝肃公百家公案演义》等。这类小说在歌颂清官的同时，也在一定程度上反映了当时社会政治的黑暗和阶级矛盾的尖锐。公案小说一般都追求故事情节的离奇曲折而忽视人物性格的着力刻画，艺术上显得粗糙，多夹杂迷信描写，并宣扬封建伦理道德观念。

四、明清小说与传统文化

从思想内涵和题材表现上来说，明清小说最大限度地包容了传统文化的精华，而且经过世俗化的图解后，传统文化竟以可感的形象和动人的故事而走进了千家万户。传统文化给明清小说提供了丰富的养料，而明清小说又将传统文化发扬和丰富，在艺术形象和艺术细节的演绎中予以创造性的阐说。

第一，史传色彩——世俗文学的历史依傍。尽管明清小说带有浓厚的市民文化色彩，但无论从衍说故事的形式还是从讽寓教化的动机出发，都深深地受到了史传文化的决定性影响，包括题材的史传性、观念的史传性、小说艺术的史传性。

第二，惩劝教化——儒家文化的影响。明清小说重视小说的教化作用，惩劝模式笼罩在小说创作中。

第三，神妖仙道——佛道思想的濡染。佛教自东汉末传入中国后，一直在文化形态上深刻地影响着文学创作。道教在想象力和创造力方面对古代小说影响深刻。佛道所创造的神仙境界，仙、道、妖、鬼等意象，奇谲变幻的仙道法术，为明清小说带来了奇光异彩。

第八节　书画艺术

一、古代书法

（一）书法的基本要素——汉字

中国书法艺术的形成、发展与汉文字的产生和演进存在着密不可分的连带关系。汉字是中国文化的基本要素之一，也是中国书法的重要因素。以汉字为依托，是中国书法区别于其他种类书法的主要标志。

汉字字体演变大体可以分为三个阶段：一是殷商甲骨文、商周大篆（金文、籀文）演变为小篆，由形体随意、接近图画的写实象形变为形体整齐、接近抽象的符号。二是小篆演变为隶书，这是汉字发展史上最大、最重要的变化，使汉字从古文字阶段进入今文字阶段，是古今文字的转折点。隶书打破了以象形为基础的构造方式，形成现代文字笔画的基本格局，象形意味更加淡薄，符号性进一步加强。三是隶书演变为楷书。字体结构基本没变，用笔有些变化。

（二）书法的发展沿革

殷商至汉末三国时期，文字经历由甲骨文、大篆（金文、籀文）、小篆、隶（八分）、草书、真书、行书等阶段，依次演进，是书法的萌芽时期。尽管早期文字具有同一字的繁简不同、笔画多少不一的情况，但已具有对称、均衡的规律，以及用笔（刀）、结字、章法的一些规律性因素。

文字的书写性发展到一种审美阶段——融入了创作者的观念、思维、精神，并能激发审美对象的审美情感，一种真正意义上的书法已经形成。有记载可考者，当在汉末魏晋之间，由篆隶趋从于简易的草行和真书，它们成为该时期的主流风格。大书法家王羲之的出现使书法艺术大放异彩，他的艺术成就传至唐朝备受推崇。

唐代一群书法家蜂拥而起，如虞世南、欧阳询、褚遂良、颜真卿、柳公权等大名家。在书法造诣上各有千秋，风格多样。经历宋、元、明、清时期后，中国书法成为中华民族的符号，代表了中国文化博大精深和民族文化的永恒魅力。

（二）著名书法家

古代著名书法家比较熟知的有魏晋的“钟王”（钟繇、王羲之）、“初唐四大家”（虞世南、欧阳询、褚遂良、颜真卿）、“宋四家”（苏东坡、黄庭坚、米芾、蔡襄）、“晚明四家”（邢侗、张瑞图、米万钟、董其昌）、“清朝帖学四大家”（刘墉、翁方纲、王文治、梁同书）等。人们通常说的欧体、颜体、柳体、赵体分别是以唐代欧阳询、颜真卿、柳公权，元代书法家赵孟頫这四位的姓来命名的，后有人称他们为“楷书四大家”或者“中国四大书法家”。

1. 王羲之

王羲之（303—361），字逸少，东晋书法家。其子王献之书法亦佳，世人将他们父子俩合称为“二王”。

王羲之少从卫夫人（铄）学书法，后草书学张芝，正书学钟繇，博采众长，精研体势，一变汉魏以来波挑用笔，独创圆转流利之风格，隶书、草书、正书、行书各体皆精，被奉为“书圣”。其代表作品有楷书《黄庭经》、《乐毅论》，草书《十七帖》，行书《姨母帖》、《快雪时晴帖》、《丧乱帖》、《兰亭序》、《初月帖》等。其中，《兰亭序》又名《兰亭集序》、《临河序》、《禊序》、《禊贴》、《兰亭记》，为历代书法家所敬仰，被誉作“天下第一行书”。

2. 颜真卿

颜真卿（709—785），字清臣。为人笃实耿直，向以义烈闻名于官场。

颜真卿的书法源自家学，受张旭的启发，兼取百家，为后人留下大量书帖。他的楷书，反映出唐朝的盛世风貌，气宇轩昂；而他的行草，则是在极度悲愤的心境中走笔疾书的。

3. 柳公权

柳公权（778—865），官至太子少师，故世称“柳少师”。其传世书迹很多，影响较为突出的有《玄秘塔》、《神策军碑》、《金刚经》等。

柳公权初学王羲之，以后遍阅近代书法，并精研欧阳询、颜真卿的笔法，融汇自己的新意，使他的字避免了横细竖粗的态势，而取匀衡瘦硬，追魏碑斩钉截铁势，点画爽

利挺秀，骨力遒劲，结体严紧，自成一家。所写楷书较之颜体则稍清瘦，故有“颜筋柳骨”之称。

4. 怀素

怀素（725—785），俗姓钱，字藏真。10岁出家为僧，僧名怀素。著名的草书家，他的草书称为“狂草”，用笔圆劲有力，使转如环，奔放流畅，一气呵成。前人评其狂草继承张旭又有新的发展，谓“以狂继颠”，并称“颠张醉素”或“张颠素狂”。其作品可以说是古典的浪漫主义艺术，对后世影响极为深远。传世的书迹较多，主要有《千字文》、《清净经》、《圣母帖》、《藏真帖》、《律公帖》、《脚气帖》、《自叙帖》、《苦笋帖》、《食鱼帖》、《四十二章经》等。

怀素的作品风格主要表现在：一是尚未完全摆脱前人作风，如《圣母》、《食鱼》、《苦荀》、《藏真》、《诸帖》，保留晋法甚多，圣母帖且多有颜真卿作风。二是他自成一家的作风，如《清净经》、《四十二章经》、《自叙帖》（堪称标准的怀素书）。三是循和平淡的书风，如小草千字文，与其狂肆作风，大异其趣。

二、国画

（一）国画的概念

国画在古代无确定名称，一般称之为丹青，主要指的是画在绢、宣纸、帛上并加以装裱的卷轴画。近现代以来为区别于西方的油画（又称西洋画）等外国绘画而称之为中国画，简称国画。

国画在内容和艺术创作上，反映了中华民族的民族意识和审美情趣，体现了古人对自然、社会及与之相关联的政治、哲学、宗教、道德、文艺等方面的认识。国画强调“外师造化，中得心源”，融化物我，创造意境，要求“意存笔先，画尽意在”，达到以形写神，形神兼备，气韵生动。由于书画同源，两者在达意抒情上都强调骨法用笔，因此绘画同书法和篆刻相互影响、相互促进。

（二）国画的分类

根据制作技巧、笔法，国画可以分为工笔、写意和兼工带写。工笔是用细致的笔法制作，工笔画着重线条美。写意是心灵感受、笔随意走，视为意笔，写意画不重视线条，重视意象。

国画传统的分类方法是“画分三科”，即人物、花鸟、山水。这种分法表面上是以题材分类，其实是用艺术表现一种观念和思想。“画分三科”概括了宇宙和人生的三个方面：人物画所表现的是人类社会，人与人的关系；山水画所表现的是人与自然的关系，将人与自然融为一体；花鸟画则是表现大自然的各种生命，万物生灵与人和谐相处。三者之合构成了宇宙的整体，相得益彰。

（三）国画的起源和发展

1. 国画的起源

中国画起源于古代的象形字。殷商甲骨文“七分像字，三分像画”。而春秋中后期的鸟虫书甚至可以说“五分像字，五分像画”。郭沫若曾说鸟虫书是“于审美意识之下

所施之文饰也，其效用与花纹同。中国以文字为艺术品之习尚，当自此始”（《周代彝铭进化观》）。

鸟虫书亦称虫书、鸟书、鸟虫篆，属于金文里的一种特殊美术字体，大致肇端于春秋中后期，战国时代盛行于吴、越、楚、蔡、徐、宋等南方诸国。它们有的以鸟装饰，有的以虫，有的以鱼，有的三者兼而饰之，尤以鸟书和虫书最多。人们习惯根据其上的装饰图案来给它们取名，但由于图案不一，名称也各不相同。这种书体常以错金形式出现，富有装饰效果，变化莫测。鸟虫书主要见于一些青铜器（尤其是兵器、乐器和酒器）之铭文，多见于兵器，少数见于战国容器、玺印，至两汉铜器、印章、瓦当，乃至唐代碑额上仍可见。

2. 国画的历史发展

中国画历史悠久，远在2 000多年前的战国时期就出现了画在丝织品上的绘画——帛画，这之前又有原始岩画和彩陶画。这些早期绘画奠定了后世中国画以线为主要造型手段的基础。

两汉和魏晋南北朝时期，社会由稳定统一到分裂的急剧变化，域外文化的输入与本土文化所产生的撞击及融合，使这时的绘画形成以宗教绘画为主的局面，描绘本土历史人物、取材文学作品亦占一定比例，山水画、花鸟画亦在此时萌芽。隋唐时期社会经济、文化高度繁荣，绘画也随之呈现出全面繁荣的局面。山水画、花鸟画已发展成熟，宗教画达到了顶峰，并出现了世俗化倾向；人物画以表现贵族生活为主，并出现了具有时代特征的人物造型。到了五代两宋时期，人物画已转入描绘世俗生活，宗教画渐趋衰退，山水画、花鸟画跃居画坛主流。而文人画的出现及其在后世的发展，丰富了中国画的创作观念和表现方法。元、明、清时期，文人画成为中国画的主流，但其末流则走向因袭模仿，距离时代和生活愈去愈远。

中国画自19世纪末以后引入西方美术的表现形式与艺术观念以及继承民族绘画传统的文化环境中出现了流派纷呈、名家辈出、不断改革创新的局面。在政治、经济中心城市汇聚了一大批画家：以上海为中心的江浙画家群，如任颐、虚谷、吴昌硕、黄宾虹、刘海粟、潘天寿、朱屺瞻、张大千、傅抱石、钱松喦、陆俨少等人；以北京为中心的北方画家群，如齐白石、陈师曾、金城、陈半丁、王雪涛、李苦禅、蒋兆和、李可染等人；以广州为中心的岭南画家群，如高剑父、高奇峰、陈树人、何香凝、赵少昂、关山月、黄君璧等人。

（四）中国画与西洋画的不同

在绘画上，中国画重神韵，西洋画重形似。丰子恺先生总结了中国画和西洋画的不同，具体表现在以下方面：

第一，中国画盛用线条，西洋画线条都不显著。中国画中的线条大都不是物象所原有的，是画家用以代表两物象的境界的。西洋画就不然，只有各物的界，界上并不描线。

第二，中国画不注重透视法，西洋画极注重透视法。西洋画力求肖似真物，故非常讲究透视法。中国画则多描画云、山、树、瀑布等远望如天然平面物的东西，偶然描房屋器物，亦不讲究透视法，而任意表现。

第三，中国人物画不讲解剖学，西洋人物画很重解剖学。西洋画注重写实，因此人物画必须描得同真的人体一样。中国人物画，目的只在表现出人物的姿态特点，故不用写实法而用象征法，不求形似，而求神似。

第四，中国画不重背景，西洋画很重背景。西洋画重写实，故必描背景。中国画重传神，故必删除琐碎而特写其主题，以求印象的强明。

第五，中国画的题材以自然为主，西洋画的题材以人物为主。

三、文房四宝

文房四宝即笔、墨、纸、砚。

历史上，文房四宝所指之物屡有变化。在南唐时，文房四宝特指诸葛笔、徽州李廷圭墨、澄心堂纸、江西婺源龙尾砚。自宋朝以来，文房四宝则特指湖笔（浙江省湖州）、徽墨（安徽省徽州）、宣纸（安徽省宣州）、端砚（广东省肇庆，古称端州）。

（一）笔

毛笔的起源可追溯到新石器时代。1980 年在陕西临潼姜寨村出土的文物中有凹形石砚、研杵、染色物和陶制水杯等，从彩陶的纹饰花纹可辨认出毛笔描绘的痕迹，证实了在五六千年前，已有了毛笔或类似毛笔的笔。商代甲骨文中已出现笔的象形文字，形似手握笔的样子。

汉代时期，毛笔进入了一个新的发展阶段。一是开创了在笔杆上刻字、镶饰的装潢工艺，如甘肃武威磨嘴子东汉两墓中各出土一支刻有“白马作”和“史虎作”的毛笔。二是出现了专论毛笔制作的著述。东汉蔡邕著的《笔赋》是中国制笔史上的第一部专著，对毛笔的选料、制作、功能等作了评述，结束了汉代以前无文字评述的历史。三是出现了“簪白笔”的特殊形式。汉代官员为了奏事之便，常把毛笔的尾部削尖，插在头发里或帽子上，以备随时取用。祭祀者也常在头上簪笔以表示恭敬。

至元代、明代时，浙江湖州涌现出一批制笔能手，如冯应科、陆文宝、张天锡等，以山羊毛制作羊毫笔风行于世，世称“湖笔”。自清代以来，湖州一直是中国毛笔制作的中心。另外，上海的李鼎和毛笔、安徽的六安一品斋毛笔都是知名的毛笔。

（二）墨

1. 历史发展

墨是中国古代书写和绘画用到的墨锭。墨分为天然墨、半天然墨以及人工制墨。另外，按墨的成分可以分为松烟墨和油烟墨；墨的制作按用途可分为普通墨、贡墨、御墨、自制墨、珍玩墨、礼品墨等。

中国用墨的历史很早。从考古发掘出来的文物中考证，公元前 14 世纪的骨器和石器上已有墨迹，彩陶纹饰、甲骨文、竹木简牍、缣帛书画等都留下了原始用墨的遗痕。古代的墨刑（黥面）、墨绳（木工所用）、墨龟（占卜）都是用墨的例证。到了汉代，出现了人工墨品。据东汉应劭《汉官仪》记载：“尚书令、仆、丞、郎，月赐愉麋大墨一枚，愉麋小墨一枚。”北魏贾思勰著有《齐民要术》，其中写下了我国最早一篇讲制墨工艺的《合墨法》。唐代制墨名工奚超、奚廷珪父子，制出了“丰肌腻理，光泽如漆”的好墨。宋代墨工潘谷是造墨能手，苏东坡、黄山谷等书画家极为推崇。明代邵

格之、程君房、方于鲁等各树一帜，歙县与休宁两派制墨，争奇斗胜，所制精品，至今仍彩色焕发。清代制墨，主要向“精鉴墨”（专供鉴赏的墨）和“家藏墨”（多作收藏或馈赠亲友之用）两方面发展，成为精美的工艺美术品。

用墨直接影响到作品的神采，即墨法多少，全从笔出。清代包世臣在《艺舟双楫》中指出：“书法字法，本寸笔，成于墨，则墨法尤书芝一大关键已。”墨法大概可分为浓墨、淡墨、涨墨和渴笔等。

（三）纸

我国西汉已有麻布纸的制作，蔡伦改进造纸术，以烂渔网造的纸叫网纸，破布造的纸叫布纸，纸张数量迅猛增加、质量优良。隋唐时期，发明了宣纸。到了明清，各种笺纸纷纷涌现，在质地上推崇白质地和淡雅色的纸，色以鲜明静穆为主。清代造纸技术已到了发达成熟的地步。

造纸的主要原料多为植物纤维，以竹与木为主，分成硬纸和软纸。木之纤维柔韧，制成之纸，吸墨较强；竹之纤维脆硬，所制之纸，吸墨性较弱。按生产方式可将纸分为手工纸和机械纸；按用途可将纸分为新闻纸、书写纸、包装纸、生活用纸等。

（四）砚

砚的起源甚早，大概在殷商初期已初见雏形。由于以笔直接蘸墨写字十分不便，无法写大字，先人便想到了在坚硬的东西上研墨成汁，砚乃随着墨的使用而逐渐成形。我国高山广布，可以作砚的石头极多，所以产砚的地方遍布全国。

中国“四大名砚”之称始于唐代，主要是指端砚、歙砚、洮砚、红丝砚。宋代澄泥砚兴起。今日称之为“四大名砚”乃指端砚、歙砚、洮砚、澄泥砚。中国古砚品种繁多，如松花石砚、玉砚、漆砂砚等。

第十章 伦理礼仪

第一节 伦理思想

一、古代伦理思想概述

中国古代伦理思想发端于殷周时期，在理论上提出了一系列特有的概念、范畴和理论体系，形成了形式不一、性质不同的各种学派。其中，以儒家为主干的封建地主阶级伦理思想影响最深远，发展最充分、最完备。

二、伦理思想的历史发展

中国伦理思想的历史发展大体上经历了以下四个时期。

（一）先秦时期

先秦时期是中国古代伦理思想产生和发展的时期。自夏代开始，中国进入了奴隶制社会。商代已有了一些初具伦理色彩的概念和命题。西周初年，以周公为代表的奴隶主贵族，提出了反映宗法等级关系的“孝”、“悌”、“友”、“恭”、“信”、“惠”等一系列道德规范，主张“敬德保民”，强调道德的社会作用。他们的道德观主要为天命观所支配。

春秋至战国，社会由奴隶制向封建制转变，在思想领域中出现了诸子蜂起、百家争鸣的局面。当时的儒家、墨家、道家、法家等学派对道德本源、道德准则、道德评价、道德作用、道德修养等问题，作了比较全面的探讨，形成了不同的伦理思想。

儒家伦理思想由孔子奠基，经孟子、荀子等人的阐发，最终确立了一个以“仁”为核心的宗法道德规范体系。

墨子所创立的墨家伦理思想则代表了这个时期的小生产阶层的利益。墨家主张“兼相爱，交相利”，反对“爱有差等”，强调实际功利，主张道德评价应合志功而观。

以老子、庄子为代表的道家伦理思想，主张“绝圣弃智”、“绝仁弃义”，反对世俗的道德规范和善恶标准，提倡一种“无知无欲”的“素朴”的“至德”境界，主张保全自身，乃至弃世脱俗，追求绝对的个人精神自由。

以韩非为主要代表的法家伦理思想，反映了新兴地主阶级激进派的政治需要，主张法治，轻视德治，主张人性“自为”，否定道德和道德的社会作用。春秋战国时期的伦理思想，是中国伦理思想全面发展的时期。

先秦思想家所探讨的伦理问题以及在中国伦理思想发展史上的贡献，主要表现在：一是认识并重视道德的社会作用。春秋时期，人们已经区分了“天道”与“人道”，认

识到在“人道”中道德占据重要位置。二是从不同方面寻找道德的来源。先秦的思想家从天命，人的善恶、智愚、美丑，与社会经济状况的关系等方面对道德的起源进行了探讨。三是注重道德原则和规范的提炼。先秦伦理思想已经孕育着汉代以后中国封建统治者所推崇的忠、孝、仁、爱、信、义等道德规范。四是开始了义利之辩的探讨。一般说来，儒家重义，法家重利，道家既否定利又否定义。五是强调道德修养和道德教育。孔子提出了一系列道德修养和道德教育的原则及方法，孟子和荀子从不同角度加以发展，并使之系统化。

先秦伦理思想是中国古代伦理思想的一个高峰，它不仅为后来中国封建社会伦理思想的统一和发展打下了基础，而且对当时和汉代以后中国的社会经济、政治和文化产生了极为深远的影响。

（二）秦汉至隋唐时期

秦汉至隋唐时期是中国封建地主阶级伦理思想演变、发展、日益系统化并逐渐走向衰败的时期。

秦王朝灭亡之后，汉代封建统治者出于维护封建“大一统”的统治需要，采取了“罢黜百家，独尊儒术”的政策，高度重视道德的社会作用。在魏晋时期代之而起的是适应封建门阀士族统治需要的玄学伦理思想。玄学伦理思想源于“名教与自然”的讨论，其代表人物有王弼和郭象。王弼主张“名教”本于“自然”，郭象主张“名教”即“自然”。

在玄学盛行的同时，佛教也由于当时封建统治者的提倡而开始流行起来，到隋唐儒家、佛家、道家的思想逐渐形成。

（三）宋明理学

自宋代开始，中国封建社会由鼎盛转入衰微，社会基本矛盾日趋激化，封建统治者为了稳固统治秩序，不得不加强君主专制。与此相适应，在思想领域中产生了理学（也称道学）。理学伦理思想继承孔子和孟子传统，吸取改造了佛家和道家的思想成果，进一步把道德观与世界观、认识论融为一体，丰富了儒家伦理思想的思辨形式，成为儒家伦理思想发展的最后阶段。它标志着中国封建地主阶级伦理思想更加系统化和理论化。

理学伦理思想分程朱学派和陆王学派。

程朱学派的伦理思想以客观唯心主义为哲学基础，把“仁”、“义”、“礼”、“智”抽象为宇宙的“客观”本体，即“天理”，反过来又把“天理”作为封建道德的本源；用所谓“天命之性”和“气质之性”论证人之所以有善、恶的根源；主张通过“居敬穷理”、“学问思辨”的修养工夫，达到“复尽天理，革尽人欲”的理想境界。由于程朱理学过分强调格物致知和穷理，使封建伦理纲常的内容显得繁杂支离。于是，又出现了提倡简易的“先立乎其大”的陆王学派伦理思想。

陆王学派的伦理思想以主观唯心主义为哲学基础，主张“心外无理”。“心”既是宇宙本体，又是道德本体。“心”即“天理”，也就是“良知”，自有直觉“是非正邪”的本能，“不假外求”。道德修养就是“致良知”。这样，只需通过内心“省察克治”，做到“知行合一”，就能“存天理，去人欲”。

程朱和陆王两派的伦理思想在理论上虽各具特色，但本质上都是把封建道德绝对化。在理学伦理思想产生和形成的同时，出现了以陈亮、叶适为代表的“功利之学”，强调“功利”与“道义”的统一，肯定人们的物质生活欲望，给理学伦理思想的义利观和理欲观以有力批判。

明朝中叶以后，中国产生了资本主义萌芽，封建理学伦理思想的流弊充分暴露，丧失了向前发展的活力，先后出现了以李贽、黄宗羲、王夫之、顾炎武、颜元、戴震等明末清初的思想家为代表的具有一定启蒙意义的伦理思想。他们的哲学基础虽不尽一致，思想内容也各有侧重，但在人性论、理欲观、道德修养论等方面，把矛头指向封建礼教。

（四）近代时期

鸦片战争后，中国沦为半封建半殖民地社会。由资产阶级和小资产阶级领导的反帝反封建的旧民主主义革命运动开始出现。与此同时，中国伦理思想也发生了历史性的变革。鸦片战争前后，以龚自珍、魏源为代表的早期启蒙主义的思想家，开始揭露和批判封建道德，他们主张变易“风气”，改造“人心”，反对宋明理学的禁欲主义。

随着民族资产阶级的产生、发展以及民族危亡的加深，19 世纪 20 年代出现了资产阶级改良主义的伦理思想。以康有为、梁启超、严复、谭嗣同为代表的改良主义者，学习西方资产阶级的伦理思想，提倡“自由”、“平等”、“博爱”，批判封建名教纲常，主张“人生而有欲”，用资产阶级功利主义反对宋明理学的禁欲主义，但是他们始终没有与封建主义及其伦理思想彻底决裂。以孙中山、章太炎为代表的资产阶级革命家比改良主义者先进了一步，他们的伦理思想反映了中国人民反帝反封建的要求，具有爱国主义和民主主义的性质。但是，由于中国资产阶级的软弱性，资产阶级民主主义的伦理思想未能摆脱封建主义的束缚而建立起新的完备的理论体系，以实现对封建伦理思想的变革。

五四运动是中国由旧民主主义革命向新民主主义革命的转折，伦理思想也随之发生了根本的变革。以李大钊等为代表的共产主义先驱，开始运用马克思主义的唯物史观分析道德现象，指导对儒学的批判。从此，马克思主义伦理学逐渐在中国传播和发展。

三、古代伦理思想的基本理论

（一）道德本原的问题

在中国古代伦理思想中，有关道德本原的不同观点主要体现在“天人关系”、人性善恶、社会道德状况与人们物质生活水平的关系等问题的讨论中。

中国古代一些唯心主义思想家主张“天人合一”，把“天命”、“天意”作为道德的本原。有的以神秘主义的虚无本体“道”作为道德准则或道德存在的根据。

（二）人性善恶的问题

孟子以后的儒家，一般以善恶论人性，提出“性善”、“性恶”、“性善恶混”、“性空”、“性三品”、“性善情恶”等主张，认为人之所以或善或恶，其根源就在先验的人性之中。法家认为人不可能为善，主张人性“自为”（利己）。告子则主张人性“无善无不善”，善或恶在于后天环境的影响，否认有先验的善恶规定。道家视“无知无欲”

的“朴素”状态为人性之本然，并以此作为所谓“至德”的根据。在探讨人性善恶的问题中还涉及性与情、性与命、性与才等问题，这些讨论为道德教育和道德修养提供了理论依据。

（三）道德准则的问题

道德准则是中国伦理思想的中心问题。

儒家道德规范体系的核心是“仁”。“仁”即“爱人”，是总的道德原则。儒家道德规范体系中的“义”指各种具体的行为规范，包括忠、惠、孝、慈、悌等。汉代以后，儒家的道德规范体系被概括为“三纲五常”，其中又以体现“君为臣纲”、“父为子纲”的“忠”、“孝”为根本，成为中国封建社会一直占统治地位的道德规范体系。

近代资产阶级思想家以“博爱”、“互助”作为道德原则和规范。

（四）义利关系的问题

义利关系是贯穿于中国伦理思想的一个基本问题。在这个问题上的不同观点，基本上可以归结为道义论和功利论两种倾向。

儒家不多申言道德的功利目的，尤其鄙视道德主体的个人利益，认为追求个人利益必然会损害道德准则的实践，主张“见利思义”、“重义轻利”。墨家倡义重利，主张道德准则应以“利人”、“兴天下之利”为目的，认为行为的道德价值在于“义可以利人”，从而把义、利统一起来。在对行为的道德评价上，主张动机与效果的统一。

（五）道德的社会作用问题

道德的社会作用问题是古代伦理思想的一个突出方面。在春秋战国时期讨论这个问题时，集中体现在关于“德治”与“法治”、“王道”与“霸道”的争辩。

儒家发展了周公的“敬德保民”思想，认为道德的作用胜过刑罚和征战，主张“为政以德”，以“王道”统一天下，强调用道德调节和维护宗法等级关系，它还十分注重统治者自身道德的表率作用，把个人的“修身”作为“齐家”、“治国”、“平天下”的立足点。墨家也重视道德的社会作用。道家则否定道德规范的积极作用，主张“无为而治”。法家主张“法治”、“霸道”，主张“不务德而务法”，具有一定的非道德主义倾向。

近代一些资产阶级的进步思想家提倡“革命道德”，认为“道德堕废者，革命不成之原”，要革命，“则唯有道德者可以获胜”。

（六）道德修养和道德教育的问题

古代伦理思想中最具特色的内容之一是道德修养和道德教育的问题。

儒家主张治国应“以修身为本”，在强调进行包括家庭教育在内的道德教育的同时，更注重自我道德修养。在道德修养的途径和方法上，持唯心主义观点的思想家主张通过“养心”、“内求”，以发明本心，扩充善端；提出并形成了“正心”、“诚意”、“内省”、“自讼”、“慎独”、“主静”、“居敬穷理”、“省察克治”等修养方法。持唯物主义观点的思想家则主张“养心”与“践履”、“习事”相结合，重视习俗环境的作用，反对“主静空谈”，体现了唯物主义认识论的原则，具有更多的合理性。

（七）人生观的问题

古代伦理思想中关于人生的目的、意义和理想的问题，反映在生与死、荣与辱、义

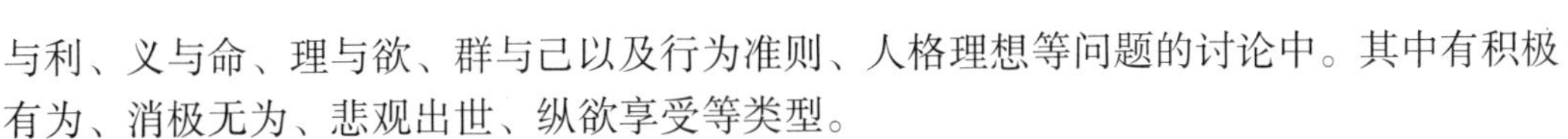

与利、义与命、理与欲、群与己以及行为准则、人格理想等问题的讨论中。其中有积极有为、消极无为、悲观出世、纵欲享受等类型。

墨家主张积极有为，把“兴天下之利，除天下之害”视为人生的奋斗目标。儒家的人生观也具有积极有为的特点，他们主张“重义如泰山，轻利如鸿毛”，提倡“杀身成仁”、“舍生取义”。

道家的人生观消极无为，以致厌世颓废、弃世脱俗，提倡一种以“保身”、“全生”为宗旨的人生哲学。佛教视人生为“苦海”，主张超脱尘世，以求“来世福果”，这是一种悲观出世的宗教人生观。

近代资产阶级在反封建斗争中，提出了各种不同的人生观，孙中山的“为三民主义而奋斗”革命人生观是其中最杰出的代表。

四、伦理思想的基本特点

（一）道德规范的宗法性和政治化

这一特点主要体现在儒家的伦理思想中。中国由原始社会进入奴隶社会时，以父系血缘关系为纽带的氏族组织形式被保留下来，并发展为宗法等级关系和宗法等级秩序。后来，它又与封建专制主义相结合，一直存在于封建社会之中儒家所说的“人伦”，主要是指父子、君臣、夫妻、长幼、朋友五种关系，除朋友外，都是和宗法等级关系相联系的。为了调节这些关系，儒家提出了“孝”、“忠”等一套道德规范。“孝”和“忠”是宗法等级关系中两个最重要的关系的反映，集中体现了儒家伦理思想的宗法性特点，并由此决定了道德政治化的特点。

（二）道德问题成为哲学思考的重点

这一特点表现在道德本原与世界本原的关系上。一些哲学家由“天”及“人”，从“天道”推衍出“人道”，把“天道”作为“人道”的根据。另一些哲学家由“人”及“天”，把“人道”抽象化为适用于宇宙万物的普遍法则，并神化为“天命”、“天意”，然后又把这个虚构出来的“天道”作为“人道”的本原，以论证封建道德纲常的合理性和永恒性。道德和哲学相交织特点的另一表现，是把道德修养论作为哲学认识论的主要内容和形式。

（三）注重内心修养，强调行为自觉

这是古代伦理思想在道德实践上的显著特点。古代伦理思想尤其是儒家伦理思想，把人性善、恶作为人之所以有善、恶行为的心理根据，并由此提出了一套“修身”、“养心”的方法，认为只要发挥“心”的作用，即可认识本性的“善”。同时，他们又把“知义”、“有义”视为人之异于禽兽的标志，突出了对道德认识和道德行为自觉性的要求。汉代以后，内心修养被逐渐引向极端，把性与情对立起来，乃至主张“性善情恶”、存理灭欲。

五、古代重要的伦理思想

（一）五伦思想

“五伦”是中国传统社会基本的五种人伦关系，即父子、君臣、夫妇、兄弟、朋友

五种关系，是狭义的“人伦”。古人以君臣、父子、夫妇、兄弟、朋友为“五伦”。孟子认为，父子之间有骨肉之亲，君臣之间有礼义之道，夫妻之间挚爱而又内外有别，老少之间有尊卑之序，朋友之间有诚信之德，这是处理人与人之间关系的道理和行为准则。《孟子·滕文公上》：“使契为司徒，教以人伦：父子有亲，君臣有义，夫妇有别，长幼有序，朋友有信。”

（二）“不孝有三，无后为大”

“不孝有三，无后为大”，此语出自于《孟子·离娄上》，孟子曰：“不孝有三，无后为大，舜不告而娶，为无后也，君子以为犹告也。”孟子没有明示“三”为何事，汉朝的经学家赵岐在注释这一篇时注云：“于礼有不孝者三，谓阿意曲从，陷亲不义，一不孝也；家贫亲老，不为禄仕，二不孝也；不娶无子，绝先祖祀，三不孝也。”

（三）三纲五常

三纲五常（纲常）是中国儒家伦理文化中的架构。“三纲”、“五常”来源于西汉董仲舒的《春秋繁露》一书，但最早渊源于孔子。

“三纲”是指“君为臣纲，父为子纲，夫为妻纲”，它反映了封建社会中君臣、父子、夫妇之间的一种特殊的道德关系。

“五常”即仁、义、礼、智、信，是用以调整、规范君臣、父子、兄弟、夫妇、朋友等人伦关系的行为准则。

（四）三从四德

“三从四德”是为适应父权制家庭稳定、维护父权和夫权家庭（族）利益需要，根据“内外有别”、“男尊女卑”的原则，由儒家礼教对妇女在道德、行为、修养所进行的规范要求。

“三从”是指女子“未嫁从父，既嫁从夫，夫死从子”（《仪礼·丧服·子夏传》）。

“四德”是指衡量女子的四个标准：德、容、言、工。“四德”最初是对宫廷妇女的四种必备的修养——德行（德）、言辞（言）、容貌（容）、技艺（工）的培训和修养，包括了传统“妇学”四项教育内容，所以儒家称作“四教”，又称为“四行”。

（五）“七出”、“五不娶”与“义绝”、“和离”

“七出”、“五不娶”，实际上是针对古代女性的一种婚姻条件。

“七出”一词起于汉代，最早的文献是汉代的《大戴礼记`本命》，称为“七去”、“七弃”，谓：“妇有‘七去’：不顺父母（此指公婆），去；无子，去；淫，去；妒，去；有恶疾，去；多言，去；窃盗，去。”

汉代提出“五不娶”，即乱伦之家、逆德之家、上代受刑之家、患恶疾之家、无母亲家长之女。

“义绝”与“和离”，同为解除婚姻关系的法律方式。

“义绝”一词最早见于汉代《白虎通·嫁娶》。礼规定丈夫可以休妻，妻不能离夫，但当丈夫“悖逆人伦，杀妻父母，废绝纲纪，乱之大者也；义绝，乃得去也”。“义绝”作为强制离婚的法律规定始于唐代。

“和离”始见于唐代《唐律·户婚》，在“诸犯义绝者离之”条后规定：“若夫妻

不相安谐而和离者不坐（问罪）。”“和离”需由丈夫签“放妻书”。后代循唐例，也称“和离”为“两愿离婚”。

第二节　宗法制度

一、宗法制度概述

（一）宗法制度的概念

宗法制度是由氏族社会父系家长制演变而来的，是王族按血缘关系分配国家权力，以便建立世袭统治的一种制度。其特点是宗族组织和国家组织合而为一，宗法等级和政治等级完全一致。

（二）宗法制度的核心精神

宗法制是一个非常复杂的制度，其所解决的最核心问题是国家最高统治权的继承，即君位继承权。只有解决了国家最高统治权的归属，诸侯国的君位以及卿大夫等贵族的爵位归属才能更好地解决。

二、宗法社会下的两大现象

（一）家谱

家谱又称族谱、家乘、祖谱、宗谱等，是一种以表谱形式，记载一个以血缘关系为主体的家族世系繁衍和重要人物事迹的特殊图书体裁。家谱以记载父系家族世系、人物为中心，是由记载古代帝王诸侯世系、事迹而逐渐演变来的。家谱是一种特殊的文献，就其内容而言，是最具有平民特色的文献，记载的是同宗共祖血缘世系人物和事迹等方面的历史图籍。

早在商朝，人们开始修谱，其中“兜”的家谱，还保留到今天。家谱是一家一姓的生命史，记录着其发源、生息、繁衍的无始无终的过程。在古代，家谱是古代封建大家族记录血亲延续系统的文字。家谱一般都有家规族训，对于规范人生和教育子弟有着积极的意义。司马迁、班固、陈寿等史学家在其史学著作《史记》、《汉书》、《三国志》中分别使用谱牒内容，使得史书更加准确与完备。

家谱的作用是“明世系，别亲疏”，具体表现为：一是防止因年代久远或迁徙而发生血缘混乱，使之导致家族瓦解；二是解决族内纠纷、惩治违背族规人和事的依据；三是远离祖地的游子，寻根问祖的线索和物证。

家谱一般包括以下的内容：

其一，姓氏起源。姓氏源流就是同一族得姓的来源与变迁，是明辨家族血统的证明文献。堂号是一个姓氏的特殊标志，它能显示姓氏发源的地缘关系。在家谱中，堂号具有联系姓氏与宗族关系的意义，也是后代寻根问祖的重要线索之一。

其二，世系表。这是说明祖先后代每一个家族成员之间的相互关系的图表，其有欧式、苏式、宝塔式和牒记式四种基本的记述格式。欧式又称横行体，是北宋文学家欧阳

修创立的，其特点是世代分格，由右向左横行，五世一表；苏式又称垂珠体，是北宋文学家苏洵创立的，其特点是世代直行下垂，世代间无横线连接，全部用竖线串联，图表格式也是由右向左排列的，主要是强调宗法关系；宝塔式是将世代人名像宝塔一样由上向下排列，其特点是采用横竖线连接法，竖线永远处在横线的中间；牒记式不用横竖线连接世代人名间的关系，而是纯用文字来表述这种关系，其特点是世系形式固定，次序分明。

其三，家训。家族为了维持必要的制度，就拟定一定的行为规范来约束家族中人，这便是家训的最早起源。自汉初起，家训著作随着朝代演变渐丰富多彩。

其四，家传。这是用来记述家族中有名望、有功绩人的事迹的文体，是一种正式的传记，明朝之前，传与谱是分开来记的。家传一般分为列传、内传和外传等。列传是记录家族中有功绩男子的传记；内传是记录家族中有品行女子的传记；外传是记录家族中已出嫁有品行女子的传记。

其五，艺文著述。自六朝起，就有将家族中名人的著作录入家谱的惯例。家谱中的艺文著述，在体例上一般称作艺文志、辞源集、文征集等。艺文著述以家族中名人所写的诗文著作为主要内容，也收集本族人与外人的书信来函，以及经籍、表策、碑文、书札等，有的还有版画、肖像画、版本作品、名家书法、歌曲等，从形式到内容都十分丰富。

其六，家谱图像。家谱主要以文字内容为主，图片资料为辅，使家谱不再局限在文字记录，整体概念也变得鲜明而生动起来。

（二）祠堂

祠堂是供奉祖先神主牌位的殿堂，是族人祭祀祖先的场所，又是族长率宗族成员隆重祭祖、讨论、决断事务的场所，还是进行宗法族规教育、执行奖惩的肃地。

宋代是中国古代新型祭祀体系得以确立的重要时期，以李觏、司马光、朱熹为代表的宋儒在这一进程中发挥了重要的作用。随着元朝以后儒学地位的崇高而愈益得到民间的认同，使祠堂等设施得以普遍化，祠堂成为民间普遍的家族活动场所。

第三节 礼仪制度

一、政治礼仪

（一）祭祀

祭祀礼仪包括祭天、祭地、宗庙之祭、对先师先圣的祭祀等。

始于周代的冬至日祭天活动也称郊祭，古人重视实体崇拜，祭天体现在对太阳的主祭以及对月亮的从祀上，直到清代祭天才结束。夏至是祭地之日，礼仪与祭天大致相同，祭地礼仪还有祭山川、祭土神、谷神、社稷等。祭拜天地的仪礼后来发展为浩大的封禅典礼，封禅最早出现于《管子·封禅篇》。“封”为祭天（多指天子登上泰山筑坛祭天），“禅”为祭地（多指在泰山下的小丘除地祭地）。《五经通义》：“易姓而王，致太平，必封泰山，禅梁父，天命以为王，使理群生，告太平于天，报群神之功。”所

以，封禅活动实质上也是强调君权神授的手段。

宗庙制度是祖先崇拜的产物。祭祀时行“九拜礼”：“稽首”、“顿首”、“空首”、“振动”、“吉拜”、“凶拜”、“奇拜”、“褒拜”、“肃拜”。

汉魏以后，以周公为先圣，孔子为先师；唐代尊孔子为先圣，颜回为先师。唐宋以后一直沿用“释奠”礼作为学礼，也作为祭孔礼。南北朝时，每年春秋两次行释奠礼，各地郡学也设孔、颜之庙。明代称孔子为“至圣先师”。清代，盛京（辽宁沈阳）设有孔庙，定都北京后，以京师国子监为太学，立文庙，孔子称“大成至圣文宣先师”。曲阜的庙制、祭器、乐器及礼仪以北京太学为准式。乡饮酒礼是祭祀先师先圣的产物。

（二）五礼

古代的五种礼制分别为吉礼、凶礼、军礼、宾礼、嘉礼。

吉礼为五礼之冠，主要是对天神、地祇、人鬼的祭祀典礼。

凶礼是指用于吊慰家国忧患方面的礼仪活动。包括丧葬礼、荒礼、吊礼、恤礼、禬礼等。后多特指丧葬、持服、谥号等礼仪。

军礼为国家有关军事方面的礼仪活动。如《周礼》所举大师、大均、大田、大役、大封，以及《开元礼》的告太庙、命将、出师、宣露布、大射、马祭、大傩等。

宾礼，即邦国间的外交往来及接待宾客的礼仪活动。

嘉礼，即国家具有喜庆意义及一部分用于亲近人际关系、联络感情的礼仪活动。

二、生活礼仪

（一）诞生礼

诞生礼是指从未出生时至周岁所进行的各种礼仪。诞生礼包括“三朝”、“满月”、“百日”、“周岁”等。“三朝”是婴儿降生三日时接受各方面的贺礼；“满月”在婴儿满一个月时剃胎发；“百日”时行认舅礼，命名礼；“周岁”时行抓周礼，以预测小儿一生之命运。

（二）成年礼

成年礼也称冠礼，是跨入成年人行列的男子加冠礼仪。冠礼从氏族社会盛行的男女青年发育成熟时参加的成丁礼演变而来的，至清代废止。我国有些地区至今还保留着古老的成年礼，如拔牙、染牙、穿裙、穿裤、盘发髻等仪式。

（三）飨燕饮食礼仪

燕礼对中国饮食文化形成有深远的影响。节日设宴在中国民间食俗上形成节日饮食礼仪。在特定的节日吃特定的食物，这也是一种饮食礼仪。宴席上的座次，上菜的顺序，劝酒、敬酒的礼节等，都有一定的讲究。

（四）婚礼

《仪礼·士昏（婚）礼》篇记录了士这个阶层婚礼的过程和仪式，包括：纳采、问名、纳吉、纳徵、请期、迎亲、送亲、合卺、完婚、晨谒。

（五）葬礼

中国传统葬礼的主色调为白色和黄色。其主要过程有：小殓、报丧、奔丧、停灵

（又称暂厝）、守灵、大殓、出殡和下葬、烧七、守孝、牌位、扫墓。

（六）五祀

五祀是指祭门、户、井、灶、中（中室）。

周代是春祀户，夏祀灶，六月祀中溜，秋祀门，冬祀井。汉魏时按季节行五祀，冬三月“腊五祀”，总祭一次。唐、宋、元时采用“天子七祀”，祀司命（宫中小神）、中、国门、国行、泰厉（野鬼）、户、灶。明清两代仍祭五祀，清康熙之后，罢去门、户、中、井的专祀，只在十二月二十三日祭灶。

（七）傩仪

傩仪滥觞于史前，盛行于商周。周代的傩仪是四季驱邪逐疫。傩仪中的主神是方相氏。两汉时期，傩仪中出现了与方相氏相配的十二兽。至今仍有遗存的贵州土家族傩堂仪为较完整典型。

三、古代称谓

（一）姓、氏、名、字

先秦的姓与远古的母系制度有关系，是氏族（或说部落）的标记。由于它标志一个人由哪个氏族生出，故称为“生”，《白虎通义·姓名》载：“姓者，生也。”

氏是家族的标记，如《左传》隐公八年所说：“天子建德，因生以赐姓，胙之土而命之氏。诸侯以字为氏，因以为族。官有世功，则有官族，邑亦如之。”姓因生而定，是不变的；氏则因家族而分，是可变的且有贵贱之别。

先秦时代，姓氏分离是区别婚姻、贵贱的基本，没有姓做氏用、氏称为姓的习惯。姓氏合一与秦的一统是密切相关的。六国被灭后，平民可以任意选择先秦一些尊贵的氏作为自己的氏，氏自然失去其“别贵贱”的作用。《通志·氏族略序》：“秦灭六国，子孙皆为民庶，或以国为氏，或以姓为氏，姓氏之失自此始。”后世所说的姓，即先秦所说的氏。由于先秦时期姓氏分离，夏、商、两周，男子均称氏不称姓，且氏在名前；妇女称姓，且姓在名后。

《庄子》：“名者，实之宾也。”即“名”为“实”所生。《说文》：“名，从口夕，夕者冥也，冥不相见，以口自名。”即名是用来叫的。名最先来源于“公名”，即神农氏、有巢氏之类，是表示一个或许多部落的共用名字。这个时候，名多用来表示某个专业技术过硬的集体氏族，到了尧、舜、禹，就渐渐有了个体化的名。

古代成年男子既有名，又有字，但是两者适用的范围不同。《仪礼·士冠礼》：“冠而字之，敬其名也。君父之前称名，他人则称字也。”战国后，逐渐形成了名只能是长辈对晚辈、上级对下级的称呼。同辈之间多称字。而晚辈对长辈、下级对上级就称字。

古代男子长到20岁的时候要举行“结发加冠”之礼，以示成人，这时就要取字。而女子在15岁时要举行“结发加笄”之礼，这时也要取字。

一般认为，古人的名和字之间有意义上的联系。一种情况是名和字意义相同或相近，例如，屈原，名平，字原。另一种情况是名和字的意思正相反。例如，曾点，字皙。大体上，名与字的关系可以分为：一是同义互训，即名与字的意义相同，可以互相

解释。例如，诸葛亮，字孔明。二是反义相对，即名与字的意义相反，两者对立相应。例如，连战，字永平。三是使典用事，即名、字援引经史记载，使用典故。例如，陆羽，字鸿渐（《易·渐卦》：“鸿渐於陆，其羽可用为羽仪”）。四是景仰前贤。例如，牛僧孺，字师黯。五是崇奉宗教。例如，王维，字摩诘。六是原名变化，即把名做些简单变化，便成为字。例如，李白，字太白。七是纪实志盛。例如，张耒，字文潜。

名与字除了表称呼外，还能显现亲属关系和表现长幼排行。

（二）古代“称谓五号”

1. 庙号

庙号是中国古代帝王死后在太庙里立宣奉祀时追尊的名号。一般认为，庙号起源于商朝，如太甲为太宗、太戊为中宗、武丁为高宗。秦朝废止庙号制度，汉朝以后又承袭了这一制度。

庙号常用“祖”字或“宗”字。开国皇帝一般被称为太祖或高祖，如汉太祖刘邦、唐高祖李渊、宋太祖赵匡胤、元太祖铁木真、清太祖努尔哈赤；而称呼世祖的往往是完成统一的皇帝，如元世祖忽必烈、清世祖福临。中途庆业的皇帝一般称为“宗”（太宗、世宗等），如唐太宗、宋太宗等。

一般来说，庙号的选字并不参照谥法，但是通常也选择具有美好意义的字，如“太”、“世”、“高”、“神”、“圣”、“仁”、“睿”、“明”、“章”等。从唐朝以后开始，王朝的开国皇帝庙号通常为“太祖”，第二代帝王庙号常常为“太宗”。如果王朝帝系发生变化，则其庙号为“世祖”或“世宗”。

2. 谥号

古代帝王、诸侯、卿大夫、功勋大臣、具备特殊身份等的人死后，朝廷根据他们的生平行为给予一种称号以褒贬善恶，称为谥或谥号。所谓“谥者，行之迹也；号者，表之功也；车服者，位之章也。是以大行受大名，细行受细名。行出于己，名生于人”。帝王的谥号，由礼官议上；臣下的谥号，由朝廷赐予。

按传统说法，谥号起始于周。秦始皇统一中国后，议定以“皇帝”作为最高统治者的称号，同时因“谥号”的定夺将形成“子议父、臣议君”的局面，故而废除。汉代时期恢复谥法，而且这一时期谥法制度也日趋严密，朝廷中正式设立“大鸿胪”一职，管理王公列侯的谥法。汉代以后，谥号大多为两个汉字。

谥法是给予谥号的标准。谥号是固定的一些字，这些字被赋予特定的含义，用来指称死者的褒贬等。谥号大致可以分为：一是表扬性质的，例如，经纬天地曰文，布义行刚曰景。二是批评性质的，例如，乱而不损曰灵，好内远礼曰炀，杀戮无辜曰厉。三是同情性质的，例如，恭仁短折曰哀，在国遭忧曰愍。

在称呼时，庙号常常放在谥号之前，同谥号一道构成已死帝王的全号。习惯上，唐朝以前对殁世的皇帝一般简称谥号，如汉武帝、隋炀帝，而不称庙号。唐朝以后，由于谥号的文字加长，则改称庙号，如唐太宗、宋太祖等。

3. 年号

年号是封建皇帝纪年的名号。年号被认为是帝王正统的标志，称为“奉正朔”。新君即位一般都会下诏改变年号，称为改元。

年号起源于西汉武帝。在汉武帝之前，中国历史纪年只有年数，史家以王号纪年，如鲁隐公元年等。帝王年号这一举措为后来王朝沿用。辛亥革命后，中华民国废除年号纪年的做法，而改用民国纪年。

4．尊号

尊号是皇帝活着的时候被奉上的。武则天开创了皇帝生前叠加谀词上尊号赞美的先例。例如，唐玄宗开元二十七年（739）受尊号为开元圣文神武皇帝，宋太祖乾德元年（963）受尊号为应天广运仁圣文武至德皇帝。

尊号可以上好几次，都是尊崇褒美之词。也有死后上尊号的，例如，唐高宗死后，到天宝十三载（754）上尊号为神尧大圣大光孝皇帝。这种死后所加的尊号也可以说是谥号。

5．别号

别号又称表号。

名、字与号的根本区别是：名由父亲或尊长、师长取定；字由自己取定；号，一般只用于自称，以显示某种志趣或抒发某种情感。对人称号也是一种敬称。例如，陶潜号五柳先生，李白号青莲居士等。

唐代，行第（大排行）数字成为流行的称谓。这也可以视作一种别号。例如，高适《人日寄杜二拾遗》中的“杜二”是指杜甫，白居易《与元九书》的“元九”指元稹等，都是以名字来表示长幼秩序。

（三）称谓礼仪

1．尊称

尊称也称为敬称，是对对方表示尊敬的称呼。

针对不同的对象，称呼可有多种。例如，对帝王的敬称有万岁、圣上、圣驾、天子、陛下等；君对臣的敬称是卿或爱卿。对皇太子、亲王的敬称是殿下；对将军的敬称是麾下。对尊长者和用于朋辈之间的敬称有君、子、公、足下、夫子、先生、大人等。对品格高尚、智慧超群的人用“圣”来表敬称，如称孔子为“圣人”，称孟子为“亚圣”。后来，“圣”多用于帝王，如圣上、圣驾等。

此外，表示尊敬的称谓还有称字、称号、称谥号、称斋名、称郡望、称官名、称官地、称籍贯等方式。

2．谦称

谦称是自称时用来表示谦逊态度的称谓。

普通人常用的谦称有：愚，谦称自己不聪明；鄙，谦称自己学识浅薄；敝，谦称自己或自己的事物不好；卑，谦称自己身份低微；窃，谦称自己冒失、唐突；臣，谦称自己不如对方的身份地位高；仆，谦称自己是对方的仆人。

古代帝王的自谦词有孤（小国之君）、寡（少德之人）、不谷（不善）等；古代官吏的自谦词有下官、末官、小吏等；读书人的自谦词有小生、晚生、晚学等，如果自谦为不才、不佞、不肖，则表示自己没有才能或才能平庸；老人自谦时用老朽、老夫、老汉、老拙等；女子自称妾；老和尚自称老衲；等等。

古人称自己一方的亲属朋友时，常用“家”、“舍”等谦词。“家”是对别人称自

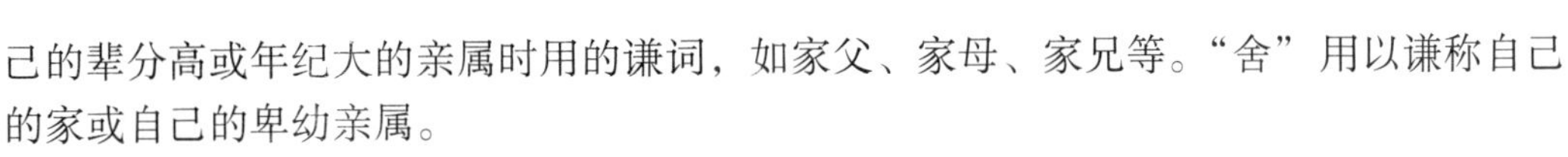

己的辈分高或年纪大的亲属时用的谦词，如家父、家母、家兄等。“舍”用以谦称自己的家或自己的卑幼亲属。

3. 贱称

贱称表示轻慢斥骂的态度。

古代很少直呼其名，直称姓名大致有三种情况：一是自称姓名或名，如“庐陵文天祥自序其诗”；二是用于介绍或作传，如“柳敬亭者，扬之泰州人”；三是称所厌恶、所轻视的人，如文天祥在《指南录后序》中言：“不幸吕师孟构恶于前，贾余庆献谄于后。”

4. 避讳

帝制时代为了维护等级制度的尊严，不可直接说出或者写出君主或尊亲的名字，叫做避讳。如北齐颜之推《颜氏家训·风操》曰：“凡避讳者，皆须得其同训以代换之：桓公名白，博有五皓之称；厉王名长，琴有修短之目。”宋朝庄季裕著《鸡肋编·卷下》记：“而唐冯宿父名子华，及出为华州刺史，乃以避讳不拜。”

避讳制度大约起于东周，成于秦，盛于唐宋，至清代更趋完密，民国成立后废除。

避讳所涉及的对象可分为四类：一是帝王，即对当代帝王及本朝历代皇帝之名进行避讳，属于“国讳”或“公讳”；二是讳长官，即下属要讳长官本人及其父祖的名讳；三是避圣贤，主要指避至圣先师孔子和亚圣孟子的名讳；四是避长辈，主要是避父母和祖父母之名。

古人在实践中总结了许多避讳方法，主要有改字法、缺笔法、空字法、避名称字、改变称呼。改字法是用同义或同音字以代本字；缺笔法是用本字而省缺笔画；空字法是将本字空而不写，或画以“□”，或书以“某”字，或直书以“讳”字；避名称字即遇人名犯讳，则避用其名而只以字称；改变称呼即变更原名。

四、古代礼仪典籍

（一）“三礼”

“三礼”即《周记》、《仪礼》、《礼记》，其记录、保存了许多周代的礼仪。其中，《周礼》偏重政治制度；《仪礼》偏重行为规范；《礼记》偏重对部分作出符合统治阶级需要的理论说明。“三礼”所涉及的各种礼制的总和，就是“礼”的主要内容。“三礼”不仅是我国古代的三部儒家经典，也是中国古代礼仪制度的“百科全书”。

1.《仪礼》

《仪礼》就是传统所说的五经之一的《礼经》一书。西汉武帝设置五经博士，其一就是“仪礼”。原有两种本子，一种是汉高堂生所传，一种是从孔宅壁中得来。东汉郑玄合并两种本子，就是现在所流传的《仪礼》。

《仪礼》主要涉及冠、昏、丧、祭、朝、聘、燕享等典礼的详细仪式，提倡一种有等差的人伦规范，体现了“亲亲尊尊”的原则。

2.《周礼》

《周礼》原名《周官》，是一部通过官制来表达治国方案的著作。原书有“天官”、“地官”、“春官”、“夏官”、“秋官”、“冬官”六篇。“冬官”篇已亡逸，汉儒取性质

与之相似的《考工记》补其缺。《周官》所记载的礼的体系最为系统，许多制度仅见于此书，因而尤其宝贵。王莽时，因刘歆奏请，《周官》被列入学官，并更名为《周礼》。

《周礼》作为记载古代设官分职的政典，辑录王室大小官377名，并详列各官的职权。书中保存了不少西周和春秋战国时期的重要史料，如井田制、分封制以及秦汉的五刑、田制、乐舞等。此外，还有农业、工艺、礼俗等方面的史料。有关《周礼》的注疏，主要有东汉郑玄的《周礼注》，唐贾公彦的《周礼正义》，清孙诒让的《周礼正义》等。

3.《礼记》

《礼记》的内容广博，门类杂多，涉及政治、法律、道德、哲学、历史、祭祀、文艺、日常生活、历法、地理等方面，集中体现了先秦儒家的政治、哲学和伦理思想，是研究先秦社会的重要资料。

《礼记》实质上是解释《仪礼》的文章汇编。汉代把孔子定的典籍称为“经”，弟子对“经”的解说是“传”或“记”，《礼记》因此而得名。

（二）《孝经》

《孝经》是古代儒家的伦理学著作。现在流行的版本是由唐玄宗李隆基注，宋代邢昺疏。全书共分18章。

《孝经》以孝为中心，比较集中地阐发了儒家的伦理思想。《孝经》首次将孝亲与忠君联系起来，认为“忠”是“孝”的发展和扩大，并把“孝”的社会作用推而广之，认为“孝悌之至”就能够“通于神明，光于四海，无所不通”。

《孝经》在唐代被尊为“九经”之一，南宋以后被列为“十三经”之一。在中国自汉代至清代的漫长社会历史进程中，它被看作是“孔子述作，垂范将来”的经典，对传播和维护社会纲常、社会太平起了很大作用。

（三）《弟子规》

《弟子规》原名《训蒙文》，作者李毓秀是清朝康熙年间的秀才。后来清朝贾存仁修订《训蒙文》，并改名《弟子规》。该书是启蒙养正，教育子弟向善防邪存诚，养成忠厚家风、教育孺子的启蒙读物。

《弟子规》以《论语·学而篇》中的“弟子入则孝，出则悌，谨而信，泛爱众，而亲仁，有余力，则学文”为中心，分为五个部分，具体列述弟子在家、出外、待人、接物与学习上应该恪守的守则规范。其对后世影响之大，读诵之广，仅次于《三字经》。

第十一章　景观与文化

第一节　自 然 景 观

一、自然景观概述

景观是某地区由自然、文化、社会经济等要素构成的集合体和空间体系。其包括自然景观、人文景观。

自然景观系自然要素相互联系形成的景观综合体，例如，高山、河流、湖泊等。自然景观具有六大审美特征：一是形态美。即客观存在物的总体形态和空间形式的综合美。包括雄伟美、奇特美、险峻美、秀丽美、幽静美、敞旷美等美感类型。二是色彩美。随着季节变换，昼夜更替，阴晴雨雪，自然风物相应生辉，呈现出丰富奇幻的色彩，构成最大众化的审美形式。三是听觉美。自然景观中的鸟语、风声、钟声、水声，在特定的环境中，对景观起到一种对比、反衬、烘托的强化作用，令人赏心悦目。四是嗅觉美。即以生理快感为主要特征的审美享受。包括新鲜空气、海洋气息、木香、草香、花香、果香。五是动态美。包括水流、云雾、时间、季节、光照、植被等自然因素的动态作用和风物传说的动态作用。六是象征美。即凭借一些具体可感的形象或符号，以比喻的方式来传达或体现某些概括性的思想观念、情感意趣、志向抱负或抽象哲理，使之对象化。

人文景观是指受到人类直接影响和长期作用使自然面貌发生明显变化的景观，如阁楼、园林、寺庙建筑等。自然景观是人文景观的基础，人类作用和影响自然须服从于自然规律，按自然规律去建设和管理，才能达到理想目的。人文景观是自然景观的人化和升华，也是自然景观发展的必然结果。

中国幅员辽阔、地大物博，有丰富宝贵的自然景观、人文资源。文化景观即是见证中华民族灿烂文化、沧桑历史的“活化石”。中国的历史舞台是世界上最古老、最巨大的舞台之一，在广袤之疆土上由众多大山、河流、湖泊等组成。

二、名山

（一）佛教名山

中国佛教四大名山是山西的五台山、浙江的普陀山、四川的峨眉山、安徽的九华山，有“金五台、银普陀、铜峨眉、铁九华”之称。

1. 五台山

五台山被称之为中国佛教第一圣地，位于山西省五台县境内，因由五座山峰环抱而

成，五峰高耸，峰顶平坦宽阔，如垒土之台，故称五台。五台分别为东台望海峰、西台挂月峰、南台锦绣峰、北台叶斗峰、中台翠岩峰。北台叶斗峰最高，海拔 3 058 米，素称“华北屋脊”。山中盛夏气候凉爽宜人，故别名清凉山。

汉唐以来，五台山屡经修建，其中最著名的五大禅寺为显通寺、塔院寺、文殊寺、殊像寺、罗睺寺。

2. 普陀山

普陀山位于杭州湾以东约 100 海里，是舟山群岛中的一个小岛，全岛面积约 12.5 平方公里。普陀山的名称，出自佛教《华严经》六十八卷，全称为普陀洛迦，是梵语的译音，意为美丽的小白花。由于中国历代帝王多建都在北方，所以自元朝以来，惯称此山为南海普陀。

普陀山是观音菩萨的应化道场，普陀山被誉为“五朝恩赐无双地，四海尊崇第一山”。其中普济、法雨、慧济是现今保存的 20 多所寺庵中最大的三所。

3. 峨眉山

峨眉山位于四川省峨眉山市境内，最高峰万佛顶海拔 3 099 米，是集自然风光与佛教文化为一体的山岳型风景名胜。1996 年被列入世界自然与文化遗产名录。峨嵋山武术亦作为中国武术三大流派之一驰名海内外。

峨眉山平畴突起，巍峨、秀丽、古老、神奇。其以优美的自然风光、悠久的佛教文化、丰富的动植物资源、独特的地质地貌而著称于世。人们称之为“仙山佛国”、“植物王国”、“动物乐园”、“地质博物馆”等，素有“峨眉天下秀”之赞。其中著名的有报国寺、伏虎寺、清音阁、洪椿坪、仙峰寺、洗象池、金顶华藏寺、万年寺等。

4. 九华山

九华山位于安徽省池州市，主峰十王峰海拔 1 342 米，为黄山支脉。九华山共有 99 座山峰，以天台、十王、莲华、天柱等九峰最雄伟，群山众壑、溪流飞瀑、怪石古洞、苍松翠竹、奇丽清幽，相映成趣。因此，九华山以“香火甲天下”、“东南第一山”的双重桂冠而闻名中外。

（二）道教名山

四大道教名山没有定论，较为通行的说法是江西的龙虎山、四川的青城山、湖北的武当山、安徽的齐云山合称道教四大名山。其他有关四大道教名山的说法还有：武当山、龙虎山、齐云山、崆峒山或者武当山、龙虎山、齐云山、鹤鸣山等。

1. 武当山

武当山又名太和山，位于鄂西北的丹江口市境内，又是武当武术的发源地。武当山主峰紫霄峰海拔 1 612 米。有 72 峰、36 岩、24 涧、3 潭、9 泉、构成了“七十二峰朝大顶，二十四涧水长流”的秀丽画境。山间道观总数达 2 万余间，此规模宏大、建筑考究、文物丰富的道观建筑群已被列入世界自然与文化遗产名录。主要景点有金殿、紫霄宫、遇真宫、复真观、天乙真庆宫等。

2. 龙虎山

龙虎山位于江西鹰潭市西南郊。源远流长的道教文化，独具特色的碧水丹山，以及现今所知历史最悠久、规模最大、出土文物最多的崖墓群，构成了这里自然、人文景观

的“三绝”。其中著名的景点有天师府、上清官、龙虎山、悬棺遗址和仙水岩等。

3. 青城山

青城山古称丈人山，又名赤城山，位于都江堰市西南面，海拔 1 600 米，其 36 座山峰，如苍翠四合的城郭，故名青城山。这里林木青翠，峰峦多姿，向有“青城天下幽”之誉。青城为我国道教发祥地之一，相传东汉张道陵（张天师）曾在此创立五斗米道，因此，历代宫观林立，至今尚存 38 处。著名的有建福宫、天师洞、上清官等，并有经雨亭、天然阁、凝翠桥等胜景。

4. 齐云山

齐云山又称白岳，位于徽州盆地，黄山脚下，因其“一石插天，与云并齐”，故名齐云山。这是一处以道教文化和丹霞地貌为特色的山岳风景名胜区，历史上有“黄山白岳甲江南”之称。

齐云山海拔高度为 585 米，有 36 奇峰、72 怪岩、24 飞涧，加之境内河、湖、泉、潭、瀑构成了一幅山清水秀、峭拔明丽的自然图画。齐云山的特点是峰峦怪谲，且多为圆锥体，远远望去，一个个面目各异的圆丘，自成一格。齐云山碑铭石刻星罗棋布，素有“江南第一名山”之誉。其主要景观有洞天福地、真仙洞府、月华街、太素宫、香炉峰、小壶天、玄天太素宫、玉虚宫、方腊寨、五青峰、云岩湖等。

（三）五岳

五岳目前所指代山脉分别是：东岳泰山，位于山东省泰安市；西岳华山，位于陕西省华阴市；南岳衡山，位于湖南省衡阳市；北岳恒山，位于山西省浑源县；中岳嵩山，位于河南省登封市。

五岳之说法最早见于周朝。如《周礼·春宫·大宗伯》定制：“以血祭社稷、五祀、五岳，以狸沈祭山林川泽。”《礼记·王制》传曰：“天子祭天下名山大川，五岳视三公，四渎[①]视诸侯。诸侯祭名山大川之在其地者。”而作为原始自然崇拜的精神遗留物，五岳被视为五岳大帝[②]之居所，殷周以后，君主以国家典礼祭祀五岳并形成制度，历代沿袭，形成祀典。而后汉武帝正式提出五岳说，五岳逐渐成为五方名山的具体指称。但是五岳具体所指之山脉则随着朝代更替而不断变化。今天所言五岳并非自古以来一成不变的。汉武帝、汉宣帝时的南岳乃安徽省天柱山，河北省曲阳县的大茂山为北岳。后始改以湖南省的衡山为南岳，唐以后成为定制；清代移祀北岳于山西省浑源县的恒山，并传沿至今。

五岳景观各具特色：东岳泰山之雄，西岳华山之险，南岳衡山之秀，北岳恒山之幽，中岳嵩山之峻；泰山如坐，华山如立，衡山如飞，恒山如行，嵩山如卧，早已闻名于世。“五岳”被誉为中国的“五大奇观”。

---

① 四渎，星官名，属井宿，共四星，一星在双子座内，三星在麒麟座内。古人认为它们与我国的四条大河对应，故名。

② 五岳大帝指东岳泰山大帝、南岳衡山大帝、西岳华山大帝、北岳恒山大帝、中岳嵩山大帝。

三、五大淡水湖

淡水湖是指湖水含盐量较低的湖泊。中国的淡水湖主要分布在长江中下游平原、淮河下游和山东南部，这一地带的湖泊面积约占全国湖泊总面积的三分之一。其中包括五大淡水湖，即鄱阳湖、洞庭湖、太湖、洪泽湖、巢湖。

（一）鄱阳湖

鄱阳湖在古代有过彭蠡湖、彭蠡泽、彭泽、彭湖、扬澜、宫亭湖等多种称谓。鄱阳湖是我国第一大淡水湖，也是中国第二大湖，仅次于青海湖。位于江西省北部、长江的南岸，湖的西北是避暑胜地庐山。鄱阳湖是一个季节性、吞吐型的湖泊，也是世界级的重要湿地。鄱阳湖是长江干流重要的调蓄性湖泊，在中国长江流域中发挥着巨大的调蓄洪水和保护生物多样性等特殊生态功能，是我国十大生态功能保护区之一，也是世界自然基金会划定的全球重要生态区之一，对维系区域和国家生态安全具有重要作用。

（二）洞庭湖

洞庭湖位于湖南省北部，长江荆江河段以南，在岳阳楼上可以俯瞰洞庭湖的景色。北有松滋、太平、藕池、调弦（1958 年堵塞调弦口）引江水来汇，南和西面有湘江、资水、沅江、澧水注入，因而有“容纳四水”、“吞吐长江”的调节作用，减轻了长江中游的洪水压力。

洞庭湖由西洞庭湖、东洞庭湖、南洞庭湖三部分组成。呈现东、南、西三面环山，北部敞口的马蹄形盆地的地貌；西北高，东南低。

（三）太湖

太湖古称震泽、具区、笠泽、五湖。太湖位于江苏、浙江两省交界处，长江三角洲的南部，是中国东部近海区域最大的湖泊，太湖流域第一大湖，我国第二大淡水湖，又是著名的风景名胜区。整个太湖水系共有大小湖泊 180 多个，湖光山色，相映生辉，其不带雕琢的自然美，有“太湖天下秀”之称。无锡山水、苏州园林、洞庭东山和西山、宜兴洞天世界都是太湖地区的著名旅游胜地。

（四）洪泽湖

洪泽湖是我国第四大淡水湖，在江苏省西部淮河下游。洪泽湖原为浅水小湖群，古称富陵湖，两汉以后称破釜塘。唐代开始名洪泽湖。

洪泽湖的整个形状很像一只昂首展翅欲飞的天鹅。由于洪泽湖发育在冲积平原的洼地上，故湖底浅平，岸坡低缓，湖底高出东部苏中平原 4 ~ 8 米，成为一个“悬湖”。洪泽湖的主要水源是淮河，淮河是我国自古以来水患最多的河流之一，而淮河水患必然殃及洪泽湖地区。洪泽湖的千年古堤就是历代为治水而建，这座古堤是用玄武岩的条石砌成，蜿蜒曲折有 108 弯之说。远远望去，宛如一座横亘在湖边的水上长城。

（五）巢湖

巢湖又称焦湖，位于安徽省中部，水系发达，自古就号称“三百六十汊”。集长江天险、湖光山色于一体，汇名泉名洞、奇石奇花于一身，湖光、江涛、温泉、奇花，堪称“巢湖四绝”，“天与人间作画图，南谯曾说小姑苏”就是对巢湖的赞誉。

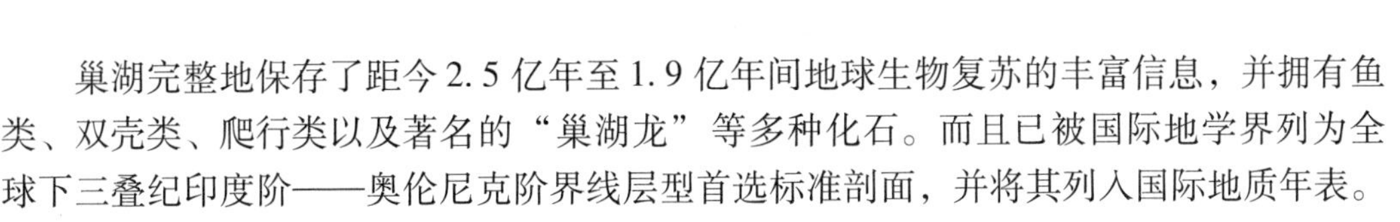

巢湖完整地保存了距今2.5亿年至1.9亿年间地球生物复苏的丰富信息，并拥有鱼类、双壳类、爬行类以及著名的“巢湖龙”等多种化石。而且已被国际地学界列为全球下三叠纪印度阶——奥伦尼克阶界线层型首选标准剖面，并将其列入国际地质年表。

四、重要岛屿

各国对于岛屿的定义并不完全相同。我国岛屿是指散布在海洋、江河或湖泊中的四面环水、低潮时露出水面、自然形成的陆地。彼此相距较近的一组岛屿称为群岛。台湾岛和海南岛是我国两个最大的基岩岛。辽东半岛沿海、山东半岛沿海、浙闽沿海、华南沿海、台湾附近海域是我国集中的群岛地区。

（一）台湾岛

台湾岛多山，高山和丘陵面积占全部面积的三分之二以上。台湾岛有五大山脉、四大平原、三大盆地，分别是中央山脉、雪山山脉、玉山山脉、阿里山山脉和台东山脉，宜兰平原、嘉南平原、屏东平原和台东纵谷平原，台北盆地、台中盆地和埔里盆地。中央山脉纵贯南北，玉山海拔3 952米，是我国东部最高峰。台湾岛位于环太平洋地震带和火山带上，地壳不稳，是一个多震的地区。

台湾岛属于亚热带和热带气候，夏秋多台风暴雨。水果种类繁多，素有“水果王国”美称。

（二）海南岛

海南岛为我国省级行政区——海南省的主岛。历史上海南岛有三种古称：珠崖、儋耳、琼台。据文献资料，“珠崖”源于“郡在大海崖岸之边，出珍珠”，故名“珠崖”；“儋耳”源于海南岛古部落的绣面习俗（在脸面上刻上花纹，涂以颜色，耳朵上戴有装饰用的耳环而下垂），因而得名；“琼台”源于“境内白石有琼山，土石皆白而润”，宋神宗熙宁年间琼州置琼管安抚都监台，遂称为琼台。

海南岛是我国唯一的热带海岛省份，从平面上看，就像一只雪梨，横卧在碧波万顷的南海之上。岛上四季常青，阳光、海水、沙滩、绿色、空气五大要素俱全，具有得天独厚的热带海岛自然风光。除此以外，海南岛上的人文底蕴浓厚，居住着汉、黎、苗、回、藏、彝、壮、满、侗等30多个民族，堪称“民族风情的博物馆”。

（三）崇明岛

崇明岛地处长江口，是我国第三大岛，被誉为“长江门户，东海瀛洲”，是世界上最大的河口冲积岛，也是世界上最大的沙岛。

崇明岛是新长江三角洲发育过程中的产物，它的原处是长江口外浅海。长江奔泻东下，流入河口地区时，由于比降减小，流速变缓等原因，所携大量泥沙于此逐渐沉积。一面在长江口南北岸造成滨海平原，一面又在江中形成星罗棋布的河口沙洲。这样一来，崇明岛便逐渐成为一个典型的河口沙岛。它从露出水面到最后形成大岛，经历了千余年的涨坍变化。

（四）舟山岛

舟山岛是浙江第一大岛，我国第四大岛。位于杭州湾东南方向、浙江省东北部海

域。因岛形如大舟浮海，故名舟山。

舟山群岛开发历史悠久。据史书记载和出土文物考证，属河姆渡第二文化层年代，距今5 000多年前的新石器时代，就有人类在岛上开荒辟野，捕捉海物，生息繁衍，开始从事渔盐生产。

舟山拥有渔业、港口、旅游三大优势，是中国最大的海水产品生产、加工、销售基地，素有“中国渔都”之美称。舟山港湾众多，航道纵横，水深浪平，是中国屈指可数的天然深水良港。舟山岛附近的舟山渔场是我国最大的渔场，盛产各种海鱼，沿岛海边上又大量养殖对虾、蛏、蚶等。由于附近海域自然环境优越，饵料丰富，给不同习性的鱼虾洄游、栖息、繁殖和生长创造了良好条件。素有“东海鱼仓”和“祖国渔都”之美称。

第二节　建筑景观

一、古代建筑概述

建筑是指供人们进行生产、生活或其他活动的房屋或场所。除了具有实用价值外，还反映了一定历史时期的文化。

中国古代建筑存在着一个相对稳定、成熟的建筑观，这种独特风格源于中国博大精深的传统文化，而研究古代建筑必须理解中国古代建筑的风格和中国传统文化。

（一）古代建筑风格

中国古代建筑类型可以归纳为以下四种基本风格：

1. 纪念型风格

纪念型的建筑体现在礼制祭祀建筑、陵墓建筑和宗教建筑中。其特点是群体组合比较简单，主体形象突出，富有象征含义。整个建筑的尺度、造型和含义内容都有一些特殊的规定。例如，古代的明堂辟雍、帝王陵墓等。

2. 宫室型风格

宫室型的建筑体现在宫殿、府邸、衙署等建筑中。其特点是序列组合丰富，主次分明，群体中各个建筑的体量大小搭配恰当，符合人的正常审美尺度；单座建筑造型比例严谨，尺度合宜，装饰华丽。

3. 住宅型风格

住宅型的建筑主要体现在一般住宅中，也包括会馆、商店等人们最经常使用的建筑。其特点是序列组合与生活密切结合，尺度宜人而不曲折；建筑内向，造型简朴，装修精致。

4. 园林风格

园林建筑主要体现在私家园林中，也包括一部分皇家园林和山林寺观。其特点是空间变化丰富，建筑的尺度和形式不拘一格，色调淡雅，装修精致；更主要的是建筑与花木山水相结合，将自然景物融于建筑之中。

（二）建筑中的阴阳五行阵图论

建筑的优美不仅与工艺密切相关，而且与蕴含的文化内涵一脉相连。西周时就出现了“天地与我并生，而万物与我为一”的天人合一观念，认为人是自然界的一部分，人与天地万物是一个有机的整体，相应的，建筑也要讲究天时、地利、人和，讲究天、地、人三者之道。

1．“五行说”

五行论认为世界万物由五行构成，即金、木、水、火、土。

五行相生相克，木生火，水生土，土生金，金生水，水生木；金克木，水克火，木克土，火克金，土克水。

西方属金，东方属木，北方属水，南方属火，中部属土。木为青、火为赤、土为黄、金为白、水为黑。在建筑布局上，南为前，前为火，北为后，后为水，前为宫殿后为寝宫。东为木，木为文，西为金，金为武，因此，在东面设置文化性的宫殿“文华殿”，在西面设置兵器类的宫殿“武英殿”。

以环境来规划建筑，让建筑融入环境，“因任自然”的建筑思想是中国建筑区别于西方建筑的一大特点。天时、地利、人和，勾画出一个个赏心悦目的自然景观和人文景观是安居乐业的理想场所。

2．“阴阳论”

风水理论利用阴阳论的哲学思想主张在整体的布局上采用对称形式。阴阳学说将宇宙万物分为阴与阳两大类，阴与阳互为存在的前提，互相依存，互相为用，处在统一体内。在阴阳论中，向日为阳，背日为阴；山为阳，水为阴；左为阳，右为阴；男为阳，女为阴。

例如，故宫的建筑就符合阴阳理论。故宫主体建筑在北京城南北的中轴线上，太和殿为阳中之阳，皇帝的宝座位于紫禁城的中轴线上；保和殿为阴中之阳，坤宁宫为阴中之阴，为皇后居住的地方。在阴阳论中，阿拉伯数字中奇数为阳，偶数为阴。因此，太和殿的开间设计为 11 间，均为阳。太和殿和保和殿的御道分别有 9 条龙和 9 只兽作为装饰，门上设有横 9 排，竖 9 排。9 为阳数之最。

（三）建筑中的礼制观念

以儒家思想为代表的中国传统文化是以“礼”为基本框架的，礼制秩序不仅对君臣、臣民的尊卑关系有着严格的规定，而且对具有血缘关系的父子、兄弟、夫妇、男女、长幼的人伦秩序也有明确的规定，根据礼制秩序所制定的规划、营建制度对宅第、民居有着深刻的影响。

1．尊卑等级制度

宅第中“前堂后室”的布局、四合院“北屋为尊，两厢次之，倒座为宾”的位置序列，反映了尊卑等级制度。例如，《礼记·礼器》关于宗庙制度：“天子七庙，三昭三穆，与太祖之庙而七；诸侯五庙，二昭二穆，与太祖之庙而五；大夫三庙，一昭一穆，与太祖之庙而三；士一庙；庶人祭于寝。”关于堂阶制度：“天子之堂级九尺，诸侯七尺，大夫五尺，士三尺。”礼更有以“中”为尊者，例如，《乐礼·乐论》：“中正无邪，礼之厚也。”“中正无邪”、“均衡对称”的布局显示出尊卑的差别与和谐的秩序。

这些都是以“贵贱有等”的方式表达了建筑的礼制精神，礼性的制约。

2. 营城制度

中国古代城市规划的礼制始于周，从格局来看，体现了《考工记·匠人》中“匠人营国，方九里，旁三门，国中九经九纬、经涂九轨，左祖右社，面朝后市，市朝一夫”的思想，虽然后人建造的城镇并不是严格按照这个制度行事，但布局基本没有超越这个制度的规定模式。古代的营国制度，便是营城制度。其思考模式源于礼制思想，在朝代不断的更替中深刻地影响着中国古代都城建设。以宫为中心的都城规划结构一直沿袭到明清。元大都的兴建，奠定北京城的规划结构，“左祖右社、前朝后市”，我国的古都大多数是沿袭这种格局。

二、四大名寺

四大名寺一般是指洛阳的白马寺、登封的少林寺、开封的大相国寺、汝州的风穴寺。

（一）白马寺

白马寺位于河南省洛阳市东面，背负邙山，南临洛水。创建于东汉永平十一年(68)。是我国最早的一座佛寺，被尊誉为中国佛教的“祖庭”和“释源”，有“中国第一古刹”之称。

（二）少林寺

少林寺位于河南登封西北的少室山阴，是中国禅宗发源地，始建于北魏太和十九年(495)，由孝文帝元宏为安顿印度僧人跋陀而创建，因其坐落于少室山密林之中，故名少林寺。北魏孝昌三年（527）释迦牟尼的第二十八代佛徒菩提达摩到达少林寺，首传禅宗。因此，少林寺被世界佛教统称为“禅宗祖庭”。唐初十三棍僧救驾李世民后得到了唐王朝的高度重视，博得了“天下第一名刹”的美誉。

（三）大相国寺

大相国寺位于河南省开封城内，创建于北齐天保六年（555），初名建国寺。现在的大相国寺是清乾隆三十一年（1766）重修的，建筑群由南向北沿中轴线整齐排列。主体建筑有正门、二殿（天王殿）、大雄宝殿、八角琉璃殿和藏经楼五重建筑。中轴线两侧，是对称式的两列阁楼式建筑。

（四）风穴寺

风穴寺位于河南省汝州城东北的风穴山中，始建于北魏，原名香积寺，隋代改名千峰寺，唐朝扩建。风穴寺虽是北方寺院，却不沿中轴线布局，而是依山就势而建，具有江南园林风光。

风穴寺有珍珠帘、大慈泉、锦屏风、吴公洞、望州亭、玩月台、升仙桥、悬钟阁等八大景，有小龙门、石龙头、活风尾、东山仙人等72小景和冬暖夏凉的36福地。风穴寺保存了唐至清历代建筑140余间，被专家称为“古建筑博物馆”。其中最完整的三个建筑唐代七祖塔、宋代悬钟阁和金代中佛殿，被称作是风穴寺的“三大国宝”。悬钟阁内悬挂一口宋宣和七年铁铸大钟，重9 999斤，被誉为“中原第一钟”。

三、四大名园

我国四大名园分别指拙政园（江苏省苏州市）、颐和园（北京市海淀区）、避暑山庄（河北省承德市）、留园（江苏省苏州市）。

（一）拙政园

拙政园位于苏州古城区，是江南园林的代表，是苏州园林中面积最大的古典山水园林。这一大观园式的古典豪华园林，以其布局的山岛、竹坞、松岗、曲水之趣，被胜誉为“天下园林之典范”。

（二）颐和园

颐和园是我国现存最完好、规模最宏大的古代园林。位于北京市海淀区境内。颐和园包括万寿山、昆明湖两大部分。颐和园在世界古典园林中享有盛誉，布局和谐，浑然一体，体现了我国造园艺术的高超水平。

（三）承德避暑山庄

避暑山庄位于承德市中心区以北，武烈河西岸一带狭长的谷地上，避暑山庄是我国现存最大的园林。

避暑山庄及周围寺庙是中国现存最大的古代帝王苑囿和皇家寺庙群。其最大的特色是园中有山、山中有园。避暑山庄不仅规模宏大，而且在总体规划布局和园林建筑设计上都充分利用了原有的自然山水的景观特点和有利条件，吸取唐、宋、明历代造园的优秀传统和江南园林的创作经验，成为中国古典园林的最高典范。避暑山庄借助自然和野趣的风景，形成了东南湖区、西北山区和东北草原的布局，共同构成了中国版图的缩影。

（四）留园

留园在苏州阊门外，明万历年间太仆徐泰时建园，时称东园；清嘉庆时归观察刘恕，名寒碧庄，俗称刘园。同治年间盛旭人购得，重加扩建，修葺一新，取留与刘的谐音改名留园。

留园集住宅、祠堂、家庵、园林于一身，综合了江南造园艺术，并以建筑结构见长，善于运用大小、曲直、明暗、高低、收放等文化，吸取四周景色，形成一组组层次丰富，错落相连的，有节奏、有色彩、有对比的空间体系。因此，留园以其独创一格、收放自然的精湛建筑艺术而享有盛名。

四、四大楼阁

中国古代四大文化名楼是指山东烟台的蓬莱阁、湖南洞庭的岳阳楼、江西南昌的滕王阁和湖北武昌的黄鹤楼。

（一）蓬莱阁

蓬莱，因有海市之胜，历史上曾是秦、汉之君巡幸的地方；之后，八仙过海的传说又长久地依附在这里，遂被历代文人墨客视为仙境。蓬莱阁即缘此而建，坐落在城北濒海的丹崖山巅。丹崖拔海面起，通体赭红，与浩茫的碧水相映，时有云烟缭绕，蓬莱阁高居其上，“仙阁凌空”确是一幅天开的画图。许多古典文学作品如《三国演义》、《西

游记》、《红楼梦》、《老残游记》等书中都有对蓬莱的描述。

（二）岳阳楼

岳阳楼矗立于洞庭湖东岸，岳阳市西门城墙上，西临烟波浩渺的洞庭湖、北望滚滚东去的万里长江，水光楼影，相映成趣，素有“洞庭天下水，岳阳天下楼”的盛誉。

岳阳楼始建于220年前后，西晋南北朝时称“巴陵城楼”，初唐时称为“南楼”，中唐李白赋诗之后，始称“岳阳楼”。

“岳阳楼”匾额为郭沫若手书。历史上的诗人如杜甫、韩愈、刘禹锡、白居易、李商隐等均前来登临览胜，留下了不少名篇佳作，使岳阳楼名扬天下。1045年，庆历四年春，滕子京重修岳阳楼，并请好友、文学家范仲淹作了《岳阳楼记》，从此，岳阳楼更加闻名遐迩。

（三）滕王阁

滕王阁自古就被称为我国江南三大名楼之首。滕王阁为历代封建士大夫们迎送和宴请宾客之处。明代开国皇帝朱元璋也曾设宴阁上，命诸臣、文人赋诗填词，观看灯火。

滕王阁始建于宋代，屡毁屡建达28次之多。今重修后的滕王阁，共9层，高57.5米，充分表现了“飞阁流丹，下临无地”的气势。

（四）黄鹤楼

黄鹤楼原址在湖北武昌蛇山黄鹤矶头。三国时在这临江的山巅建楼，首先是出于军事上的需要，但后来逐渐成为文人荟萃，宴客、会友、吟诗、赏景游览胜地。历代名人如崔颢、李白、白居易、贾岛、夏竦、陆游等都曾先后到这里游览。唐代诗人崔颢登上黄鹤楼赏景写下了一首千古流传名作：“昔人已乘黄鹤去，此地空余黄鹤楼。黄鹤一去不复返，白云千载空悠悠。晴川历历汉阳树，芳草戚戚鹦鹉洲。日暮乡关何处是，烟波江上使人愁。”李白也登上黄鹤楼，放眼楚天，胸襟开阔，诗兴大发，正要提笔写诗时，却看到崔颢的诗，自愧不如，只好说：“眼前有景到不得，崔颢提诗在上头。”崔颢提，李白搁笔，从此名气大盛。

1957年建长江大桥武昌引桥时，占用了黄鹤楼旧址，如今重建的黄鹤楼在距旧址约1千米左右的蛇山峰岭上。楼共5层，高50.4米，攒尖顶，层层飞檐，四望如一。整个建筑具有独特的民族风格。

第十二章　宗教与神秘文化

第一节　宗教的起源及特点

一、宗教概述

（一）宗教之界定

在古代汉语中，“宗教”并不是一联缀词，而是各自独立存在的。《说文解字》：“宗者，尊祖庙也，以宀从示。”“教，上所施下所效也。从攴从孝。”“宗”在造字之时则寓含古代社会对人类祖先的尊崇和敬拜，合而称之，古文之“宗教”系指教育后代以敬天法祖之意。

直至10世纪，“宗教”一词才先见于佛经。如《续传灯录》：“吾住山久，无补宗教，敢以院事累君。”这里的“宗教”仅涉佛教，其意狭窄而具体。

随着西方宗教学崛起及对中国学术界之影响，许多人在学术上将“宗教”与“religion”一词画上了等号，遂成为广义性宗教的概念。

宗教的概念因信仰及文化背景而不同。西方学者通常仅指“神宗教”，即崇拜超自然的神的宗教。东方的宗教范围较广，既包括道教、印度教等“神宗教”，又涵盖儒教等“人宗教”以及“半神半人”的佛教。中国信奉儒说，尊孔子为至圣先师，儒学俨然成为一种人宗教，或称“圣宗教”。

综观宗教发展史，无论何种宗教，必须包括三个客观化元素及一个主观性元素。三个客观元素是指宗教理论（教义）；宗教核心人物，包括但不限于宗教领袖、创始人以及膜拜对象（教主）；宗教的制度规范及社会组织（教团）。而宗教的主观性元素，也是核心要素则是信仰——教徒对教义的充分相信以及对教主（或者教宗）的内心崇拜。信仰设定的人生之意义丰富性，决定了各种宗教信仰的复杂性、独立性。

（二）宗教的重要特征

从本质上看，宗教是一种世界观，是人对自然界、社会和人生的认识，其致力于回答世界本源和人生意义的最基本问题。各种教义的不同回答构成了多样的宗教，特别是基督教、佛教、伊斯兰教在发展过程中逐渐形成了系统的宗教哲学、完备的宗教典籍。

从认识方法上看，宗教认识世界的方法是形而上的、纯思辨的、抽象的。在宗教世界里，神是一切真理的源泉；连接人与神的沟通工具是宗教经典和神职人员。

在活动方式上，宗教有正式的组织和团体，有规定的礼仪和教规，有特定的活动场所和范围。有些宗教组织还开办了各种形式的学校，以培养宗教接班人。

（三）宗教的作用

人类社会产生之始，宗教承担了解释自然界、调节人类社会、抚慰生民心灵和维持道德秩序等功能。现代社会，哲学、科学和政治已经从宗教中分离出来。宗教所构成的信仰体系与社会群组是人类思想文化和社会形态的一个重要组成部分。

1. *理解民族文化的钥匙*

宗教作为一种基本的文化现象总是伴随民族的形成和发展而存在的。一些思想家甚至说西方人是“一本书的民族”，即西方文化的主导价值观与《圣经》保持着千丝万缕的联系。阿拉伯世界与《古兰经》的密切关系更毋庸赘述。整个西方文化的源流都被交织在宗教的传统之中，一直延续至当代。

2. *宗教出世性是现实和人性不完满的必要补充*

宗教的出世性和现实生活的不完满、人类的局限的矛盾是宗教不可替代性的根本原因。恩格斯在《反杜林论》中鲜明指出：“只有当谋事在人，成事也在人的时候，现在正在宗教中反映出来的异己力量才会消失，因而宗教反映本身也就随之消失。”

（四）认识宗教的方法

不同社会的宗教观念皆因“神观念”的差异而迥异。信仰的复杂性，确立认识宗教的正确方法显得十分必要。

第一，坚持“内部理解”。现代社会认识宗教的目的不再是简单的批判和残酷的阶级斗争，而是基于求同存异之胸襟，加深文化交流、民族理解，维护文化的多元化，保障信仰自由的权利。所谓外部批判，就是站在相反立场，以外部人的眼光批判、鞭挞之。所谓内部理解，就是基于同情的了解，建立客观、互动的交流模式。坚持内部理解的方法认识宗教不仅需要形而上学式的论证、思考，还可以广泛运用实地考察、个案观察、文献考据、资料比较等实证方法。

第二，确立研究目的。研究宗教的目的不是证明某个宗教命题的真与伪，而在于通过对宗教现象的探索、研究来认识人和人类社会。

第三，端正研究态度。个人的信仰不应该成为独断的规范，研究者要侧重以对话的方式客观地描述研究对象。①

二、宗教的起源

一般认为，史前宗教（自然宗教）产生于旧石器时代晚期。可以归结为社会条件和认识条件两个方面。从社会条件来说，人与自然渐渐分离。旧石器时代晚期，生产力有一定的发展，人类虽然仍然依赖于自然，但是人渐渐意识到与自然界所存在的差别，自然界开始成为人类的意识对象。从认识方面来说，灵魂观念是宗教形成的基本前提，是维系宗教存在的内在要素。人们在与大自然斗争的同时获得了一些知识和经验，促使人们思考人类自身和自然界的许多问题。大自然的一些客观现象和人生理的一些现象，给人带来了喜悦和恐惧，让人们发现了看不见、摸不着却又能真切感受到的东西，例

① 罗竹风、陈泽民：《宗教通史简编·总序》，1～3页，上海，华东师范大学出版社，2011。

如，闪电、梦等，尤其是生与死这种现象，促使“灵魂观念”的产生。

奴隶制国家的建立是产生系统的人为宗教的开端。阶级的出现、社会大分工的确立和人类抽象思维的发展，是史前的自然宗教开始演变成系统的人为宗教的三大重要条件：其一，原始社会后期，社会分化为两个阶级，社会最高权力往往集于一人之手，宗教神学需要一个至高无上的神来论证奴隶制集权的合理性。其二，劳动生产率提高，劳动产品有了剩余；生产工具得到改进，促进了社会分工的实现，这一切使宗教神职人员成为专职的世袭的阶层得以可能。其三，人类的思维能力有了很大水平的提高，在暴力之外，统治阶级开始自觉地利用宗教进行思想同化，维护阶级统治。这既是宗教得以大规模发展的前提，又是人类历史发展规律的必然。系统宗教与史前宗教相比，明显的特征是：具有鲜明的阶级性、教义的规范化、崇拜对象的一元化以及僧侣集团的特权化。

随着人类社会的发展，宗教处于演变之中。有的逐渐消亡，如古代印度婆罗门教、波斯琐罗亚斯德教；有的则超越了某个民族和国家，成为许多国家和民族的共同信仰，这种宗教称为世界性宗教，主要是佛教、基督教和伊斯兰教。世界性宗教影响范围广泛，时间跨度大，对整个人类的思想、文化和政治都有重大影响。

三、宗教与哲学、科学的关系

（一）宗教与哲学的关系

哲学与宗教的关系问题既是一个历史课题，也是一个文化问题。宗教与哲学作为理性返回本源的两种不同方式[①]，既有共通之处，又有内在的界限。

在思考对象和作用上，宗教与哲学都在说明人和自然的关系，使人知道在自然界中所处的地位。这是宗教和哲学的第一个共性。

在本质上，宗教与哲学都是“为道之学”（即“世界观”）。老子说：“为学日益，为道日损。”研究哲学和修习宗教“不在于增加积极的知识，而在于提高心灵的境界”，其结论一般只是形式上，内容比较空洞，无所谓绝对正确和错误。这是宗教和哲学的第二个共性。

但是，宗教与哲学也有不同：一是思维方式不一样。宗教信仰是建立在和非理性基础之上的形象思维；而哲学是建立在批判精神和怀疑态度的科学思维之上。二是回答的问题不同。哲学回答的是理性层面所要面对的问题；宗教信仰却只能回答非理性所要面对的问题，即情感和心灵的问题。三是修习的人群不同。领悟哲学的范围局限于研究者；而宗教则面向普罗大众。

（二）宗教与科学的关系

关于宗教与科学的关系，主要有冲突论、调和论两种观点。

冲突论者认为，因为宗教与科学相冲突，科学每前进一步，宗教的地位就会缩小。科学技术日益发达并发挥着越来越显著的作用，宗教的权威一定会降低。有学者明确说：“从宗教诞生的最初根源上看，宗教的信仰是建立在迷信和非理性基础之上的形象

---

① 黄裕生：《论哲学与宗教的界限》，载《中国社会科学院研究生学报》，2006（2），21～29页。

思维，所以在它诞生之初就注定必将同科学相冲突，与哲学相区别。”①

调和论者认为，哲学和宗教应该各司其职（罗素语）。普林斯顿大学物理学教授菲利浦·法雷瑟表明：“认为宗教与科学思想必然冲突的观点是幼稚的，这不是处理这样两个重要问题的唯一方法。绝大多数西方科学之父在调和他们的宗教信仰与科学追求方面都并无困难。事实上，后者（科学）常产生于前者（宗教）。这方面的讨论可以追溯到托马斯·阿奎那以及早期希腊哲学家的著作。他们关于这两大领域相互关系的论述，有的要比现时大量发表的更现代、更有思想性、更切中要害。作为一个基督教徒和一个科学家，我不止一次地发现，追求知识的一种方法可以作为另一种方法的补充。我认识上所有的矛盾、冲突，都由于我这一方面或另一方面错误的揭示而得到了解决。因此，我的科学研究支持了我的信仰，而我的宗教理念则扩大了我对科学的追求。一个人如果相信客观真理并应用理性的思维方法，就不会感觉到追求真理的另一种方法会构成威胁。最坏的情况是彼此互不干涉，而最好的情况则是通过相互尊重的对话，共同学到更多的真理，而不是各行其是。当然，只有双方都真诚地要求理解对方，对话才能彼此得益。”②

第二节　道　　教

一、道教概述

道教是中国的本土宗教。东汉末年，张道陵创立的“五斗米道”为道教的定型化之始，后又分化为许多派别。道教以“道”为最高信仰，认为“道”是化生宇宙万物的本原，故名。“道教”概念首见于《老子想尔注》。“道”的理论有两个萌芽：一起于古代之《易经》。二则源于《道德经》。

道教教义，传统儒生常常分为上、中、下三品，上品言老庄学说，中品言内外修炼，下品言符箓方术。道教徒实践道教教义的重要宗教行为称为道术。道术的仪式统称为“斋醮科仪”。道教徒有两种：一种是神职教徒，即道士；另一种是一般教徒，人称居士或信徒。

“宫观”是道家最主要的组织形式。宫观是道士修道、祀神和举行仪式的场所。

二、道教的各种派别

（一）五斗米道和太平道

1．五斗米道

五斗米道因入道的人需出五斗米而得名。五斗米道以“治”为单位，天师为最高领袖，各治立治官，祭酒统领信道教众。

相传张修在汉中地区创立五斗米道，后来张鲁杀掉张修，接管五斗米道，尊其祖父

① 韦性吕：《冯友兰哲学中“以哲学代宗教”观之商榷》，载《黔南民族师范学院学报》，2006（5），43～46页。

② 菲利浦·法雷瑟：《科学与宗教能相得益彰》，载《世界科学》，2005（8），3页。

张陵为创始人。张鲁在曹操远征巴蜀时受其官职封赏，五斗米道始在内地传播，很多贵族也加入五斗米道，如王羲之，祖辈从汉魏之际即信仰五斗米道。此时五斗米道更名为天师道。

2. 太平道

太平道为早期道教的一支，汉灵帝时钜鹿人张角是太平道的创始人。张角提出“致太平”的理想。这也是太平道的基本教义和宗教理想。《太平经》的问世，标志着太平道基本教义的初步形成，对汉代原始道教的创立产生了重要的影响。由于当时社会腐败、政治黑暗、民不聊生，所以张角就提出了“苍天已死，黄天当立，岁在甲子，天下大吉”的口号，发动了黄巾起义。在起义失败后，太平道也就基本上消失了。

（二）北天师道和南天师道

1. 北天师道

东晋南北朝是道教变革的重要时期。道教经过这一时期的改造，有了较为完备的教义理论和经典文献，完善了科戒仪式和相对统一的教会组织，并且从民间宗教向官方正统宗教演变。

北魏寇谦之革三张落后道法，变三张伪法，创立新天师道（也称北天师道，与南天师道相对应）。“守志”嵩山三十年，理论著述颇丰。其著《老君音诵诫经》（现仅存一卷收录于道藏力字号）倡导以儒家礼法来清整道教组织。又著《录图真经》，这部书不仅是一部改革道教的经典，也是一部图谶式的神书。

在完成道教改革之后，寇谦之下山来到山西大同（时称平城）建立道场，得到贵族崔浩的宠信，新天师道在北魏大兴。至548年，北魏分裂，北齐政权诛灭道教，提倡佛教，从此新天师道团便消亡。

2. 南天师道

陆修静“祖述三张、弘衍二葛”，总括“三洞”，提倡以斋仪为主的道教，成为江南道教的统领，与北魏寇谦之改革的“北天师道”南北并存，而称南天师道。南天师道的主要改革措施：一是吸收儒家传统的忠孝礼义等伦理道德作为教规，强调忠孝为先。二是吸收佛教“三业清静”思想，即要求去贪、忿、痴，身除杀、盗、淫等，以制定斋仪，并特别强调“斋直为求道之本”。三是注重广收道经，著书立说。四是完善斋醮科仪和宗教仪范。

陆修静于南朝宋孝武帝大明五年（461）至宋明帝泰始三年（467）隐居庐山修建太虚观（后人称简寂观），著有《灵宝经目录序》、《太上洞玄灵宝众简文》、《洞玄灵宝斋说光烛戒罚灯祝愿仪》、《太上洞玄灵宝授度仪》、《道门科略》、《洞玄灵宝五感文》等。他将斋戒仪范著作和收集的道经均采用“三洞四辅十二类”的方法，成为道教史无前例的道书分类法，整理集成《三洞经书目录》。

（三）全真教和正一教

1. 全真教

全真教是宋元时期以来道教最大的派别之一，也是现今道教两大派别（全真教与正一教）之一。

金海陵王正隆四年（1159），王嚞（号重阳子）声称于甘河镇遇仙，改儒为道。居

终南山修道，创立教义。金世宗大定七年（1167）到山东传教，自题所居庵为全真堂，凡入道者皆称全真道士，全真教因此得名。在这期间，先后收马钰、谭处端、刘处玄、丘处机、王处一、郝大通、孙不二七人为徒，号称“全真七子”。

全真教汲取儒、释部分思想，声称三教同流，主张三教合一。以《道德经》、《般若波罗蜜多心经》、《孝经》为主要经典。

2. 正一教

正一教是中国道教后期两大派之一。是在天师道、龙虎宗长期发展的基础上，以龙虎宗为中心，集合各符箓道派组成的一个符箓大派。于元代中后期形成后，一直流传至今。正一道的形成，以元成宗大德八年（1304）敕封张陵第三十八代孙张与材为“正一教主”为标志。该年元成宗在已授张与材管领江南诸路道教的基础上，加授其为“正一教主，主领三山符箓”。

正一道的特点是：以张陵后嗣为首领；在组织上由原有的新旧各符箓派组合而成；以《正一经》为共同奉持的主要经典；正一道士可以不住宫观，可以娶妻生子，被称为“火居道士”。

三、道教代表人物

（一）张陵

张陵（34—156），字辅汉，创立五斗米道后改名张道陵，人称张天师。尊老子为教主，以《老子五千言》为经典。精思炼志数年，制作道书24篇，建立24治区，各治立道官祭酒，以统治道民。

（二）葛洪

葛洪（284—364?），字稚川，自号抱朴子，东晋道教学者、炼丹家、医药学家。三国方士葛玄之侄孙，世称“小仙翁”。他曾受封为关内侯，后隐居罗浮山（今广东惠州境内）炼丹。著有《神仙传》、《抱朴子》、《西京杂记》等。

葛洪不仅是东晋时期著名的道教领袖，而且内擅丹道，外习医术，研精道儒，学贯百家，思想渊深，著作弘富。他不仅对道教理论的发展卓有建树，而且学兼内外，于治术、医学、音乐、文学等方面亦多成就。

（三）寇谦之

寇谦之（365—448），原名谦，字辅真，北朝道教的代表人物。他自称太上老君授予其“天师”之位，又称老子玄孙李普文下降授其《录图真经》。北魏太武帝始光元年（424），谦之献道书于太武帝，倡改革道教，制订乐章，建立诵戒新法。次年，太武帝更亲至道场受教，并建新天师道道场。寇谦之成为新天师道的宗师。

（四）陆修静

陆修静（406—477），字元德。为了适应当时门阀士族阶级的需要，对江南天师道组织进行整顿并与神仙道教融合，后成为南朝天师道正宗。

陆修静遍访道书典籍，尽有道教经典《上清经》、《灵宝经》与《三皇经》。是早期《道藏》的编辑者。首先创立了在道教史上有深远影响的道教典籍的分类方法。即

将道书分为三洞（洞真、洞玄、洞神）、四辅（太玄、太平、太清、正一）七大部类。三洞四辅不仅是一种道书分类法，同时也包含着区分道经品级高低和排列道士等级次序的意思。

（五）陶弘景

陶弘景（456—536），字通明，号华阳隐居。齐、梁时期的医药家、炼丹家、文学家，卒谥贞白先生。是齐梁时期道教茅山派的代表人物，著有《陶隐居集》。

陶弘景在实际研究操作中严谨地将养生术、炼丹术、医药学用之于实践，为茅山派的最后形成奠定了基础。茅山派的形成标志着自葛洪以来江南士族道教徒以神仙道教改造旧天师道团，创立官方化的正统道教的完成。他创立了道教的神仙体系，为神仙排定座次，形成三清尊神说，并集成一本《真灵位业图》，将道教出现的近 700 名神灵的名讳以图谱的形式一一列出。

（六）孙思邈

孙思邈（541—682），唐初著名道士，著名医学家和药物学家，誉称“药王”。其身经西魏、北周、隋、唐四个朝代，是位名副其实的百岁老人。

孙思邈言“胆欲大而心欲小，智欲圆而行欲方”，尤其强调医德，为后世的习医、业医者传为佳话，《千金方》中强调“大医精诚”的医德。他以德养性、以德养身、德艺双馨，成为历代医家和百姓尊崇的传奇人物。

（七）杜光庭

杜光庭（850—933），唐末五代道士，道教学者，字圣宾，号东瀛子。著作颇多，有 20 余种；编撰《道藏》5 000 余卷。

杜光庭对道教教义、斋醮科范、修道方术等多方面做了研究和整理，对后世道教影响很大。他调和儒、道两家的思想，认为老子的思想主旨，“非谓绝仁、义、圣、智，在乎抑浇诈聪明，将使君君、臣臣、父父、子子，见素抱朴，泯和于太和，体道复元，自臻于忠孝”，把孔孟之道统一于老君之道。他还兼通医理，著《玉函经》，乃脉学专著。

（八）陈抟

陈抟（872—989），字图南，号扶摇子，赐号希夷先生，后称陈抟老祖、希夷祖师、睡仙，五代宋初著名道教学者。他继承汉代以来的象数学传统，把黄老清静无为思想、道教修炼方术和儒家修养、佛教禅观会归一流，对宋代理学有较大影响。

（九）王重阳

王重阳（1112—1170），原名中孚，字允卿，又名世雄，字德威，入道后改名喆，字知明，道号重阳子，故称王重阳。

王重阳是中国道教分支全真道的始创人，后被尊为道教的北五祖之一。王重阳糅合儒家和道、释的思想，主张三教合一。声称“儒门释户道相通，三教从来一祖风”，认为“人心常许依清静，便是修行真捷径”。

（十）张三丰

张三丰（1247—1258），本名通，字君宝，元季儒者、道士。自称张天师后裔，为武当派开山祖师。明英宗赐号“通微显化真人”；明宪宗特封号为“韬光尚志真仙”；

明世宗赠封他为“清虚元妙真君”。

张三丰认为，古今仅正邪两教，所谓儒、释、道三教仅为创始人之不同，实则“牟尼、孔、老皆名曰道”，而“修己利人，其趋一也”，又称：“一阴一阳之谓道，修道者修此阴阳之道也，一阴一阳一性一命而已矣，《中庸》云：修道之谓教。三教圣人皆本此道以立其教也。”

第三节　佛　　教

一、佛教概述

（一）佛教的形式

从最广泛的意义上，佛教有三种不同的形式：一是“宗教的佛教”。佛教作为一种宗教，包括经典、仪式、习惯、教团的组织等。二是“传统的佛教”，即“佛陀教育”。释迦牟尼创立佛教之始，佛教是教学、是教育——是智慧、觉悟宇宙人生的教育。三是“佛学”。佛教变成学术，与哲学相关联。一些学者把佛的教法当作哲学研究。

（二）传统的佛教

佛教是“佛陀之法”的教育，因此，虽然外人常常冠“佛教”以宗教之名，佛教宁愿把“佛教”理解为“佛陀的教育”——是佛陀对九法界众生至善圆满的教育。

佛教徒与佛是师生关系。佛教徒称释迦牟尼佛为本师（根本的老师），表示释迦牟尼是第一位创办人。佛教徒自称是“弟子”（弟子是中国古时候学生的自称）。佛教建立的是一个教学的体系。从佛教道场的组织来看，寺院是理论教学与实践修行相结合的一个教育机构。

二、佛教传入中国

释迦牟尼佛逝世之后约600年，佛经传入中国，《四十二章经》是最早的汉文佛经。之后中国历朝皆有人往印度取经。流传入中国中原的多数为大乘经典，随后又传往日本、朝鲜等国。现在全世界的大乘佛法主要集中在中国。

佛教传入中国内地的路线有海路和陆路。海路是指由斯里兰卡、爪哇、马来半岛、越南到广州，再进一步传到内地。陆路则是西域各地著名的“丝绸之路”，分为南北两道，南道是指敦煌西出玉门关、阳关、沿昆仑山、经过和阗而至莎车；北道是指从敦煌北上伊吾（新疆哈密），然后西行，沿天山、经龟兹至疏勒（新疆喀什）。

佛教传入中国之后，到了后汉末叶桓灵二帝的时代（147—189），记载才逐渐翔实，史料也逐渐丰富。其时西域的佛教学者相继来到中国，如安世高、安玄从安息来，支娄迦谶、支曜从月氏来，竺佛朔从天竺来，康孟详从康居来。由此译事渐盛，法事也渐兴。

三、佛教著名人物

（一）高世安

高世安，安息国太子，让位给叔叔后，出家修道，游历各国传道。桓帝建和二年

（148）到达洛阳。他翻译介绍了小乘佛经的理论，提出了“禅数”学，强调“止观双俱行”，重视“持戒”，对中国后世的禅学乃至整个中国佛教产生了一定的影响。

（二）支娄迦谶

支娄迦谶，月氏国人，在桓帝建和元年（147）来到洛阳。翻译的最重要的大乘佛教经书是《道行般若经》。将阿弥陀佛介绍到中国，对中国佛教的影响较大。

（三）朱士行

朱士行，中国佛教史上第一个西行求法的汉僧；也是第一个依律受戒成为比丘的汉人，被誉为“中国第一僧”。

（四）支谦

支谦，月氏国人，孙权闻其博学多才，聘为博士，辅导太子孙亮。他翻译了许多大乘佛教的经书，宣传大乘《般若性空》思想。他的翻译努力改“胡音”为汉音，用意译取代音译，开了“意译派”先河。从三国到西晋，他开创的译风一直占据着重要地位。

（五）竺护法

竺护法是世居敦煌的月氏国侨民。一生翻译了165部经书，大部分是大乘经典，为大乘佛教在中国的传扬打开了局面。因为竺护法译经众多，推进了佛教向社会的普及，故被当时的信徒誉为“敦煌菩萨”。他所译的经书中最有影响力的是《正法华经》。

（六）竺叔兰

竺叔兰，西晋时著名的佛经翻译家，祖籍天竺（印度）。他深受西晋崇尚旷达、玄谈的社会风气的影响，他的嗜酒放达、对论机辩，表明了他是一位玄学化的佛教居士。

（七）帛法祖

帛法祖与竺叔兰为同时代的僧人。他与道士王浮争佛道高下，王浮争他不过，帛法祖因此声名远扬。

（八）佛图澄

佛图澄，西域人，学习小乘佛教，他大力推广佛教，使佛教在后赵得到广泛的传播和发展。东晋十六国和南北朝佛教以佛图澄为起始，对中国佛教产生了深远影响。

（九）道安

道安系佛图澄最著名的弟子，是建立中国化佛教的第一位高僧。他以为“大师之本，莫尊释迦”，决定佛门一律以“释”为姓。他的著作共有60多种。他的般若理论被称为“本无宗”，是“六家七宗”之一。他还总结了佛教的翻译经验，提出“五失本、三不易”的翻译原则。他的弟子众多，其中以东晋佛教领袖的一代大师慧远最为著名。

（十）鸠摩罗什

鸠摩罗什（344—431），7岁随母亲出家，游历印度，他的佛学基根是先学习小乘后转向大乘。而后以大乘学者的身份名闻西域各国。

自鸠摩罗什开始，佛教译经正式成为一种文化事业。鸠摩罗什的翻译涵盖了佛典

“经、律、论”三藏内容，是中国佛教史上第一位真正的译经大师。他的译经风格由过去质胜于文、过于古朴的直译风格，改为运用达意的方法，使中国学习者易于接受理解，从而为佛教义学开辟了道路。他的许多译文成为中国佛教大藏经中的定译。

鸠摩罗什的弟子众多，其中道生提出的“一阐提皆可成佛”与“顿悟成佛说”是中国佛教义学实现由般若学向涅槃学转变的关键人物。鸠摩罗什创立了管理僧尼的机构，经过北魏至隋唐，形成了完备的僧官制度。

（十一）智顗

智顗（538—597），俗姓陈，字德安，南朝陈、隋时代的一位高僧，世称智者大师，天台宗的创始人。天台宗是我国最早建立的一个佛教宗派，因智顗晚年居住天台山，故称为天台宗；又因以《法华经》为主要教义根据，故亦称法华宗。天台宗源于北齐、南陈，创立于隋朝，盛于唐朝。

（十二）释法显

释法显（339—420），在摩揭提国的天王寺求学3年，学习梵语梵文，是中国历史上第一个留学生。当鸠摩罗什在北中国翻译佛经时，释法显在南中国也翻译了许多经典，其述见闻为《佛国记》。

（十三）慧远

慧远（334—416），又称远公大师，俗姓贾。他在庐山讲经论道，培养信徒，撰写文章，使庐山成为当时中国南方佛教的中心。其撰写的《沙门不敬王者论》奠定了中国佛教政治理论基础。

慧远在佛教理论上的贡献主要体现在：一是宣扬“法性”本体论；二是深化佛教的因果报应理论；三是调和了儒、佛的关系，从而加深了佛教的中国化过程。

（十四）“开元三大士”

“开元三大士”指唐玄宗开元年间三位印度僧人善无畏、金刚智和不空。他们来到中国传教，并创立中国佛教八大宗派①之一的密宗。

“开元三大士”中活动能力最强、影响地域最广的是不空。不空，梵名阿月怯跋折罗，意思是不空金刚，不空为略称。不空随师傅金刚智到大唐，翻译了密宗经典，晚年在五台山建造五座寺院，又在太原置文殊院，这些寺院是密宗盛传之地，并不断深入社会基层，经不空的弘传，密教成为唐代佛教六大宗派②之一。

（十五）玄奘

玄奘法师是中国宗教史上最伟大的人物之一，俗名陈祎，孤身西征天竺，求取佛经，而且还翻译佛经，促进了中国文化的发展。他的翻译重点在瑜伽行派和一切有部

---

① 中国佛教出现过许多派别，主要有八宗：三论宗（又名法性宗）、瑜伽宗（又名法相宗）、天台宗、贤首宗（又名华严宗）、禅宗、净土宗、律宗、密宗（又名真言宗）。即通常所说的性、相、台、贤、禅、净、律、密八大宗派。

② 唐代佛教六大宗派及其祖庭是：三论宗祖庭草堂寺、法相宗祖庭大慈恩寺、华严宗祖庭华严寺、净土宗祖庭香积寺、密宗祖庭大兴善寺、律宗祖庭净业寺。

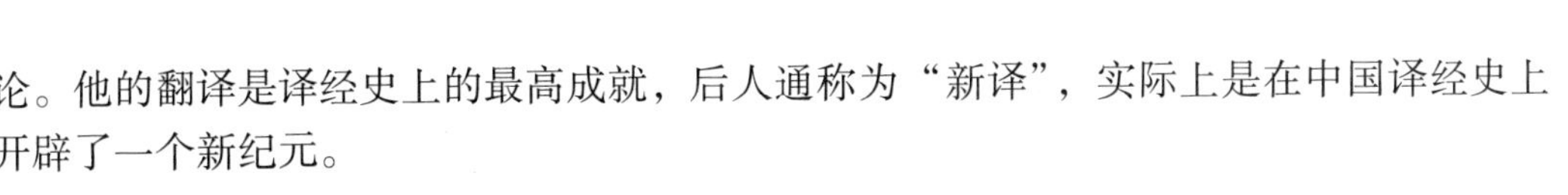

论。他的翻译是译经史上的最高成就，后人通称为“新译”，实际上是在中国译经史上开辟了一个新纪元。

（十六）慧能

禅宗创于南北朝，始祖为印度人菩提达摩。而禅宗作为一个独立宗派的出现，是从唐代开始的，慧能是实际的创始人。

慧能主张“识心见性”和“顿悟成佛”。将孟子一派的人性论、庄子一派的逍遥思想和印度大乘糅合在一起，发展成具有中国特色的宗派。慧能自己没有著作，弟子怀海根据他的讲法内容记录整理而成《坛经》，流传至今，被奉为禅宗经典。

慧能所创立的禅宗是中国佛教史上的伟大革命，对中唐以后的佛教和宋明理学都产生了广泛而深远的影响，禅宗最终成为中国佛教宗派的主流，并流传到了海外，对东亚佛教及整个世界佛教产生了深刻的影响。

第四节　神 秘 文 化

一、神秘文化概述

（一）神秘文化的概念

神秘文化是各类超现实之存在物的集合，是人类想象力的体现。所谓“超现实”，是说既无法用日常生活的思维和概念去解释神秘文化，也无法用理性思维探求它的原理和结论，唯有缘其内在逻辑才可以理解它。大致包括神话、传说、堪舆学、命理学、占卜、特殊的风俗等。

（二）神秘文化与宗教

1. 神秘文化与道教

神秘文化既是道教的源头之一，又是道教的重要特色；而道教是中国神秘文化的完备载体。《辩问》：“俗所谓圣人者，皆治世之圣人，非得道之圣人，得道之圣人，则黄老是也。治世之圣人，则周孔是也。”与周孔之儒相应，黄老之术可谓中国神秘文化，涵盖各种道教方术。道术和道教修持是道教的重要内容，也是中国神秘文化的主要内容。

2. 神秘文化与佛教、基督教

佛教密宗与基督教的神迹属于神秘文化的性质。不过，密宗采取口耳相传、弟子相传的秘密方式，外人一般难以知悉。基督教的神迹基本上停留在想象、神化阶段。相对于道教，缺乏对于神秘文化的深刻研究。

（三）神秘文化的意义

神秘文化深刻影响了中国民俗的形成，现在中国民间一些传统习俗依然保留古代神秘文化的色彩。神秘文化孕育了古代科学。例如，火药起源于神秘文化中的炼丹术；中医起源于神秘文化中的养生以及炼丹术；指南针起源于古代方士对铁矿石的研究。

二、神秘文化之源

（一）河图与洛书

河图与洛书是中国古代流传下来的两幅神秘图案，历来被认为是河洛文化的滥觞。三代时期就成为帝王的宝贵之物，是中国古代的文化基石之一。河图与洛书，乃由天象观察中产生的，构造简明，是阴阳五行术数之源。最早记录在《尚书》之中，其次在《易传》之中，诸子百家多有记述。太极、八卦、周易、六甲、九星、风水等皆可追源至此。《易·系辞上》有“河出图，洛出书，圣人则之”之说。

（二）太极图

太极图有很多种，诸如无极图、先天太极图（原名“天地自然之图”，俗称“阴阳鱼图”）、古太极八卦图（先天太极图周围配以八卦符号）等。现代人习惯上将先天太极图简称为太极图；将古太极八卦图简称为八卦图。

太极图是研究周易学原理的一张重要的图像。“太”有至的意思；“极”有极限之义，就是至于极限，无有相匹之意。既包括了至极之理，也包括了至大至小的时空极限，放之则弥六合，卷之退藏于心。

阴阳寒暑，四时生长化藏，即万物的生长规律，无不包含阴阳五行。阴阳交合，则化生万物，万物按此规律生生不息，故变化无穷。这些内容提出了立天之道、立地之道、立人之道三纲领，也就是“三才之道”，所谓“六爻之动，三极之道也”。

（三）八卦

八卦是中国古代对宇宙生成、日月运行以及地球自转（阴阳关系）、农业耕作和人生哲学互相结合的观念。

八卦最基本的单位是爻，多是记述日影变化的专门符号。爻有阴阳两类，阳爻表示阳光，阴爻表示月光。每卦又有三爻，代表天、地、人三才。

八卦即乾、坤、巽、兑、艮、震、离、坎，总称为经卦。由八个经卦中的两个为一组的排列，则构成六十四卦。《易经》云：“易有太极，始生两仪。两仪生四象，四象生八卦。”

八卦既代表八种人事：乾为父，坤为母，震为长男，坎为中男，艮为少男，巽为长女，离为中女，兑为少女；又代表八种物象：乾为天，坤为地，震为雷，巽为风，艮为山，兑为泽，坎为水，离为火。

中华神秘文化千头万绪、门道多端。然万法归宗，极处同源，周易、五行、八卦、阴阳等理论，太极图等图式，举凡此类，为神秘文化的基础。

参考文献

1. 中央电视台《开心辞典》栏目组，国学网．开心学国学．北京：国家图书馆出版社，2011.

2. 黎靖．开心学国学．北京：新世界出版社，2011.

3. 张荣明．国学概论．北京：高等教育出版社，2019.

4. 曹胜高．国学导论．2 版．北京：高等教育出版社，2020.

5. 王杰．领导干部国学大讲堂．北京：中共中央党校出版社，2011.

6. 王海波．领导国学大典．西安：中国知识出版社，2010.

7. 郝乐．新编国学知识全知道．北京：海潮出版社，2010.

8. 大师眼中的国学（系列丛书）．长春：吉林人民出版社，2009.

9. 钱穆．国学概论．北京：商务印书馆，2002.

10. 章太炎．国学概论——国学入门丛书．北京：中华书局，2003.

11. 王维国著，徐调孚校注．校注人间词话——国学入门丛书．北京：中华书局，2003.

12. 梁启超．学国学用国学．北京：新世界出版社，2017.

13. 建一．国学的智慧大全集．北京：中国华侨出版社，2013.

14. 康清莲．国学经典导读．4 版．北京：高等教育出版社，2021.

15. 张建，刘荣．中国传统文化．北京：高等教育出版社，2019.

16. 冷成金，沈广斌．国学之光：近代国学大家论著选读．北京：中国人民大学出版社，2009.

17. 章太炎．国学述闻．西安：陕西师范大学出版社，2008.

18. 王维国．王维国讲国学．长春：吉林大学出版社，2009.

19. 胡适．胡适讲国学．长春：吉林大学出版社，2009.

20. 林语堂．林语堂讲国学．长春：吉林大学出版社，2009.

21. 闻一多．闻一多讲国学．长春：吉林大学出版社，2009.

22. 辜鸿铭．辜鸿铭讲国学．长春：吉林大学出版社，2009.

23. 鲁迅．鲁迅讲国学．长春：吉林大学出版社，2009.

24. 李叔同．李叔同讲国学．长春：吉林大学出版社，2007.

25. 梁启超，章太炎，朱自清．三大师谈国学．上海：三联书店，2007.

26. 季羡林．季羡林讲国学．长春：吉林大学出版社，2007.

27. 陈勇．国学宗师钱穆．北京：北京大学出版社，2007.

28. 魏常海．百家之言：诸子百家经典选读（大学国学读本）．北京：中国人民大学出版社，2009.

29. 戴伟．国学原典导读．成都：巴蜀书社，2003.

30. 上海辞书出版社．国学名篇鉴赏辞典．上海：上海辞书出版社，2009.

31. 朱维焕．国学入门——国学基础文库．北京：中国人民大学出版社，2005.

32. 北京大学中国传统文化研究中心．北京大学百年国学文萃（文学卷）．北京：北京大学出版社，1998.

33. 余开亮，李满意．国学大师的养生智慧．上海：东方出版社，2006.

34. 邱变友，等. 国学课. 北京：生活·读书·新知三联书店，2007.

35. 杨晓慧. 习近平总书记教育重要论述讲义. 北京：高等教育出版社，2020.

36. 缪克成. 民族精神. 上海：上海科学技术出版社，2010.

37. 龚学增. 民族精神教育读本. 北京：中共中央党校出版社，2003.

38. 高长舒，蔡红生. 中华民族精神（大学生读本）. 武汉：华中师范大学出版社，2007.

39. 尤学工. 历史教育论. 上海：上海古籍出版社，2020.

40. 陈芳，董瑞丰. 巨变——中国科技 70 年的历史跨越. 北京：人民出版社，2020.

41. 田克俭. 民族精神与竞争力. 北京：新华出版社，2006.

42. 黄开国. 儒学与经学探微. 成都：巴蜀书社，2010.

43. 黄开国，唐赤蓉. 诸子百家兴起的前奏：春秋时期的思想文化. 成都：巴蜀书社，2004.

44. 陈长琦. 中国政治制度史. 北京：高等教育出版社，2001.

45. 葛荃. 中国政治文化教程. 北京：高等教育出版社，2006.

46. 张桂琳，常保国. 政治文化传统与政治发展. 北京：社会科学文献出版社，2009.

47. 管东贵. 从宗法封建制到皇帝郡都制的演变. 北京：中华书局，2010.

48. 黄义英. 等级、本分、补偿——中国传统和谐政治思想和治国方略研究. 北京：中国社会科学出版社，2011.

49. 曾宪义. 中国传统法律文化研究. 北京：中国人民大学出版社，2011.

50. 陈晓枫. 中国法律文化研究. 郑州：河南人民出版社，1993.

51. 武树臣. 中国传统法律文化鸟瞰. 郑州：大象出版社，1997.

52. 梁临霞. 中国传统法律文化与法制现代化. 北京：中国政法大学出版社，1992.

53. 王琦. 新型冠状病毒肺炎中医诊疗手册. 北京：中国中医药出版社，2020.

54. 姚天文. 国学经典. 北京：中国文化出版社，2013.

55. 张中秋. 中西法律文化比较研究. 南京：南京大学出版社，1999.

56. 顾伟康. 宗教协调论：中国宗教的过去、现在和未来. 上海：学林出版社，1992.

57. 马作武. 中国传统法律文化研究. 广州：广东人民出版社，2004.

58. 刘展. 中国古代军制史. 北京：军事科学出版社，1992.

59. 曲永恒. 古代军制（中国文化知识读本）. 长春：吉林出版集团，2010.

60. 段军龙. 中华 5000 年军事故事. 北京：光明日报出版社，2010.

61. 彭光谦，赵海军. 中国军事名著选粹. 北京：军事科学出版社，2010.

62. 徐寒. 中华典藏国学精品：三十六计. 北京：大众文艺出版社，2010.

63. 毛礼锐，瞿菊家. 中国古代教育史. 北京：人民教育出版社，1997.

64. 程舜英. 中国古代教育制度史料. 北京：北京师范大学出版社，2011.

65. 史习江. 中国古代的教育. 太原：希望出版社，1999.

66. 王志民，黄新宪. 中国古代学校教育制度考略. 北京：首都师范大学出版社，1996.

67. 赵连稳，朱耀廷. 中国古代的学校书院及其刻书研究. 北京：光明日报出版社，2007.

68. 谢兰荣. 中外教育简史. 西安：陕西师范大学出版社，2007.

69. 唐群. 中国科举制度史. 西安：陕西人民教育出版社，1993.

70. 李约瑟. 中国科学技术史（第一卷导论）. 北京：科学出版社；上海：上海古籍出版社，1990.

71. 卢嘉锡. 中国科学技术史. 北京：科学出版社，2000.

72. 杨金长. 中国古代科学技术史. 北京：人民军医出版社，2007.

73. 赵海明，许京生. 中国古代发明图话. 北京：北京图书馆出版社，1999.

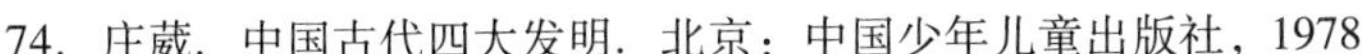

74. 庄葳. 中国古代四大发明. 北京：中国少年儿童出版社，1978.

75. 潘吉星. 中国古代四大发明：源流、外传及世界影响. 合肥：中国科学技术大学出版社，2003.

76. 吴守贤，全和钧. 中国古代天体测量学及天文仪器. 北京：中国科学技术出版社，2008.

77. 阙勋吾. 中国古代科学家传记选注. 长沙：岳麓书社，1981.

78. 罗大伦. 古代的中医——17 大名医传奇. 北京：中国中医药出版社，2009.

79. 李今庸. 古医书研究. 北京：中国中医药出版社，2003.

80. 宋兆麟. 图说中国传统手工艺. 北京：北京世界图书出版社，2008.

81. 张淑芬. 中国文房四宝全集. 北京：北京出版社，2002.

82. 詹石窗. 中国宗教通论. 北京：高等教育出版社，2006.

83. 骆玉明. 简明中国文学史. 上海：复旦大学出版社，2004.

84. 中国古典文学名著丛书. 北京：华夏出版社，2009.

85. 中国古典文学名著题解. 北京：中国青年出版社，1980.

86. 刘国庆，林光旭. 中国古代文学家书法. 济南：山东美术出版社，2009.

87. 萧元. 中国书法五千年：中国古代书法理论发展史. 上海：东方出版社，2006.

88. 崔良德. 中国古代名画资料类编（山水）. 合肥：安徽美术出版社，1999.

89. 李羊民. 篆刻大图解. 福建：福建美术出版社，2008.

90. 朱贻庭. 中国传统伦理思想史. 4 版. 上海：华东师范大学出版社，2009.

91. 朱筱新. 中国古代的礼仪制度. 北京：商务印书馆，1997.

92. 陈敏华. 旅游与国学通论. 北京：人民出版社，2005.

结　语

一个不了解中华民族历史文化的人，一个不掌握这个民族生存智慧的人，不但缺少对这个伟大民族的认识，而且一定缺少对这个民族情感的认知。全面了解中华民族的文化，带着自身现实问题，以科学的精神和虔诚的态度，结合现代文明的成果与人类历史的发展，分析、比较和研究华夏数千年来宝贵的文化遗产，不但十分必要，而且也很有意义。

中华文化，源远流长；国学经典，奇葩芬芳。国学作为宝贵的精神食粮，其间不仅蕴含着崇高的人格美和深刻的智性美，更沉积着一个伟大民族不灭的精魂。它是民族精神的教科书，哺育了一代又一代的中华儿女，给每一位炎黄子孙都深深地烙上了龙的传人之印痕。习近平总书记在党的十九大报告中指出：文化是一个国家、一个民族的灵魂。文化兴国运兴，文化强民族强。没有高度的文化自信，没有文化的繁荣兴盛，就没有中华民族伟大复兴。

素质教育呼唤民族文化的凝聚，创新型人才需要民族文化的支撑。中华民族文化的精髓，多以经典的形式得以传承。进一步加强国学素养教育，以民族精神修炼人格，借圣贤思想启蒙智慧，用文化经典涵养生命，这是素质教育的神圣使命。

现代社会一方面展现了科技文明的成果，但另一方面也不可避免地产生了许多弊端，仁爱、和谐、节俭、诚信、道德、团队精神等传统美德需要一定的文化底蕴来培植。和谐不但体现了人与自然、社会，人与人的共生、共处、共荣的要求，也是对人类社会持续、健康发展的生态需要；诚信体现了实事求是、尊重客观实际和守信、守礼、守法的精神，是立身、立业、立国之本。国学素养的提高是一个潜移默化的过程。

一个人的精神启蒙，往往始于传统经典的滋养。国学经典犹如“母乳”，历史上曾有“半部论语治天下”之启示。读圣贤书，笃于行，德向善，学可精进，功自然成。

国学博大精深，远非编书者所能驾驭。编写本教材，期盼抛砖引玉。

作　者

2021 年 7 月